2016年4月15日,"寻找中国创客"第二季宣布启动,新京报社长戴自更(正中)和寻找中国创客导师李开复(右二)、徐小平(右一)、汪潮涌(左二)和毛大庆(左一)共同推杆宣布活动开始。

2016年9月,在"寻找中国创客"教育主题论坛上,"寻找中国创客"导师俞敏洪(右)和歌手胡彦斌(左)对话。

"寻找中国创客"第二季走进上海,在上海探讨了金融之都的互联网创业话题。

"寻找中国创客"第二季收官前,创客导师马云(左)与新京报社长戴自更(右)在乌镇互联网大会中会面。

在"寻找中国创客"乌镇之夜典礼开始前,创客导师徐小平(右)和周鸿祎(左)接受媒体采访。

2016年11月16日,"寻找中国创客"乌镇之夜,创客导师毛大庆(画面前侧)和搜狐公司董事局主席张朝阳(左二),优酷创始人、阿里巴巴大文娱战略和投资委员会主席古永锵(左一)交流。

2016年11月16日,乌镇创客之夜,年度中国创客和年度新锐投资机构获得者合影留念。

创客

寻找影响未来的伟大公司

戴自更 ◎ 主编

中央编译出版社

图书在版编目(CIP)数据

创客：寻找影响未来的伟大公司 / 戴自更主编．—北京：中央编译出版社，2017.2

ISBN 978-7-5117-3246-0

Ⅰ.①创… Ⅱ.①戴… Ⅲ.①企业管理－经验－中国 Ⅳ.①F279.23

中国版本图书馆CIP数据核字(2016)第323469号

创客：寻找影响未来的伟大公司

出版人：	葛海彦
出版统筹：	贾宇琰
责任编辑：	邓永标　舒　心
责任印制：	尹　珺
出版发行：	中央编译出版社
地　　址：	北京西城区车公庄大街乙5号鸿儒大厦B座(100044)
电　　话：	(010)52612345(总编室)　(010)52612365(编辑室)
	(010)52612316(发行部)　(010)52612317(网络销售)
	(010)52612346(馆配部)　(010)55626985(读者服务部)
传　　真：	(010)66515838
经　　销：	全国新华书店
印　　刷：	北京紫瑞利印刷有限公司
开　　本：	787毫米×1092毫米　1/16
字　　数：	267千字
印　　张：	22　插页4
版　　次：	2017年2月第1版第1次印刷
定　　价：	58.00元
网　　址：	www.cctphome.com　　邮　箱：cctp@cctphome.com
新浪微博：	@中央编译出版社　　　　微　信：中央编译出版社(ID：cctphome)
淘宝店铺：	中央编译出版社直销店(http://shop108367160.taobao.com)

凡有印装质量问题，本社负责调换，电话：010-55626985

序言一：见证中国经济智能化时代到来

从 2015 年初，受《新京报》社长戴自更邀请，我担任寻找中国创客导师，不觉已有两年。就在昨天，其玲十万火急地找到我，说"寻找中国创客"第二季书稿即将付梓成书，希望我能代表导师团作序。我欣然应允。

戴自更社长是我的老朋友，他既是一位资深媒体人，也是一位资深创业者。他能将自己的时间、经验毫无保留地和年轻的创业者分享，让人尊敬。

作为一家以时政、评论、深度调查见长的都市报，《新京报》能够以如此大的投入，参与到中国创业投资领域，着实让我意外；还让我意外的是，戴社长说，《新京报》不是在简单做一场大赛，而是要打造一个中国创客的标准和平台，找到能影响中国未来的伟大创客，并且成为这批伟大创客的聚集地；更让我意外的是，这家媒体的强大执行力。我一直认为，在中国创业，执行力比创造力更重要，《新京报》的"寻找中国创客"团队显然具备这样的创业气质。在《新京报》2015 年的创刊酒会上，我就毫不吝啬地表达了这个观点，时至 2016 年底的今天，我依然这样评价。

做中国创客导师的这两年，正是中国创投界寒冬弥漫的两年。我要对这本书的读者说的是，我对中国创投的未来一直保持高度乐观，即使在最冷的寒冬，中国也遍地是机会。所谓的寒冬，只不过是中国互联网趋势正在发生改变，原来的一些路径走不通了，所有那些还在沿袭老路的创业者，感到道路变得崎岖。

这些正在发生的重大趋势变化有两个。第一个是，虽然中国是世界上最大的互联网国家，但是其用户成长率在下降，这就意味着，过去那种依靠人口红利的创业模式，仅仅靠烧钱、烧用户，之后再琢磨怎么赚钱的模式已经不是最好的模式，因为中国互联网人口已经接近饱和。

第二个变化是，虽然国内的APP总量在快速成长，但实际上非活跃的APP，也就是"僵尸"APP却是越来越多。过去一段时间，我们也看到一些人口红利创业模式在做向下一步的自然延伸。从七年前五年前看过来，一个企业往往先是依靠人口红利做起来，然后慢慢找到赚钱的方法，而它所在的行业也会从刚开始的蓝海变成红海，从很多竞争者变成少数的，直到趋于垄断，所以看到美团也好，58也好，现在都是通过合并来寻找下一步最大成长的机会。

另外，这一轮的互联网寒冬与目前市场的估值过高也不无关系。在VC眼中，现在的项目太贵，在创业者看来，又找不到投资。卖者不愿意降价，买者不愿意付费，所以市场就会变得冷清。

就像另一位中国创客导师雷军说的那样，创业者要顺势而为。顺应时代趋势，创业者会发现资本依然在疯狂地追捧着。

比如，今年寻找中国创客平台上的参与企业里，人工智能、大数据的企业数量就明显增加。2016年年度中国创客的获奖名单里，几乎都用到了人工智能和大数据技术，有一半是大数据驱动的公司。这和创新工场的观察也是吻合的，我们在2016年也正式启动了"创新工场人工智能工程院"投入崭新技术和商业模式的孵化。毋庸置疑，中国正在进入科学家创业时代。

技术创新愈发受到投资界青睐。过去一年，中国投资界从"不关注技术"向"只关注技术"转换，中国将成为高科技创新创业的顶尖国家。

值得一提的是，大家应转变对人工智能狭窄的定位。不少人以为，人工智能就等于机器人，就等于无人驾驶。这些的确是人工智能，但人工智能远不止于此。在日常生活中，所有正在使用的搜索、网购、叫车软件，背后都是一个人工智能引擎。甚至任何一个创业公司，当用户达到千万级别时，都需要人工智能。因为到达这个量级，公司所使用的系统绝对需要做一些判断：要推荐什么商品给用户？该精准投放什么样的广告？这些问题的解决，都需要运用人工智能引擎。从这个角度来看，做人工智能创业的，最好是已有互联网数据的公司。

人工智能市场前景最大的一个领域，应该是无人驾驶；银行、保险、券商、智能投库、AI量化基金等金融领域将能最快产生价值；医疗领域的癌症检测、基因个性化治疗，以及教育等领域对人类最有意义，这些领域都特别适合人工智能。

人工智能崛起，中国很有机会。一是，中国教育有特别优秀的理工、数学底子，这可以发出威力。二是，可快速训练大批的年轻人。三是，中国传统企业比美国落后，但人工智能注入进去，就会产生很大的价值。四是，中国市场孕育的应用到C轮需要人工智能。五是，世界领先的智能公司在中国很难成功，本土公司更有成功的优势。此外，中国对人工智能的约束少，政策利于人工智能发展。

我相信在"寻找中国创客"的过程中，我们能见证整个中国经济智能化时代的到来，从医疗领域的癌症检测、基因个性化治疗，以及教育领域的全领域，再到银行、保险、券商、智能投库、AI量化基金等金融领域。

一个充满高科技想象力的时代正在到来。

李开复

2016年12月16日

写于回北京的航班上

序言二：与中国创客并肩前行

上个月，《新京报》"寻找中国创客"借世界互联网大会召开之际，在乌镇举办了第二季年度中国创客颁奖典礼。我在致辞中说：要感谢这个风起云涌的时代，让我们能够以创造者的姿态服务于这个社会，实现自己的人生价值和梦想。

13年前，我领头创办《新京报》，用现在的眼光看，也是一种创业，只是创业的内容、方向和规则与现代意义的"创业"不太一样，最大的区别是：我们创办的这份报纸，与我们之间没有所有关系，也与我们的物质利益关系不大，但我们还是义无反顾地去做了。我们想的是，也许物质上、财富上没得到什么，但在精神层面我们是有回报的，是可以实现自身价值提升的。至少我们能够证明，报纸也是商品，报业也是产业。即使在严酷的环境里，依然可以把它做好，做成市场欢迎的、读者愿意花钱来购买的产品，特别是这个产品的存在，还可能对推动社会公平、正义、进步产生正向的力量，这样自然就是一种"成功"。

从我已有的经验来看，创业是夹杂着兴奋与消沉、欣喜与痛苦、自尊与自怜、孤独与进取的过程，极端一点说，人是处于迷狂状态的，有时候充满激情，有时候悲观绝望，有时候信心满满，有时候怀疑自己，有时候像打了鸡血，有时候像大病初愈，有时候觉得自己在天堂，有时候又觉得自己在炼狱。这样的经历和体验，使得创业者与一般人有很大的区别：他们必须是一群有信念的人，执着于理想的人，有行动力的人，有百折不挠的意志的人。

很多时候，创业的冲动来自个人对成功、财富、幸福的渴望和追求，是一种提升自我存在价值的行为选择。但不知不觉中，你的创业不再是自己的行为，还成了改变他人、改变社会、甚至改变历史走向的一种力量。从众所周知的诺贝尔、爱迪生，到洛克菲勒、福特，再到比尔·盖茨、拉里·佩奇、马云等等，莫不如此。

因此我认为对创业者的评价，不仅要看其创业项目的市场表现、盈利模式、技术水平、财务报表等，还应该对这个项目的社会价值、未来前景进行评价。当然，项目的社会价值，或者说可以为人类带来福祉的预期，肯定离不开当下一个时期的市场表现及其应用情况。

也因为如此，我们把第二季"寻找中国创客"的主题定义为"寻找未来能够影响中国的伟大公司"。而第一季的口号是："你寻找成功，我们寻找你"。我们觉得"成功"的含义还不能很好地传达创业者的价值，因此修改为"寻找未来能够影响中国的伟大公司"。与之相应的，设定了一些标准，比如：在科技领域有一定突破的；创建新的商业模式的；为固有的生产方式和生活方式带来重大变革的；国外已经存在，但结合中国实际，在规模上、品质上能够超越的；有服务人类的理想，有推动社会进步的使命感的。我们认为，对创业者来说，追求"伟大"应该是努力的方向。

要想成为伟大的创业者和伟大的企业，就不仅仅是赚钱的概念：比如钢铁侠埃隆·马斯克和他的 Space X 公司，以科技推动社会进步为己任；比如谷歌公司，以不断提升人类认知能力为追求；比如扎克伯格和他的 Facebook，以连通世界、促进平等、共享繁荣为公司理想；比如巴菲特和他的伯克希尔－哈撒韦公司，以增加财富、致力慈善为目标。我理解的可以称为伟大的公司应该有梦想、有情怀，有服务人类、促进社会进步的价值取向。

这样的标准当然有些高，尤其在还缺乏创新思维的当下中国，但是作为一家主流媒体，我们愿意承担这样的使命。正如凯文·凯利在阐述科技对社会变革带来的必然时说的："这些力量并非命运，而是轨迹，它们提供的并不是我们将去往何方的预测，它们告诉我们，在不远的将来，我们一定会向那些方向前行，是必然而然。"媒体是社会的瞭望哨，有责任告诉社会前进的方向，也有责任树立创新创业的标杆，有责任对促进人类幸福生活的创业者进行褒奖。我们始终认为，创造和创新是改变人类命运的必然，而承载这种必然的一定是科技的力量和普世的价值。

"寻找中国创客"第二季启动以来，在创业导师的精心指导下，我们和120多家一线投资机构合作，先后举办了6场大型论坛，多场专题沙龙，10场集中路演，我们从2000多个项目中，选择了200个优秀创业项目进行报道，共投入版面120多个，发表各种报道30余万字，覆盖了VR、内容创业、直播、在线教育、移动医疗、出海、互联网安全等众多领域。我们还借助微信、视频等各种形式的新媒体进行集中报道，累计点击量达到1.4亿多。在经过了前期海选和集中路演的基础上，按照打分高低选出40强，再由15名创客导师进行投票产生"年度中国创客"。现在这本书呈现的就是第二季创客报道的主要内容和大致的脉络。

记得去年创客导师柳传志在颁奖时说过，创业是一种极为孤独的生存状态，只有不畏艰巨、永不放弃才能取得成功；而马云也说过，创业是九死一生的事情，只有经得起失败，并且屡败屡战，才有生存和超越的机会。这个世界充满变数，特别是随着互联网技术的深入应用，经济格局、生产方式、生活方式随时都可能改变，现在如日中天的公司不一定永远风光下去，而现在还很弱小的创业企业，也许不久的将来可以成为BAT、华为、谷歌、特斯拉。而我们曾经报道过的创投机构，也可能成为KPCB、IDG、红杉、软银这样的造就过伟大创业公司的投资者。

我始终认为，选择成为创业者的人，一定是中国社会最新锐、最能代表时代前进方向的一群人，因为创业这条路真的充满艰难险阻，充满各种不可知因素,《新京报》能做的,就是坚定地与创业者风雨同舟、并肩而行。我们将继续寻找并关注创业者和他们创建的事业、演绎的故事,继续报道帮助创业者走向成功、走向伟大的投资人和投资机构;我们将一如既往地为构建全社会的创业思维而呼吁,引导全社会理性看待创业者及他们的人生价值,推动创业环境和创业政策的改善。我们已经决定,马上筹备"寻找中国创客"第三季,并力争长久地办下去,继续竭尽全力为创业者搭建话语平台,并提供力所能及的服务,成为他们创业路上忠诚的伙伴和加油站。

戴自更

2016 年 12 月 15 日

目 录
CONTENTS

一 2016年中国创投扫描　>>>　001

2016年是不是资本寒冬？看中国创客白皮书怎么说　002

北上广深杭，哪个才是创业之都？　008

二 创客导师评2016　>>>　013

马云：靠行贿把生意做大的，不配称为企业　贾鹏　林其玲　014

李开复："土豪型"投资会付出代价　曾庆雪　024

郭为：创业就是赌博，玩的是心态　王鹏　林其玲　033

张近东：要顺应大趋势，也要敢做少数派　贾鹏　林其玲　041

汪潮涌：投资人太早退出不是好事　林其玲　郭永芳　047

阎焱：投资人无需刻意和被投人做朋友　郭永芳　055

毛大庆：把创业文学化是一种幼稚　曾庆雪　林其玲　061

三 中国创业者出海报告　>>>　069

行业：移动出海与输出文明——中国创业者出海报告　曾庆雪　070

故事：内容创业者的另类出海

　　——将"今日头条"复刻到中东和东南亚　曾庆雪　　　079

案例：出海电商如何逃过惨死命运？　曾庆雪　　　088

项目：成功出海的中国创业者　曾庆雪　　　094

四　内容创业：创作者的原力觉醒　>>>　099

捱过生死十年后，这是对内容"黄金时代"的超全景解读　曾庆雪　　　100

网红经济"重整河山"再出发　胡涵　曾庆雪　王鹏　　　109

每个创业者都应成为网红　徐小平　　　117

项目：内容创业黄金时代来临　刘珍妮　　　122

五　移动医疗：趋势与陷阱　>>>　127

巨头草根疯狂"圈地"移动医疗变局在即　梁嘉琳　　　128

痛点变爽点是互联网医疗的时代大势　熊晓鸽　　　135

医美创业者们能为行业乱象整容吗？　赵雷　　　140

NEA 蒋晓冬：移动医疗补贴是"误区"　贾鹏　林其玲　　　148

项目：谁在开拓千亿医疗市场？　曾庆雪　闫妍　　　153

六　VR：火山还是冰山？　>>>　157

疯狂的 VR：缺乏技术的资本狂欢？　王鹏　　　158

VR 的线下江湖：3000 家体验店会何去何从？　王鹏　　　163

除了情色，VR 内容创业还有什么出路？　王鹏　张皓月　　　173

HTC Vive 汪丛青：五年内 VR 会取代大部分电子屏幕　王鹏　　　181

项目：VR 寒冬中，谁在继续前行？　王鹏　　　187

七　移动直播：流量解药还是毒药　>>>　191

亿用户 200 家平台，直播真是流量变现的解药？　王鹏　刘丹如　192
监管层念响"紧箍咒"，直播行业洗牌四大猜想　刘丹如　200
直播的打赏模式不代表未来　周鸿祎　206
直播不太可能成为百亿公司　周炜　211
项目：全民直播时代来临，创客掘金　王鹏　216

八　人工智能：机器人何时超越人类？　>>>　221

为什么说家庭机器人还是伪需求？　赵雷　222
商用机器人离爆发还有多远？　赵雷　228
有大数据的领域就有人工智能的机会　李开复　235
项目：AI 来到爆发前夜　赵雷　239

九　教育创业　>>>　243

融资额"跳水"在线教育转入持久战　张皓月　244
"嫁接"直播在线教育拉开"变现"大幕　张皓月　253
俞敏洪：互联网教育和传统教育终将融合　贾鹏　林其玲　262
项目：在线教育在融资寒冬中"开疆"　贾鹏　林其玲　267

十　出行：万亿市场的诱惑　>>>　271

分时租车的风口，会借单车共享重启吗？　王鹏　272
网约车新政正在扼杀共享经济的创新土壤　王鹏　281
杨浩涌：C2C 二手车电商一定能做成　刘珍妮　287
项目：移动出行市场进入盈利模式升级期　王鹏　293

十一　创伤：倒在 2016 年的创业公司　>>>　297

拓词死亡之后：一个创业公司的重生和温情　张皓月　王鹏　298

品质外卖的路太长，大师之味倒在了中央厨房上　何丰　307

药给力停服：模式过简的医药 O2O，钱不是最后一根稻草　何丰　312

神奇百货的风波，真的只是王凯歆一个人的错吗？　何丰　318

附录　322

附 1　这一年，我们这样寻找中国创客　贾鹏　林其玲　322

附 2　乌镇之夜：致敬 2016，致敬改变未来的伟大力量　贾鹏　林其玲　328

附 3　年度中国创客获奖名单　贾鹏　林其玲　333

附 4　年度新锐投资机构名单　贾鹏　林其玲　333

后记　>>>　336

一 2016年中国创投扫描

2016年是不是资本寒冬？看中国创客白皮书怎么说

2016年的开始，伴随着的是"资本寒冬"的哀号。资本寒冬论甚嚣尘上，但2016年，真的是寒冬吗？

11月16日，《新京报》在乌镇世界互联网大会期间的主题发布会上，对外发布了《2016年中国创客白皮书》。通过与投中研究院合作的大数据分析，"寻找中国创客"认为，2016年资本回归理性，融资数量相比2015年有所回落，但单笔投资额相较于以往有所提升。

创业的行业特征方面，IT和互联网仍然是创业者聚集，投资机构关注的领域，出海和医疗健康则成为创业者的新风口。数据显示，全国各地区热点行业按融资数量统计主要分布在互联网、IT、制造业、电信及增值，分别占比36.56%、19.83%、7.26%、6.3%。

另一个越来越明显的趋势是，中国互联网企业正处在出海浪潮中。目前有出海业务的中国互联网企业超过6000家，出海产品超过10000款。国内与海外机构、企业交往越来越密集，在"走出去、引进来"的过程中取得成果。

政策：创投基金规模超10万亿元

2016年，国家层面的创业投资政策依然火热，加上"十三五"规划把创新创业作为重大战略之一，对创投行业发展带来很大的积极推动作用。

早在 2015 年 3 月，国务院发布的《关于发展众创空间推进大众创新创业的指导意见》指出，"到 2020 年，形成一批有效满足大众创新创业需求、具有较强专业化服务能力的众创空间等新型创业服务平台；培育一批天使投资人和创业投资机构，投融资渠道更加畅通"。

2016 年 9 月 16 日，国务院发布《国务院关于促进创业投资持续健康发展的若干意见》，针对"创业投资"提出了八项意见，具体包括：培育多元创业投资主体、拓宽创业投资资金来源、加大政策扶持力度、完善相关法律法规、完善退出机制、优化市场环境、推动创业投资行业双向开放、完善行业自律和服务体系。

2016 年，国务院编制的《国民经济和社会发展第十三个五年规划纲要（草案）》中也同样指出，"要持续推动大众创业、万众创新，促进大数据、云计算、物联网广泛应用。到 2020 年，力争在基础研究、应用研究和战略前沿领域取得重大突破，全社会研发经费投入强度达到 2.5%，科技进步对经济增长的贡献率达到 60%，迈进创新型国家和人才强国行列"。

根据中国证券投资业基金协会统计，截至 2016 年，全国投资机构数量达到 21276 家，管理基金数量 49066 只，管理基金规模 102131.9788 亿元。密集的扶持政策和利好的税收优惠使得创业激情迅速高涨，生生不息的创业大潮为创业投资市场带来了新的发展景象。

投资：单笔投资额提升 独角兽公司数量增长 38%

2015 年下半年，创投圈盛传"资本寒冬"，事实上，从投融资的数据来看，从 2015 年下半年开始，创投市场的行情确实有所回落，但是单笔投资额却有所提升，同时，经过两年的孕育，更多的"独角兽"公司浮出水面。

统计显示，截至 2016 年 10 月，融资数量相比 2015 年有所回落，融资金额有望超过 2015 年，说明创业投资机构投资策略逐渐回归理性，不再盲目选择项目投资，而是会选择项目质量高的进行投资，单笔投资额相较于以往有所提升。

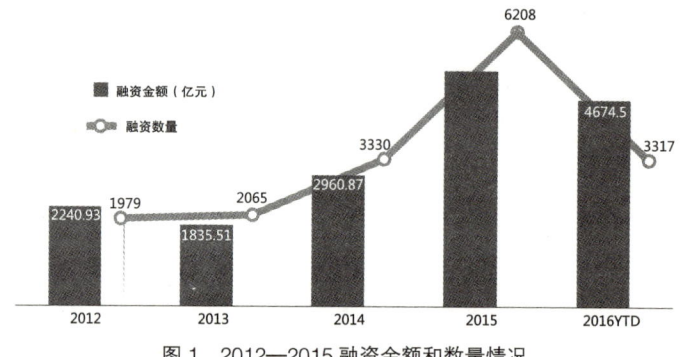

图1 2012—2015融资金额和数量情况

2015年估值超10亿美元的公司有58家，2016年估值超10亿美元的公司有80家，"独角兽"公司数量增长38%。

2015年估值规模排在前3位的行业分别是互联网金融、硬件、消费升级，从企业数量上看，硬件行业虽然企业数量少，但是估值金额很大，互联网金融和电子商务两个行业估值超10亿美元的企业数量是最多的，然而互联网金融行业估值金额远高于电子商务行业。

2016年估值规模排在前3位的行业分别是互联网金融、消费升级、O2O服务，从企业数量上看，硬件行业比2015年有所回落，互联网金融行业和电子商务行业与2015年情况相同。

领域：IT和互联网仍是投资热点 医疗健康颇受关注

从行业特征看，IT和互联网仍是创业者聚集、投资机构关注的热门领域。随着人民物质生活水平的提高，医疗健康业也开始逐渐受到投资者关注。

2012年到2016年10月之间，全国各地区排名前五的创业行业集中在互联网、IT、电信及增值、制造业、医疗等行业。其中互联网占比30.75%；IT占比是17.59%；电信及增值占比是12.24%；制造业占比是8.28%；医疗健康占比是 5.25%。

此外，医疗健康行业逐渐受到投资者青睐，因为其本身专业性很强，所以对投资者的专业知识和经验要求比较高，但随着我国人民物质生活水平越来越高，未来对医疗健康的需求会越来越大。

在今年入围寻找中国创客第二季海选的近 200 个项目中，也出现了 13 家医疗健康领域的创业公司，名医主刀、燃石医学、掌上糖医等项目顺利通过评委考验入围 40 强。

根据投中研究院数据统计，2016 年，全国各地区热点行业按融资金额统计主要分布在 IT、互联网、金融、制造业，分别占比是 24.14%、22.05%、10.43%、9.4%。

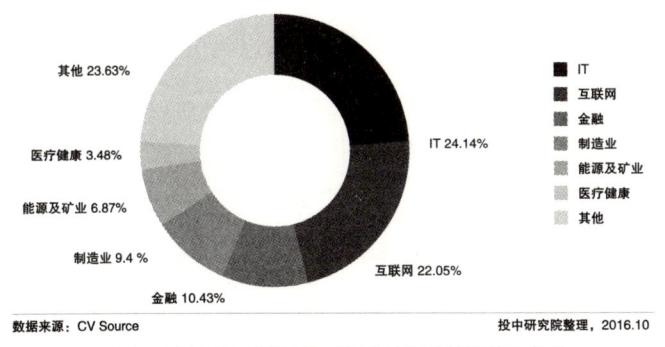

图 2　2016 年各地区热点行业分布（按融资金额）

按融资数量统计主要分布在互联网、IT、制造业、电信及增值，分别占比是 36.56%、19.83%、6.3%、7.26%。

面对人口老龄化等问题，我国生物医药产业呈现集聚发展态势，但是目前也存在着严重的问题，例如研制开发力量薄弱、技术水平落后、项目重复建设现象严重，以及企业规模小、设备落后等。

但是，生物医药作为战略新兴产业，有着良好的发展前景和蓬勃的生命力，引起了国家的足够重视。近年来，中央和地方政府都在不断加大对生物医药的投入力度。国内生物医药市场还有很大的开发空间，行业的关注度与投资积极性不断攀升，2016年有赶超互联网成为最热门行业的势头。

风口：6000余家互联网企业出海 硬件收益最高

目前，国内与海外的资本交往越来越密集，越来越多的机构与企业在"走出去、引进来"的过程中取得成果。这一趋势越来越明显。

和国内相比，海外市场有更广阔的空间。中国市场有13.6亿用户，6.7亿移动用户，海外市场拥有58.5亿用户，29.7亿移动用户，并且还在不断增长。

中国互联网企业正处在出海浪潮中。寻找中国创客第二季的40强项目之中，就有了数个出海项目入围。包括总用户已经超过1.5亿的赤子城、全球5000万日活跃用户的触宝科技和布局巴西游戏社交市场的云中万维等。

寻找中国创客此前调查发现，中国目前有出海业务的互联网企业超过6000家，出海产品超过10000款。仅2016年3月—6月，就有27家出海公司获得融资。中国互联网团队的身影几乎遍布全球。寻找中国创客记者此前进行的不完全调查显示，互联网企业出海区域包括欧美、日韩、俄罗斯、东南亚、印度、拉丁美洲、中东北非等地；出海产品覆盖游戏、工具、社交、摄影和教育等多个品类。

根据艾瑞咨询此前统计的11089款出海产品情况，在不考虑区域人口与面积的情况下，出海产品相对集中于东南亚地区，达7830款，其次为欧洲（7543款）和北美（7438款）地区。东南亚地区出海产品较为集中，原因主要在于文化差异性较小，产品出海的本地化进程相对简单。

单从数据上来看，中国已经成为国际移动互联网行业的领军国家之一。全球用户拥有量和活跃度最高的10款产品里面，有9款是中国团队开发的。出海团队，正向世界输出中国的技术和影响力。

据白鲸研究院的统计数据显示，当前出海企业以技术研发和服务为主，研发类企业共4577家，占比达73.2%，服务类出海包括开发者服务、代理发行、渠道和媒体等企业占比超 30%（部分企业业务类型有所重合）。

而在出海发展的中国企业中，收益最高的是硬件。艾瑞报告显示，国产手机海外市场占有率总体超三成，前三名是联想、华为和小米。联想集团 2015 年海外营收高达 463 亿美元，占总营收 667 亿美元的 73%，华为 2015 年的海外营收占比是 55%，均超过了在中国本土的收入。然后是工具和游戏类。以猎豹为例，截至 2016 年第二季度，海外移动用户达到 6.2 亿人，总营收突破 10 亿元。

（参见《转身全媒体——〈新京报〉2010 白皮书》，内部资料。）

北上广深杭,哪个才是创业之都?

过去数年间,中国的创业投资潮表现出了较为明显的地域集中性。北京、上海、广州、深圳、杭州五个城市,稳稳位居中国创业的第一梯队,但仔细分析发现,五个城市之间又有趋势和特征的不同。2016年,"寻找中国创客"走进上海和深圳,从创业地理的角度,剖析了中国创业的地域环境。同时,借助投中研究院的数据分析,寻找中国创客在《2016年中国创客白皮书》中也对中国的创业地域差异进行了数据比对和分析。

数据:浙江、江苏、河北、四川发展潜能巨大

根据中国证券投资基金业协会统计,各地区投资机构数量排名前十的分别是北京市4383家、上海市3980家、广东省3939家、深圳市2808家、浙江省1434家、江苏省773家、福建省626家、四川省569家、山东省490家、河北省357家,其中广东省投资机构数量不包含深圳市,若包含深圳市,则合计6747家,高于北京,位列榜首。由此可见,北京、上海、广东的投资氛围相对浓厚,资源相对集中。

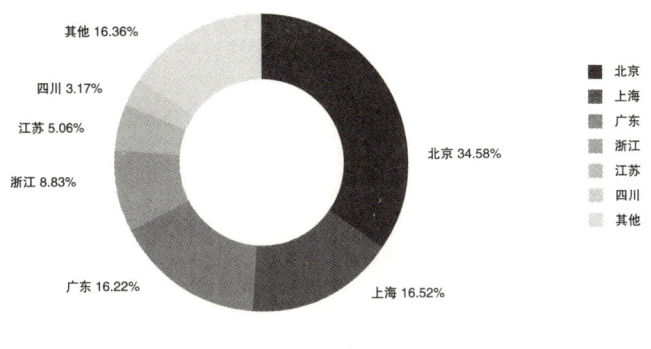

数据来源：CV Source 投中研究院整理，2016.10

图3　2016年全国各地区投资机构融资数量

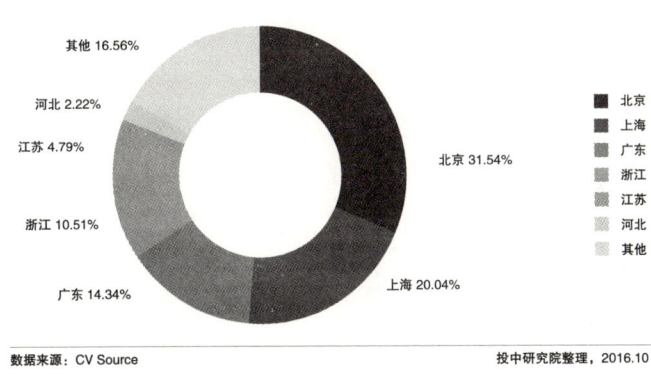

数据来源：CV Source 投中研究院整理，2016.10

图4　2016年全国各地区投资机构融资规模

虽然广东省和深圳市投资机构数量加起来位居榜首，而从管理基金规模来看，北京管理基金规模35854.73亿元，上海管理基金规模19958.7098亿元，广东管理基金规模15376.8955亿元，深圳管理基金规模12075.4512亿元，北京远高于上海、广东，位居全国之首。

具体到2016年各地区投资机构融资数量及规模，依旧是北上广三地领跑。

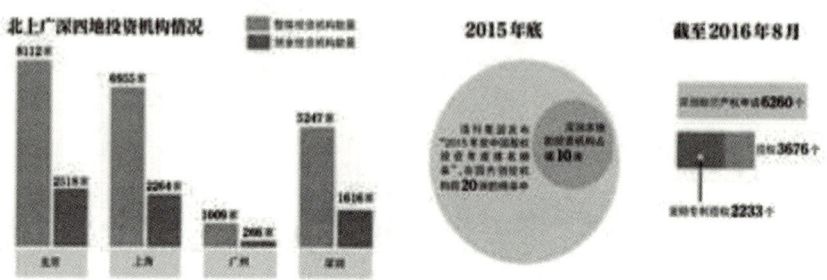

图5：2016年11月17日《新京报》B14版

截至2016年10月，我国各地区融资数量占比最高的是北京、上海、广东，分别是34.85%，16.52%，16.22%，融资规模占比最高的也是北京、上海、广东，分别是31.54%，20.04%，14.34%，说明北京、上海、广东还是创业资源比较集中的地区，但随着我国双创力度不断加强和深化，浙江、江苏、河北、四川的发展也紧随其后，显示出了巨大的发展潜能。

上海：大公司之问仍然存在

2016年6月12日，上海市统计局社情民意调查中心调查得出，53.7%的在职市民有创业梦想，其中，20.6%的人已在实施。从年龄层面看，青年在职市民中59.6%有创业想法，18.2%已在实施。从收入看，较高收入在职市民64.3%有创业想法，37.4%已在实施。

上海市民创业意愿提升，上海市政府也在想办法刺激创业。关于户口，上海市专门规定：对通过市场主体评价且符合一定条件的创业人才、创业投资管理运营人才、企业科技和技能人才、创新创业中介服务人才，居住证转办户口年限由7年缩短为2年至5年。

创投热潮中，作为金融之都，上海所拥有的最大优势是金融资本。

《新京报》记者统计发现，就本地创投机构而言，上海有多达2039家，而杭州有522家，上海创投机构数是杭州的近4倍。但在这超过2000家的上海创投机构中，投资本地的仅有359家，占比不到20%。在投向外地的上海创投机构中，投资北京的最多（239家），其次分别为深圳（116家）、杭州（92家）、广州（62家）。

毛圣博分析认为，归根结底，还是上海缺乏超级大公司。比如，有的基金地域性很强，杭州的基金只投阿里系，深圳的基金只投华为系，但上海一个"系"都没有。

长期以来，上海被定位为"国际金融港"，打工氛围很浓，不像北京底层创业者那样揭竿而起，或者"海龟"一留学回国就创业。就算有白领、公务员下海创业，绝大多数干的是小生意（比如咖啡馆、外贸公司等），也许活得挺滋润，但成不了伟大的公司，更不是真正意义上的"创客"。而创投机构并不在乎创业者死不死，在乎的是能不能做大，带给机构成百上千倍的回报。

数据显示，无论是2014年全年、2015年全年还是2016年一季度，上海创投机构已退出项目数量虽然在杭州之上，但回报倍数却不如杭州。

比如：2014年，上海创投机构退出事件有255个，杭州则只有72个，但杭州的创投机构的回报倍数为4.8300，而上海只有2.9213；2015年，"大众创业，万众创新"的大潮袭来，杭州创投机构的回报倍数跃升到5.3431，而上海变化不大，两者差距进一步拉开。

深圳：能否再造一个腾讯？

中国的创投圈流传着这样一句话"北京的创业者喜欢说模式、讲故事，上海的创业者很谨慎，深圳的创业者很务实"。

深圳作为北上广深这四座一线城市中最年轻的城市，发展十分迅猛。经过短短不到40年的时间，深圳不仅在经济上逐步缩小和北京、上海的差距，GDP总值也在紧逼乃至可能赶超隔壁老大哥的广州，进而颠覆"北上广深"

排序，变为"北上深广"。

清科数据显示，从2015年到2016年8月底，北上广深四地的融资事件分别为：4727起、2417起、627起、1362起，深圳排名第三。单就互联网领域创业公司的融资事件来看，北上广深四地2015年的数量分别为：2375起、1197起、276起、578起，2016年截至8月底四地数量分别为：1136、486、126、284起，近两年均排名第三位。

今年8月中旬，由徐小平、王强带领的真格基金团队全员来到深圳，陆续走访了真格基金投资的深圳创业公司，详细了解公司的发展情况和未来规划。徐小平在接受《新京报》记者采访时说，目前真格基金已经投资了10多个深圳的项目，也在陆续看很多深圳的项目，接下来会投资更多深圳的"牛人"。

吸引国内知名创投机构的同时，深圳本地也涌现了1616家专门做创业投资的机构。2015年底，清科集团发布"2015年度中国股权投资年度排名榜单"，在国内创投机构前20强的榜单中，深圳本地的投资机构占据10席。

深圳官方数据显示，至2015年底，创客服务机构78家，深圳科技企业孵化器共有144家，其中国家级12家，孵化器内企业总数8458家，从业人员8.04万人，当年毕业企业950家，知识产权申请数6260个，授权数3676个，其中发明专利2233个，占全市发明专利授权量的13.2%。

除了金融和电商之外，在企业服务、文化娱乐、本地服务、汽车交通、医疗、教育等领域，涌现出了一大波值得期待的明星企业，像金蝶软件、华大基因、悦动圈、房多多等在全国范围内都处在行业领先位置。

对于深圳来说，现在的话题是，深圳还能再造一个腾讯吗？

（参见《转身全媒体——〈新京报〉2010白皮书》，内部资料。）

二

创客导师评 2016

马云：靠行贿把生意做大的，不配称为企业

马云

身穿蓝灰色的圆领薄衫，脚蹬普通布鞋。2016年10月30日，当马云出现在阿里巴巴总部会客室时，与一个月前在第八届中美互联网论坛上身着正装的男子，有着强烈的反差。马云随性而不遮掩，专访间隙，他会嚼两口零食或开一个玩笑。谈到半个月前在浙商大会上"永不行贿"的倡言，他说，我们国家反腐是下了"壮士断腕"的决心，有受贿就有行贿，两头都要堵住。

2015年，阿里巴巴将部分业务迁移到北京，涉足多个行业，打造了庞大的生态系统。阿里巴巴的成功，让很多人欣赏马云的远见和果敢，但又对如今的阿里版图心生疑窦：这个51岁的男人要做什么？

马云轻描淡写地笑笑，16年前很多人没看懂，今天他们看懂了吗？

他关注宏观经济，也关注企业家阶层，说起阿里巴巴的生态扩张，马云说，"这么多年我们的使命没变，还是让天下没有难做的生意"。

谈倡言："不行贿"是企业最基本的底线

新京报：前段时间你在浙江商会的论坛上，倡言浙商"永不行贿"，初衷是什么？

马云：这几年，我国的反腐力度是有史以来最大的一次，腐败对一个国

家的伤害是巨大的，有受贿就有行贿，两头都要堵住。

习大大说过，我们国家反腐是下了"壮士断腕"的决心，在这种决心下，企业如果还去行贿，这个市场、社会就没希望了。作为企业，不管出于何等理由和借口，行贿都应该杜绝。我们商人一直在倡导公平的交易、营商环境，如果再去行贿，无疑是破坏了这个环境。

新京报：此前我们采访王石，他说"不行贿"很容易，但"不行贿"把企业做好不容易，你有类似的感受吗？

马云：阿里巴巴也许不是一个最典型的例子，但这么多年来，我没有给任何（向外面）行贿的机会。

企业难道只有行贿这一条路才能做下去吗？我想这是一个借口。要把企业做好，远不只是"不行贿""不行贿"应该是做企业最基本的底线，如果连"不行贿"都做不到，那就不要做了。老板给官员行贿，树立的榜样就不对，底下的员工就可能受贿，整个企业就扭曲掉了，一个企业要是靠行贿把生意做大，不配称作企业。

新京报：外界关注这个话题，其实更多是在关注政商关系，你怎么看待现在的政商关系？

马云：中国的市场经济发展了30多年，到现在还不够完善，法制环境也不完善。在这种环境里，人心比较浮躁，价值体系、价值观的定力还不够，而市场经济却在高速发展，在这样的背景下，政商关系出现所谓的混乱，也是正常的。

经济高速发展，没有完善的法制环境、市场体系、价值观体系，就像营养丰富的地方容易滋生细菌，道理是一样的。很多国家和地区都有这个过程，美国有过，日本有过，香港也有过，《廉政风暴》我们在电视剧里都看过。只是人家是过去有，我们现在有，到了该解决的时候。

新京报：解决这个问题的路径是什么？

马云：随着社会法制、市场经济体制的健全，商人的自信和对自身价值的认同，政商关系一定会变得越来越健康。

中国的政商关系敏感，是因为政府作为驱动政治、经济、社会各方面发展的主体，手里掌握着大量的权力，商人在中国还不是主流，很多商人是被看不起的。我和那些年轻的企业家讲，这种情况下，我们如果自己看不起自己，那就更没人看得起我们。

新京报：你更希望商人通过身份觉醒，改善这个关系？

马云：我们创造财富、创造税收、完善社会，让普通人有尊严，商人在整个社会的发展过程中，是一个重要的组成部分，不能说中国进入了商业社会，而自己的思想还停留在农耕时代。

谈边界：从政府手里要资源，这种企业没出息

新京报：总理座谈会你参加了好几次，你是怎么处理自己和政治的关系的？

马云：这个确实有，但在我看来这更多来说是一种责任，是作为企业家（在政府面前）发声的责任。

新京报：针对什么发声？

马云：向政府提出我们对经济的感受和思考。政府是协调治理社会发展的主体，商人是经济活动的直接参与者，"春江水暖鸭先知"，我们有责任告诉官员，实际情况是怎么回事，下面的水（经济状况）比你想象的烫还是冷。

我要代表我的客户，那几千万的中小企业，他们是中国经济的重要组成部分，必须代表他们讲讲对经济环境的看法和感受，企业家应该成为经济活动的科学家。

新京报：这很容易被外界理解为阿里巴巴争取资源的好机会。

马云：今天你们看我任何一次与政府间的交流，我们任何一次发声，都

是希望为中小企业说话，为创业者说话。

新京报：这算是你和政府之间相处的边界吗？

马云：这是原则。我刚成立公司时就说过，如果一个企业总是想着从政府手里争取资源和利益，是不会有出息的，企业也不会做好，企业应该想着向市场要利润。

新京报：企业和政府打交道时，双方应该保持什么样的关系？

马云：政府和企业应该相互尊重，政府要做好政府的事，企业就要把就业做好，纳税做好，把员工的生活照顾好，把客户照顾好。

谈经济：未来5年到15年，消费经济一定来临

新京报：最近一年多，很多人都在讨论中国的经济，认为变得越来越乏力，很多企业家也在担心，这种经济环境越来越难融资，生意越来越难做。

马云：今天，中国经济的三驾马车，其中两驾——投资和出口这两件事政府做得最得心应手，但是搞消费是企业家做的事，消费成熟，才意味着市场经济的成熟。

中国的内需远没被挖掘出来，这是个缓慢的过程，投资和出口拉动经济是快，但快的吃完了，中国就要适应这种慢。其实中国现在也不慢，5到6个点的GDP，慢在哪里了？

新京报：你是对消费拉动经济很乐观吗？国外很多地方曾经靠消费拉动，但随后经济就陷入了停滞。

马云：未来5年到15年，消费时代一定会来临。我们有那么多年轻人，应该鼓励大家消费，消费是对未来的信任。

新京报：但这会不会导致中国也像其他很多国家那样，经济陷入一个漫长的停滞期？

马云：没有那么漫长。六七岁的孩子膝盖上一定有伤疤，因为走路会摔

跤；十几岁的孩子一定有青春期烦恼，难道为了躲开烦恼，这个青春期就不过了吗？所谓停滞期不是陷阱，不去过才是陷阱，那么多国家都是这么过来的，中国为什么不过呢？

新京报：但在中国的传统里，透支消费总是让人很担心。

马云：那是上了年纪的人才这么想，你看今天的"80后""90后"，更敢于花明天的钱。我们应该学会花明天的钱，花别人的钱，"缝缝补补又三年"的时代已经过去了。

美国在里根上台之前，就是靠出口和投资拉动经济，里根上台后做的最重要的事，就是需求拉动，让年轻人花明天的钱，花别人家的钱。全世界过这一关过得最漂亮的就是美国，中国为什么不可以呢？

新京报：经济缓行，阿里可以做什么？

马云：阿里作为互联网企业，可以带动年轻人、鼓励年轻人，让他们参与到消费的活动中来，现在每年的双十一，这些消费者都在证明，中国的消费潜力巨大。其实很多企业都可以做这个事情，阿里只是带了个头。

新京报：为什么是阿里巴巴带这个头？

马云：阿里敢这么做，是因为有强大的使命感，有优秀的团队，坚强的耐心和足够的时间。这可能跟核心团队大多做过老师有关系，天生理想主义，也很实干。另外阿里招聘的员工，也基本有这样的特质，他们可能不会像我这样能"吹牛"，但想法都很接近。

谈阿里：我们不做帝国，做的是生态圈

新京报：很多人现在看不懂阿里，它收购了很多企业，这些企业和阿里最初的电子商务之间会发生什么反应？

马云：16年前很多人也看不懂阿里，现在仍然没看懂。我们的使命是让天下没有难做的生意，我们的生态系统，是帮助中小企业在融资上、在寻找

客户上、在解决物流问题上、在跨境贸易上有更多的（便利）。中小企业太多，没法一家一家地帮助，那我们搭建这个生态系统，在这个生态里，企业可以找到融资，可以找到客户，可以找到物流，可以公平交易。

新京报：阿里现在涉足影视娱乐，还投资足球和媒体，也是这个生态圈的一环？

马云：娱乐是一种很重要的非物流电子商务，GDP里面如果加上娱乐和体育，中国的经济才能持久，在GDP里，如果这两块占了一定的比重，国家就很牛了。

新京报：收购优酷、投资恒大淘宝足球队，就是出于这个考虑？

马云：未来10年，我们关心的是"happiness and health"，娱乐和健康。比如今天的雾霾为健康埋下了隐患，在未来20年，我们会为今天的污染付出惨痛的代价。为了面对未来的问题，我们做了大量投资，比如阿里健康。

另外你们看到今天谁都不高兴，无论有钱的没钱的，当官的不当官的，我们如何让人们有更好的精神追求？人都有两样食物，一种是吃进嘴里的粮食，一种是耳濡目染的精神食粮，阿里既然影响了那么多年轻人，就要为他们提供优质的文化产品，不是整天看神剧。

新京报：有没有阿里不想做的？

马云：房地产我们就不想做。其实阿里不做的东西有很多，我们做的一切都是围绕着小企业的生态环境，我们从来没说阿里是一家电子商务公司，阿里不做电子商务，而是帮别人做电子商务。比如阿里从来没自己买东西、卖东西，而是帮别人卖得更好、买得更好、管理得更好。阿里做投资也不是自己做，是让别人做。

新京报：但现在有种声音，认为阿里投资的很多公司，发展得并不理想，因为阿里很强势。

马云：不理想吗？比如UC现在的发展势头不好吗？高德地图过去没超过百度，现在超过了不好吗？我们只是没宣传而已，买来的零部件装在身上，一定不如身体自带的零部件自如，但这么做就是为了让别人成功。当然，有时尽力了也未必成功。企业界失败的案例太多了，世界上任何一家公司的并购，不可能每一个案例都成功。

新京报：你说过阿里巴巴是一家要做102年的公司，真到了那一天，阿里生态圈会是什么样子？

马云：因为是生态，所以它生生不息，因为是生态，所以它也有春夏秋冬。我们希望的是在这个生态里，崇尚诚信、努力奋斗、不断学习、敢于创新的企业能够成功，我们帮助年轻人和小企业做创新、创意、创造。

阿里不是帝国，帝国必须抢占，必须猛冲猛打，有几个帝国有好下场的？

谈阶层：机遇摆在面前，不能再有农耕思想

新京报：你如何看待企业家阶层目前的定位？

马云：不自信。企业家这个群体没有被社会真正的认同，价值被扭曲了。我们什么时候看过企业家精神被整个社会所尊重？音乐家被尊重，设计师被尊重，认为他们从事的是艺术，而做企业不会被看成是艺术，而是土豪。

新京报：是因为觉得企业家和利润捆绑在一起？

马云：中国社会对商人的理解，士、农、工、商，我们排在最后，都觉得商人做事情是唯利是图，马云和政府打交道一定是为自己游说。而实际上，商人做生意肯定要逐利，就像艺人工作也要逐名，与官员为伴的一定会有权力的运行，这是社会分工决定的，不能因为商人逐利，就把商人看得很低。

新京报：但在很多人看来，你现在被外界所尊重。

马云：我属于另类。可能因为我脑子里想的东西和大多数人不一样，我

不觉得这种关注意味着自己有多被尊重。可能有人觉得我现在这样是被尊重，但我不希望是马云自己有这一天，而是身边那么多中小企业有这一天。

新京报：企业家应该怎么做，才会与所处的阶层相匹配？

马云：国家现在把发展经济放在首位，经济活动的主体一定是做企业的人，我们进入了商业社会，机遇摆在面前，不能再有农耕思想。

现在的中国，企业家只占很少一部分，更多的只能称得上是生意人或商人。生意人是有钱就赚，商人是有所为有所不为，企业家想的问题要远远超过生意本身，赚钱只是他的一项基本技能。

新京报：你有欣赏的企业家或榜样吗？

马云：那太多了，国外的比如巴菲特、盖茨、扎克伯格、索罗斯，国内的像老柳（柳传志），都是我欣赏的企业家。其实人在小时候都有偶像，但长大了会发现，每个人身上都有值得自己学习的优点，就连我自己可能都会被一些人当偶像，我心想别扯了，我远看还行，离近了看也就那样（笑）。

新京报：你现在对自己的身份阶层是怎么定位的？还单纯是企业家吗？

马云：我首先是把自己定位在一个普通人，很幸运把企业做出了些名堂。以前我是老师，是知识分子，那时也会看不起商人，但当我去做企业的时候，发现做企业真辛苦。

我们不像美国、日本、欧洲这样的发达国家和地区，已经诞生了庞大的企业家群体，他们证明了自己，我是努力希望成为国内这个时代一两个顶尖的企业家，但历史上先出头的企业家，最终的结果大多不理想。

新京报：你会因此感到恐惧？

马云：当然恐惧，但恐惧又能怎么样？不干了？企业家精神还是要有，恐惧是没有用的。

新京报：在你看来企业家精神是什么？

马云：企业家应该有更多的社会担当，为社会创造更多的财富和价值，要想着自己的企业和所处的行业能促进社会的进步，为整个社会造福。

谈个人：没时间和精力网购，但会关心淘宝

新京报：你最初做阿里巴巴就有这样的理想了？

马云：那时还没有，当初就觉得这东西挺好玩，做出来能挣点钱也挺好，做着做着就做大了，这时社会对你有期待，员工对你也会有期待，这种期待超越了对金钱的追求。

新京报：这会让你有压力吗？做"海博""中国黄页"应该比现在难多了。

马云：现在最难，越来越难。做海博的时候就那么两个人，干得不顺大不了找别的工作去了，现在要扔下就乱套了，可能最少也得影响1500万到2000万人的就业和生活。

做海博的时候是身体上的累，现在的累是心上的。2009年金融风暴，广东倒了很多企业，我看其中一个老板把企业卖掉以后接受采访，说终于可以好好地睡一觉了，不用眼睛睁开再担心两千人的工资怎么发，企业要经营再去哪找贷款，营业额到多少才能交上房租完成利润。

新京报：什么原因支撑你这么难还要坚持？

马云：身边的一帮同事，企业带动的这么多人。

新京报：这种坚持换来的快乐更多，还是痛苦更多？

马云：痛苦更多。我的快乐很简单，就是看到同事快乐，客户快乐；但痛苦的事很杂，现在公司大了，我们说改革，"互联网＋"，但别人都希望你马云最好到别的领域去，别到自己的领域来。

今天我做互联网企业，不是为了挣钱，而是从商业的角度完善社会，这样才有乐趣，才能坚持，如果只是为了挣钱，谁还这么拼呢，我退休十次都可以了。

新京报：你和王健林轮流坐在首富的位置上，今年5月份王健林说，前

5个月的消费是三件西装，你一年消费有多少？

马云：我没算过。我能穿几件衣服、吃几碗饭、睡几张床？

新京报：你用淘宝买过东西吗？

马云：我没在淘宝上买过东西，说到底我没有时间和精力去花钱，但我会关心淘宝，听别人怎么说。

新京报：很多人会觉得，马云改变了很多人的生活方式，影响已经超出企业家的范畴了，这种定位和你对自己的认知一样吗？

马云：生活方式不是我改的，是我们的团队，是无数的年轻人把生活方式变成了这个样子，这里面跟我有没有关系，也有一点，就是把年轻时的想法付诸实践。

我很高兴阿里影响了中国的年轻人，我们今天的很多努力，就是让中国的年轻人更乐观地看待未来。但衡量阿里是否成功，未来20年到30年，还要看对世界有多大的影响。如果只有我一个人，我不会有这个想法，现在阿里有34000名员工，我觉得可以考虑考虑。

文／贾鹏　林其玲

李开复:"土豪型"投资会付出代价

李开复

在《向死而生》出版后,李开复一度成了生命感悟的专家。高校演讲、电视节目里,主持人和观众喜欢抓着李开复的淋巴癌刨根问底。

在接受《新京报》记者此次专访前,李开复的一名身边人士对记者摆摆手,"千万别再问他生命感悟了,没意思",朋友担心标签太多,大家会遗忘掉李开复的身份,他首先是一名卓越的商业人士和科技精英。

2016年6月3日,在中关村鼎好大厦10层的创新工场,作为"寻找中国创客"导师的李开复不谈生命感悟,而是向我们分享了他对商业逻辑、科技革命和创业风云变幻的看法。

这位曾任微软全球副总裁、谷歌全球副总裁的商业领袖,2009年9月在北京创立了"创新工场",成为了中国创投的先行者,如今已成为中国创业者心中的"大众导师"。

最近,很多人发现,李开复的头像出现在了公交车、地铁站和楼宇广告上为各种产品代言,有人质疑,李开复怎么四处站台?

其实这是李开复"创业导师使命"的一部分,"都是我们自己投资的项目,不收代言费,这是我能帮助他们做的事。"李开复说。

7年,李开复对创业者的帮助终于有了初步的成果。李开复说:"国内的创业环境今年终于到了一个技术创新的风口。"他和创新工场,终于可以回归"鼓励创新"的初心了。而过去七年,创新工场更多把精力放在了投资回报率高的项目上,这些项目更多是靠"运营"而不是"技术创新"。

最近一年内,"创新工场"接连投资了 25 家人工智能公司。

这些"不懂"的投资人一定会赔钱

那些有财无才的人,我觉得可惜。没有经验,但自认为懂,最后把辛苦赚来的钱赔掉。

新京报:到今天,"创新工场"已经成立七年,中国的创业投资环境发生了很大变化,很多投资人涌入市场,你会有压力吗?

李开复:没有,我们在行业的地位比较巩固。但我相信有些人可能碰到一些挑战。

新京报:比如?

李开复:我们有时候会听说,那个案子怎么最后估值比我们想象多了三倍,谁投的?哦,原来是不懂的人投的。

新京报:这也是最近很多人在说的,过多的散户风投进入市场,挤压了专业投资人的空间。

李开复:确实有一些好案子,因为能拿到更高的估值,选择了一些不是很懂的投资人,这就是我们说的劣币驱逐良币。

新京报:这个现象持续下去,专业的投资人会不会退场?你担心吗?

李开复:我不担心,这些不懂的投资人,他们一定会赔钱。因为他们把所有的案子,增加了三倍成本,最后回报一定不会很好。这些土豪吃了亏就不投了,市场就会恢复常态。有些人觉得早期投资人人可做,一级市场好像不需要专业能力,这些人无论进入众筹还是土豪型的投资,一定会付出代价的。

新京报:有人说这叫"一万名天使的崛起",你觉得现在投资人的数量是不是已经超多了？

李开复：这一万名天使，是BAT、京东等互联网公司上市之后退出来的创业者，他们大部分是有财产、身价很高的人，经历过创业，做过产品。这些人能多投就多投，能少投就少投，这些有财有才的人，我觉得越多越好。

新京报：那你说的劣币是指？

李开复：是那些有财无才的人，我觉得可惜。没有经验，但自认为懂，最后把辛苦赚来的钱赔掉。

新京报：有人预测说，基金很快会迎来洗牌，大量投资人会退出，你觉得呢？

李开复：一级市场投资，一定是最好的1/4的公司赚到所有的钱，另外3/4的公司不赚钱，所谓的洗牌是不断在发生的。我相信现在已经有很多不专业的早期投资人在用头撞墙，开始考虑打退堂鼓了。就像五年前"全民PE"，到现在还有多少家？当时国内PE手里有将近一万家公司在等待退出，一大批没能存活到IPO开闸。

股权众筹是很危险的事情

让不专业的人来投资，把它称为众筹，是很危险的事情。散户受欺骗，都是因为把事情看得太美好太简单。

新京报：说到散户，最近有股权众筹平台被指虚假宣传，先前的承诺没有兑现，投资人权益受损，你怎么看？

李开复：投资是一个专业性很强的事情，股权众筹就是让很多不专业的人来做投资。一个专业的投资人会用尽调（尽职调查）挖掘出很多问题，会用第三方资源来验证是否真实，而不会被创业者的口才或者呈现的内容打动。所以让不专业的人来投资，把它称为众筹，是很危险的事情。

新京报：可也有声音认为，股权众筹帮很多公司融到了钱，也让很多人分享到了投资收益。

李开复： 要记住，如果一个创业公司有能力拿到顶尖VC的钱，肯定不会去众筹平台募资，所以一般来说都是二三四流的项目。上一次股灾前，美国有一家公司，对接散户和创业者，碰到了股灾，公司几乎倒光了，散户的钱大部分赔掉了。

所以无论在任何国家，散户受欺骗，都是因为把事情看得太美好太简单，误以为专业的事情不需要专业的知识，或者被一些不诚信的专家误导。

新京报： 所以你不赞成股权众筹？

李开复： 并非不赞成，但在设计上，应该有专业的人来确保不专业投资者的权益。比如美国的Angel List，它的每一个项目都由专业的人领投，不专业的人跟投，尽调的工作由专业的人负责，利益的分配也倾向专业的人。这样一方面可以保护不专业的投资人，另外一方面，也让一些造假或者吹嘘的创业者原形毕露。

新京报： 股权众筹的政策监管一直缺位，你认为应该如何从政策设计上控制风险？

李开复： 可以参考一些成熟市场的做法。在美国，投资对冲基金或者一级市场基金，需要投资人是Accredited Investor（合格投资者），要证明自己了解所有的风险，被告知了所有可能遇到的问题，并证明财力可以做这样的投资。

创业者造假不能怪到投资人身上

中国创业造假肯定远远大于美国。原因有很多，包括社会环境、价值观、媒体和大众的监督都不同。如果造假，在美国付出的代价很大。

新京报： 和投资的乱象比，最近很多创业公司的造假事件也被曝光。"寻找中国创客"的另一位导师阎焱也说，数据造假已经成为中国互联网的常态，原因是什么？

李开复：如果造假变成一个行业普遍的现象，也会对有些人产生压力。比如读大学，周围的人都抽烟喝酒，你不做好像也不对。现在任何一个创业者都来个五千万、一亿用户，那根本不是真实的。

新京报：投资人为什么会被蒙蔽？

李开复：现在很多投资人没有足够了解要监测的核心数据，比如说注册用户、下载用户有三亿，而付费用户或者活跃用户只有两千万，被衡量的应该是活跃度，有些产品甚至要看"月活"，所以投资人需要对不同的数据做更专业的评估。

新京报：你遭遇过被投的企业造假吗？怎么处理的？

李开复：不太多，我们尽调做得比较细腻。

新京报：那你们如何辨别是否造假？

李开复：大一点的项目要靠尽调，用各种方式去拿到真实的数据，小一点的项目是对人的尽调，对行业的尽调。

新京报：有创业者说，造假是投资人逼出来的。因为投资人急着看数据，不造假就拿不到钱，就得等死。你怎么看这种说法？

李开复：就相当于说考试都作弊，我也必须要作弊，有这个压力存在，但是不能怪到投资人身上，自己的诚信自己把控，说考试作弊是学校逼的、老师逼的，这个讲不过去。

新京报：美国也有造假的情况吗？

李开复：比例上，中国肯定是远远大于美国的。原因有很多，包括社会环境、价值观、媒体和大众的监督都不同。如果造假，在美国声誉可能就毁掉了，付出的代价很大。

新京报：要怎么做才能扭转这种风气？

李开复：需要大家出来呼吁，不能只是说我同意，然后什么都不做，这样反而会产生压力，让不造假的人觉得不造假就融不到资，我们绝对不能容许这样的事情发生。

一个滴滴就能把死掉的全赚回来

滴滴估值已经有200多亿美元了，一个滴滴就可以把那些死掉的全部赚回来。O2O行业已经验证了很大的价值，未来还有很多机会。

新京报：散户投资人和数据造假，说到底都是在抢占风口赶时髦。今年有个现象，曾经的风口O2O出现了密集死亡潮，你怎么看？

李开复：不用这么悲观，这其实就是个春夏秋冬的轮回。看整个VC界的投资，滴滴估值已经有200多亿美元了，一个滴滴就可以把那些死掉的全部赚回来，所以不能只强调说死了三个、八个、十个，而不去考虑到巨大的成功案例。O2O行业已经验证了很大的价值，未来还有很多机会。

新京报：但现在很多投资人几乎是谈O2O色变。

李开复：在O2O领域，中国是领跑世界的。中国的城市和人口结构特别适合O2O行业。因为人住得比较近，密度比较高，所以配送会更快、更便宜、更有效率。另外，国内做服务业薪资比较低，所以有一大批人愿意进入这个行业。

新京报：但有人说线上线下结合已经完成差不多了，很多行业也出现了巨头，这个领域还会有机会吗？

李开复：我认为O2O领域的变革还没有结束。好像外卖一旦发生，未来的餐馆也会被颠覆。过去是靠人流赚钱，现在是看有没有中央厨房，配送做得好不好，产品有没有吸引力，跟百度外卖、美团外卖的关系如何，整个游戏规则都在改变，最后被颠覆的是传统行业。

再过5年回头来看，会发现中国可能有一些餐饮巨头，因为没有赶上时代被淘汰了，传统而不与时俱进的才会是最大的输家。

拿投资人的钱不能总坚持"情怀"

拿着投资人的钱赚钱,要考虑到投资回报率,不能总坚持去投有情怀、有科技的项目。直到今天科技的趋势起来,创新工场在科技方面做了非常大的布局。

新京报:你时常鼓励创新,国内现在的创新有没有达到你的期待?

李开复:国内的创业环境今年终于到了一个技术创新的风口。七年前我们开始做创新工场时,科技创新很难做,水平跟美国落差太大,创业者更多的是参考国外的商业模式。而现在,中国的教育水平在提升,海归越来越多,互联网拉平了技术落差。

新京报:科技的趋势起来了,基于什么判断?

李开复:从美国的创业投资市场来看,今天最火的几家创业机构是什么?是YC、Founders Fund、Elon Musk,这些人都是科技牛人,所以我觉得今天真的懂科技的投资人,应该很有机会。

新京报:创新工场成立之初就要推动技术创新,但实际上过去几年投的科技创新公司并不多,为什么?

李开复:我们毕竟拿着投资人的钱赚钱,要考虑到投资回报率,不能总坚持去投有情怀、有科技的项目。所以我们必须接受这个环境,去投那些潜力最大、经济回报最大的公司,有一段时间是投APP,有一段时间是O2O,这些没有太多的技术含量,更多是靠运营。

直到今天科技的趋势起来,创新工场在科技方面做了非常大的布局,就拿人工智能一个领域来说,过去一年,大概已经投了25家公司,比如face++、地平线机器人技术、Uisee(驭势科技)等。

新京报:人工智能很早之前火过一次,然后集体踏空了。你怎么确定这次的爆发不是泡沫?

李开复:过去的踏空,是基于几个因素的不成熟。现在算法成熟,数据量够大，快的机器被使用，所以我对这波人工智能非常乐观。

未来投资肯定会被机器取代

过去两年我个人在二级市场的投资都是机器在做，机器买卖股票比人更可靠，回报率大概30%。

新京报：许多人都对人工智能的崛起感到恐惧，认为这将对人类造成严重的威胁，你会担心吗？

李开复：人工智能的应用场景很多，可以根据一个人出车祸的概率，来决定保险金额度；可以帮助医生做判断，把所有的数据输进来，针对过去生病的案例，给病人开药。

新京报：那未来不需要医生了？

李开复：把数据给医生做参考，最后判断还是医生做。但未来10到15年，人类一半的工作会消失，收集信息、做出判断，这些工作会越来越多被机器取代。

新京报：投资也会被取代吗？

李开复：肯定会被取代。过去两年我个人在二级市场的投资都是机器在做，机器买卖股票比人更可靠。

新京报：赚钱吗？

李开复：我现在不用管，回报率大概30%吧，比如一周赚0.5%、0.1%，平均下来是非常稳妥。

新京报：人工智能现在到了全面爆发的临界点吗？

李开复：人工智能创业的井喷时代还没来到，这个要等待平台的建设。就像移动互联网，当安卓出来以后，小米就可以更自然地产生。人工智能的平台今天还没有，大概还需要两三年的时间。

新京报：5月底发改委颁布了《"互联网＋"人工智能三年行动实施方

案》。人工智能时代，政府也加大力度推进，中国有机会引领创新吗？

李开复：我觉得很可能会，中国的年轻工程师是学习能力最快的，他们有很好的教育基础和背景，再加上资本的力量。

新京报：提到帮助创业者，最近有人发现你的头像频繁出现在微博、地铁上，说你变成代言人型的投资人了。

李开复：很多人说我最近曝光度有点高，其实我做代言都不是商业行为，主要是为了帮助我们投资的公司，还有是帮助合作伙伴推广。

新京报：会不会觉得这种代言太多，是对自我形象品牌的损耗？

李开复：我看到一个好的产品，就会希望让更多的人知道，尤其是对我们自己投资的公司，这是我能帮助他们做好的事情，所以我愿意去做。我从来不收代言费，而是凭着良心，负责地、不过于夸张地，把好的东西推荐出去。

文 / 曾庆雪

郭为：创业就是赌博，玩的是心态

郭为

一个月前，4月25日，A股上市公司深信泰丰（集团）股份有限公司正式更名为神州数码集团股份有限公司，原神州控股旗下分销及系统业务（即神州数码集团）历时近一年的回归A股计划尘埃落定。

5月17日，神州数码控股有限公司董事局主席郭为在秦皇岛老家接受了《新京报》记者专访。郭为称，神州控股的资本布局已经完成，其中任何一个环节成功，神州控股都将成为一个市值千亿美元的公司。

政策红利加上资本运作，一个基于大数据和云技术的商业帝国的轮廓日渐清晰。

作为《新京报》"寻找中国创客"导师，郭为认为，创业就是一场赌博，玩的是心态，创业的本质就是不断试着去寻找一条正确的道路，一旦找到了成功的路径，这个游戏也就结束了。在这个方面，多次创业者和初次创业者没有区别，只是多次创业者心态更放松一些。

回归A股，感觉卸下千斤重担

假如我有很多东西比竞争对手做得好，但是对手估值更高，在这种情况下，也要反思为什么别人给你不合理的估值。

新京报：4月份神州数码集团回归A股，这次回归对你而言，意味着什么？

郭为：从2008年开始，神州控股就在资本市场进行布局。这次神州数码集团回归后，我们基本完成了神州控股在互联网上的结构性布局，感觉自己身上的千斤重担突然卸下了，所以也挺高兴。

新京报：感觉你布下很大一个局？

郭为：的确。其实本质上，我们就是要早一步做供给侧改革，或者说是整个控股公司的结构性调整。战略制定后，结构就非常重要，能决定最终成败。

新京报：原来的结构不合理吗？

郭为：原来神州控股旗下有多种业务，业务之间不可避免地会产生一些冲突。第一个冲突就是文化。传统分销业务和互联网业务需要不同的人，需要不同的评价标准，如果混在一起，就不能凸显各自业务的考核特征、激励办法，所以需要分拆。分拆后，每个业务都有一套新的考核方法，战略目标更清晰。第二，调整后，能让更多员工参与到股权制度改革中，增强员工的主人翁意识，我也很高兴。

新京报：有人觉得神州数码的估值被严重低估了，你觉得呢？

郭为：我对估值没有预期，只要市场是公平的，对所有人都一样就行，资本市场没有所谓的合理或者不合理。其实市场有一个普遍的价值评估标准，在同一个行业中做同样的事情，市场能不能给你一个同样的估值更为重要。

新京报：在什么情况下，才算被低估？

郭为：假如我有很多东西比竞争对手做得好，但是对手估值更高，这才是不合理。当然在这种情况下，也要反思为什么别人给你不合理的估值。可能是投资者关系做得不好，没有让投资者真正地理解你，另外，企业有时候也要适应资本市场要求，不能够只按自己想法来。

新京报：在资本方面，除了已经布局的农业和工业以外，神州控股还有哪些投资或并购计划？

郭为：会围绕着云技术、大数据技术方面来展开，同时也会基于大数据在健康领域做一些布局。因为大数据和健康领域间的联系还是紧密的。

数据不开放对我们也许是好事

目前很多数据牵涉到部门利益，难打通。但对我们也许是好事，因为做事更难了，拼的就是技术实力。

新京报：去年你曾说政府数据不开放，影响城市进程。现在状况好转了吗？

郭为：没好转，相反可能更难了。早期大家不认为数据有价值，现在数据的价值越来越显现出来。目前很多数据还是部门所有，牵涉到部门利益，数据难打通。但事实上，数据就像矿石，本身没有价值，只有在矿石里面提取了金属，它才有价值。

就像40年前，白云鄂博矿是中国最差的铁矿资源，因为它含有大量的稀土金属和有色金属，开采铁成本很高。但现在它变成最有价值的矿，因为能从里面提取稀有金属了。

新京报：数据不开放，你们怎么办？

郭为：对我们也许是好事，因为做事更难了，就看谁能通过技术实力，取得方方面面的信任，把事情做起来。

新京报：就地方政府合作方面，技术和情商，哪个更重要？

郭为：核心还是技术竞争，没有技术上领先，企业怎么敢坚持那么多原则。

新京报：有人说中国大部分大数据公司都是"伪大数据"，是真的吗？

郭为：不好说。但今天大多数公司是在浅网上做事，浅网是基于媒体数据产生的,目前国内的浅网数据已基本被几家有优势的企业掌控,但深网数据,目前还没有企业做出来。我们希望能在深网上做事,这是我们和他们最大的差别。

新京报:所以你要在深网里沉淀,这个领域还能出现巨头吗?

郭为:深网数据不好拿,因为它们并不是都在网上,需要用新的技术去采集。现在神州控股是一个百亿级公司,只要我们在制造业、健康、互联网农业这三个领域任何一个点成功,将来都会是千亿美元市值的公司。

我们做的是互联网里的脏活累活

中国农业是一个相对落后和分散的行业,在这个领域里,原来没有太大的IT企业去做,我们去做就容易形成竞争优势。

新京报:神州控股先收购中农信达,后并购旗硕,还投资了神州买卖提、村村乐,为什么这么看好互联网农业?

郭为:中国的农业是一个相对落后和分散的行业,恰恰需要互联网的支持。在这个领域里,原来没有太大的IT企业去做,我们去做就容易形成竞争优势。

新京报:云技术和大数据技术从哪些维度改造了农业产业链?

郭为:首先,从电商角度,我们做一县一品牌,通过互联网的方式帮助一些贫困县树立新品牌。其次,品牌树立后,我们充分利用大数据去建立更大的市场,也就是100个智慧城市对接100个县的农副产品,这样就把一个县的品牌变成全国性品牌。

新京报:这听上去更像政府该去做的事。

郭为:是的,但是你不帮他做这些基础的工作,后面的工作就没法做,这就是溯源,我们做的都是互联网里面的脏活、累活。

新京报:这些脏活累活,很多创业公司都不会去做了。

郭为：我确实看到了自己通过这些事情为社会做出了贡献，我们做肿瘤大数据也一样，借助中国的人口规模和全球的技术，如果能够把肿瘤预防、治疗和康复完全以云的方式做起来，至少能让中国人的平均寿命提高几岁。

新京报：现在很多人喜欢说"风口"的概念，神州数码做了很多年才到百亿级，现在有一些创业公司没做多久就变成"独角兽"了，你会不会不平衡？

郭为：这是市场经济的好处，如果确实在某些领域里有独特之处，就会得到资本市场的认可，而且会快速成长起来。此外，我觉得，要在一个领域成为真正的"独角兽"，就是要让你的竞争对手拿你已经没办法了才行。

没必要去追所谓的"风口"

市场是波浪式的起伏，现实是没有人能够把握好这个波浪，所以回过头来看，只要自己做好自己该做的事，不必去追波浪或所谓风口。

新京报：现在很多创业者选择出海创业，你觉得出海创业是一个很好的方向吗？

郭为：我觉得是个好现象，因为中国是个人口大国，你走到海外去，如果有这个能力当然很好。

新京报：那你觉得中国的创业者在出海时，具备了适应国际竞争的这种要素条件吗？

郭为：我觉得每个创业者自己最清楚自己的诉求是什么，任何一个点都有其成功的地方，不管是偏僻的地方，还是在喧哗的地方，各自都有可能性。

新京报：对于2016年下半年整个市场，你有什么预判吗？

郭为：按照过去哲学讲的，就是波浪式的起伏，前进总是波浪的，不可能一潮高过一潮的。我们过去讲任何经济都是有泡沫的时候，所以高点的时候，可能它泡沫多一点，下来的时候可能泡沫少一点，甚至还可能低估了，会跑到水下去。

所以我觉得这些都是很正常的，无所谓好和坏，只是你在不同阶段，你要做什么样的事情，也许低下来的时候是你最好的投资机会，让你去寻找更有价值的业务。如果高的时候，可能是你最好创业的时候，因为你更容易融到钱。

但是客观的现实是没有人能够把握好这个波浪，所以回过头，就自己做好自己该做的事，也不必去追这个波浪，包括所谓风口，我都是反对的。

新京报：过去你有受到过影响吗？

郭为：有，经常会有，你没有踩上点，当你业绩很好的时候，你希望资本市场泡沫很多，能够把你吹得更大，就有利于你融资，但可能恰恰那时候，你的业绩不是很好。当低潮的时候，你的业绩很好，但是没有泡沫，这样就会使得你很多工作比较被动。

在接班人选拔培养上会学习柳传志

年轻创业者可能动用的是几百万、几千万的资源，我动用的可能是几亿、几十亿的资源。这就像赌博一样，玩两块钱也是玩，玩两百万也是玩，其实就是一个心态的差异。

新京报：在今年的亚布力论坛上，谈到当初联想分家，你说当时曾问柳传志为什么不是你接管联想，他怎么回答的？

郭为：他当时说，"我们现在主流业务是PC，现在元庆管着PC，当然应该是元庆来。"

新京报：你当时怎么想？

郭为：这就是历史，任何一个人都会有历史的错过和历史的巧遇。在这个历史的进程当中，他巧遇了PC，就交给他去做好了，我只能是再开拓一个新的东西，但是对我而言，可能又是个新的机遇。

新京报：回头来看，因为这个历史的巧合，反而使得你走出了一条创新的道路。

郭为：人的一生如果能有一次创业的机会，一定要非常珍惜。

首先，它会对一个人的身心形成非常大的挑战，如果身体不允许，可能这个人根本做不了创业者。其次，创业对一个人的思维模式也是一种挑战，怎样跟别人合作，是否有独特的创意。经历过这种挑战，即使没有成功，再去做其他工作，对自身也很有意义。当然，如果成功了，也会得到很好的回报。

新京报：从一个企业家变成一个"老创客"，你的心态有没有变化？

郭为：从一个企业家变成一个创业者，我还是挺兴奋，人生能有这么一段经历很难得。其实创业者和科学家做的事情类似，都是通过不断试错去寻找一条正确的道路。这种挫败感是非常强烈的，但一旦找到了成功的路径，这个游戏也就结束了，所以没有坚强的意志品质和好的身体，是很难做的。

新京报：你觉得自己和年轻的创业者有没有区别？

郭为：没有本质的差别，可能只有心态上的不同，因为我经历的可能比他们多，对有些事情看得不像他们那样攥在手里要出汗，我可能也出汗，但他们可能攥得比我紧。

另外，量级不一样，他们可能动用的是几百万、几千万的资源，我动用的可能是几亿、几十亿的资源。这就像赌博一样，玩两块钱也是玩，玩两百万也是玩，其实就是一个心态的差异，技术上没什么差别。

新京报：十年后，提及郭为，你希望大家记住你什么？

郭为："不要人夸颜色好，只留清气满乾坤"，是我内心要追求，不是让谁记住我，而是自己能为这个社会，为子孙后代多出一份力。

新京报：在接班人选拔和培养上，你会去传承柳传志的风格吗？

郭为：会，尽量学习吧，不一定能像柳总做得这么好，但尽量去传承。

他不是简单的"相马",而是让大家在竞争环境中成长,一旦他认定了这个人成为可以托付之人,就会给他去创造机会成长,这就是"在跑马中相马"。

文/王鹏　林其玲

张近东：要顺应大趋势，也要敢做少数派

张近东

"我创业的心情不会随着年龄而改变，苏宁的互联网的转型是我们第三次创业。"5月24日，在南京苏宁总部，年近53岁的苏宁控股集团董事长张近东接受了《新京报》记者专访。

作为一个三次转型的创业老兵，张近东一直在自我突破和自我挑战，外界对于他和苏宁的认知也不断被颠覆。经营了20年家电卖场的张近东，在6年前毅然决定带领苏宁向互联网进军，实行自我变革。如今，苏宁已拥有"一体、两翼、三云、四端"的互联网零售模式。

从创业初期的专业零售，到二次创业的综合连锁零售，再到第三次创业的互联网零售，张近东称他始终坚持以消费者服务为导向的发展思路。

2015年，苏宁转型进入直道加速阶段。去年8月，和阿里巴巴"闪婚"后，苏宁又和万达达成深度合作，在地产、体育、投资等领域也频频出手，其中零售板块也迎来转型以来增速最快的一年。财报显示，苏宁2015年全渠道营收同比增长24%，线上增长94%。

作为创客导师，张近东认为，企业都是时代的企业，任何优势在趋势的大潮面前都终将被淹没，苏宁五大产业也都是围绕在为消费者服务的领域顺势而建立起来的。

选得好是先驱，选不好就是先烈

如果我重新选择的话，我肯定选择少部分人认同的东西。少数派是比大多数人看得远，这样才可能抢占先发优势。

新京报：你曾说企业在最初选择布局时要做"少数派"，如果重新选择，现在你会选哪个领域？

张近东：如果我重新选择的话，我肯定选择少部分人在做的东西。这个东西既要是比较难做的，也要有发展前景的。现在的一些新技术领域就值得考虑，比如虚拟现实技术，我相信这是一个具有很大的发展前景的技术。

新京报：既然要跟随大趋势，这不就做不成"少数派"了吗？

张近东：少数派关键是看能不能坚持。有市场前景之后，恰恰是看谁能坚持，谁能真正地投入进去做。少数派是比大多数人看得远，更具有前瞻性，这样才可能抢占先发优势。少数派不是进入小胡同，任何一家企业需要大发展，那一定要进入大市场。

新京报：现在声音很多，怎么判断真趋势和假趋势？

张近东：趋势也是需要积淀的，看今天的互联网零售，真正成功的也就那么几个平台。2014年O2O突然火了，2015年突然就没了，选择得好就是先驱，选择得不好就是先烈。

新京报：怎么避免成为先烈？

张近东：每一个创业者的起点都是不同的，具备的能力和优势也是不一样的，但我们都需要资本、人员管理、技术，最后殊途同归，思考如何真正地把这些因素和自己的能力匹配很重要。同时，创新创业绝对不是三天打鱼、两天晒网的事情，不仅需要创意，还需要资金、技术、人才等大量的资源整合，以及时间的积累，不能急躁。

新京报：市场波动时，创业者应该怎么样调整自身节奏？

张近东：我认为真正的企业家会更多地关注自己，而不是市场环境，因为市场环境对于每个企业都是公平的，企业家也无力改变，但是我们可以努力提升自己，甚至对于很多企业来说，"无限风光在险峰"，市场不好时，越是可以实现弯道超车。

创业的心情不会随着年龄而改变

很多人说苏宁的互联网转型是壮士断腕，这几年互联网的发展浪潮上，如果没有正确的战略和清晰的路径，肯定是坚持不下来。

新京报：你认为苏宁最大的竞争对手是谁？

张近东：2000年，我就和同行说我们最大的竞争对手是自己，但是在超越自己的过程要树立标杆。市场竞争的目的不是去消灭对手，而是挑战自我激励自我。所以苏宁在市场竞争中，始终的是坚持超越自我。如果我们有对手，我觉得那是我最大的乐趣，让我们能够有目标，对不对？

新京报：你一直在提挑战自我，这是你的管理风格也是苏宁的风格？

张近东：我现在的心态已经比较淡定了，因为我参与管理的方式发生了变化。过去可能是亲力亲为，甚至冲到第一线去，现在更多的是从战略角度考虑，所以现在感觉能越来越理性地对待企业发展了。但是我创业的心情不会随着年龄而改变，苏宁的互联网转型是我们第三次创业。

新京报：第三次创业后，你觉得自己有什么变化？

张近东：回过头来看，苏宁的互联网转型是正确的，也是超前的。前几年我去参加两会，有人问我"张总你是不是嗓子哑了"，到了2014年，就有人问我"张总你是不是精神又好了"，这是大家对苏宁的一个肯定。

很多人说这是壮士断腕，没有那么悲壮，但这几年互联网的发展浪潮上，如果没有正确的战略和清晰的路径，我们肯定是坚持不下来。

新京报：那你觉得，现在的互联网浪潮中有哪些方向或者趋势是值得注意的？

张近东：我认为未来创业有三大风口。高科技、智能化产品将成为未来创业的一大热点；第二个，目前消费对中国经济贡献率达到了66.4%，大消费、大服务与互联网结合蕴藏着大量的创业机会；同时，传统产业正经历从"+互联网"到"互联网+"的转型，这也是中国新一轮的创新创业机会。

转型瞻前顾后就会错过最佳时机

任何优势在趋势的大潮面前都终将被淹没。所有转型都有时间窗口，变革如果犹豫不决瞻前顾后，就会进而错过变革的最佳时机。

新京报：最近苏宁宣布零售、地产、文创、金融、投资五大产业布局成型，这五个方向是怎么考虑的？

张近东：这五大产业都是围绕我们为消费者服务的领域所顺势建立起来的，随着老百姓生活水平的不断提高，对品质消费的需求会越来越高，未来，消费者对于文化、娱乐、体育、金融、理财等方面的消费，以及对地产、社交生活场景等方面的消费，都将给我们带来巨大的市场空间。

新京报：所以这是一种顺势而为？

张近东：企业都是时代的企业，任何优势在趋势的大潮面前都终将被淹没。企业不怕选择艰难的道路，就怕迷失正确的方向。

自互联网转型以来，我们取得了一些成果，特别是2015年的互联网转型所建立的O2O发展模式已经成型。互联网的快速发展打破了企业成长的边界，从创业初期的专业零售，到二次创业的综合连锁零售，再到第三次创业的互联网零售，我们都始终坚持以消费者服务为导向的发展思路。

新京报：苏宁的投资集团也是投和苏宁产业相关的领域？

张近东：是的，苏宁在投资过程中还是基于集团战略考虑，围绕苏宁做商业布局，主要还是把我们的优势和市场进行嫁接，重点去寻找行业里有一定品牌基础和市场认知的产品，特别是围绕互联网发展过程当中建立起来的创新内容，比如VR、智能技术等。

新京报：除了投资集团，苏宁还有私募股权融资平台、苏宁众筹、苏宁创业营，你们在创投圈里到底在布一个什么局？

张近东：苏宁现在已经不是传统的零售企业了，而是一个互联网零售企业。布局完成后，苏宁将形成苏宁控股集团平台支撑，苏宁投资集团、苏宁众筹、苏宁创业营三级资源支持，链接多家合作方共同推进，布局全方位、多层级的创业生态圈。

为创业创新的年轻人，提供从创业到生活、从资金支持到全流程配套服务、从线下到线上、从境内到境外完全开放的平台。

新京报：有人说苏宁跟万达、跟阿里巴巴越来越像了，你怎么看？

张近东：苏宁可能变得更年轻了，在苏宁这个平台中，除了买卖传统家电、3C、内容外，产品越来越丰富，内容越来越多，服务的群体越来越广。苏宁是一个零售企业，是一个服务企业，这几年确实在变，但以客户为中心这个服务没有变。

新京报：苏宁这些变化围绕的核心是什么？

张近东：我们满足消费者不同阶段、不同场景需求的方式在变化，我们现在渠道和服务上已经把所有的端口打通。如果消费者现在的购物场景是不经常到店面去，需要到互联网、PC端、移动端，以及视频端去体验和购物，我们去适应、去满足他们。

所有的转型都有时间窗口，变革如果缺乏一条明确的路径，犹豫不决瞻前顾后，就会浪费宝贵的时间，进而错过变革的最佳时机。

通过足球把品牌带到国际

从产业发展来看，足球事业不一定都是以盈利为目标的，也不一定所有的盈利都是立竿见影的。

新京报：继收购江苏舜天 [-1.61% 资金研报] 后，外界传闻你们将收购国际米兰，为什么这么频繁对足球俱乐部出手？

张近东：苏宁投入足球，是基于两个方面考量。首先，足球有很多的球迷，本来就是苏宁潜在的消费群体，这是市场给我们的机会；其次，足球能增强整个社会的凝聚力，发展足球也是一种社会责任。

新京报：在足球上花这么大精力，你很看好中国的体育创业机会？

张近东：体育本来就是人们生活中非常重要的部分，也是参与度较多的领域。随着人们生活水平的不断提高，我相信文化体育一定会大于我们传统的消费需求，所以我们会寻找一些切入点，比如收购PPTV，建立足球俱乐部，建立第一体育。接下来，在体育产业还会不断地投入和创造。

新京报：是想通过足球把品牌带到国际？

张近东：这是显而易见的，否则的话在欧洲谁知道苏宁？我们去年买了一两个球员，欧洲的球迷就知道中国有个苏宁，如果我们与更多的欧洲俱乐部和有实力的明星球员建立关系，我相信苏宁的品牌一定会渗入到欧洲体系中去，对于产业的发展一定是有帮助的。

新京报：恒大俱乐部连年亏损，苏宁做好亏损的准备没有？

张近东：国际上的一些成功的知名俱乐部都在创立初期经历了不断投入发展的过程，这是一家俱乐部成长壮大的必经之路。目前中国的足球发展相较于欧洲等成熟市场，还有一定的差距，正处于不断投入、快速成长的阶段。

对于恒大来说，我们要软性地理解，恒大的球迷是最多的，也带动了恒大的品牌家喻户晓，现在恒大的产业规模也是名列前茅。从产业发展来看，足球事业不一定都是以盈利为目标的，也不一定所有的盈利都是立竿见影的，苏宁也会遵循这个发展规律。

新京报：看自己球队的比赛，你会紧张和着急吗？

张近东：当然了，本来是一个很有乐趣的东西，但是由于还是和工作连在一起，自然而然也会陷进去，很容易会随着比赛节奏变得紧张或者振奋。

文 / 王鹏　林其玲

汪潮涌：投资人太早退出不是好事

汪潮涌

今年 50 岁的汪潮涌，看上去像是个 30 岁的魅力男士。

他仍保持着运动员身材，头发乌黑有型，着装考究，对生活和工作保持旺盛的精力和好奇心。他说，自己仍然喜欢写诗、写散文、品酒、收藏艺术，爱好旅行、登山、航海、高尔夫、网球、游泳、赛车，"是个体育万金油"。

拍照时，他和摄影记者攀谈起来，笑称自己是穿着阿玛尼的投资人，并邀请摄影记者参加下一季的帆船比赛摄影。他说，自己仍然保持强烈好奇心，希望再做 30 年投资，至少赶上巴菲特的状态。

神童不敢当，但做事要趁早

不管是上学、留学、进华尔街，还是创业、做投资，都要趁早。我最大的优点就是这一辈子都比别人要早一点。

新京报：15 岁上大学，20 岁进华尔街，30 岁出头创办自己的投资公司。很多人说你是神童，你觉得你成功的最重要因素是什么？

汪潮涌：神童不敢当，但做事一定要趁早，不管是上学、留学、进华尔街，还是创业、做投资，都要趁早。我最大的优点就是这一辈子都比别人要早一点，比较勤快。很早拥有了资源和平台，成为中国投资界里最早创办自己投资公司的企业家兼投资家。

新京报：1999年，你为什么放弃优渥薪水，创办信中利？

汪潮涌：1998年我离开摩根，被国家开发银行聘为顾问，1999年离开国家开发银行。1999年中期，身边聚集了很多海归，当时张朝阳、李彦宏都带着硅谷商业模式，要回来创业。但当时的互联网用户基础很差，海归找不到钱。丁磊是用写软件攒的50万元人民币创业，马化腾找香港李嘉诚家族投资，马云带着18员大将艰苦创业。

当时我就想，我在华尔街有十几年投资经验，为什么不能组个基金供他们创业呢。所以我1999年创办了信中利，专注为海归回国创业提供风投。信中利这个名字的含义，是相信中国，一定能获得利益。

新京报：你走得这么顺，遇到过磨难吗？

汪潮涌：当然。小时候因为"文革"，我被寄养在亲戚家，在农村待了12年。七八岁干农活，九岁十岁去水利工地干重活，手脚冻裂，在工地上吃冰渣子饭。跟小时候相比，后面创业吃的苦就微不足道了。

新京报：你小时候有梦想吗？

汪潮涌：小时候就是想离开大山，去看看外面的世界。当时养父是赤脚医生，能给人接骨，我觉得很奇妙，所以我想当中医。

新京报：后来你却成为在资本市场有影响力的人。

汪潮涌：现在看，确实有一种穿越感，也觉得是一个不可思议的人生经历。这是时代创造的机会，如果没有高考，没有清华派我留学，没有中国金融行业大发展，我就绝不会有今天。还是要感谢这个时代。

新京报：你说投资人要会审时度势，眼光是怎么修炼出来的？

汪潮涌：投资时间够长。巴菲特说：我86岁了，新的东西也许不如你们，但要说投资经验，是你们这些年轻人比不上的。大致有三点：经验积累、快速学习，加上全球资源的对接。

我们错过了打车这个领域

我们做得还可以,但也错过了一些机会,比如打车这个领域。像 Aairbnb 这种形式,我们也在找,但是国情决定中国很难出现一个完全像 Airbnb 这样的公司。

新京报:早期投互联网,基本都是比对着硅谷模式来的。但从千团大战开始,中国创业者很容易集体扎进一个领域。你们是怎么判断的?

汪潮涌:千团大战的时候,我们没有投,还真是躲过一劫。当时国内很多很主流的投资公司在千团大战的时候都投了。所以作为投资人要冷静、逆势而动。就像巴菲特说的:当别人都贪婪的时候,你要恐惧;当别人都恐惧的时候,你要贪婪。

我们做得还可以,但也错过了一些机会,比如打车这个领域。像 Airbnb 这种形式,我们也在找,但是国情决定中国很难出现一个完全像 Airbnb 这样的公司。因为中国人不喜欢把自己的房子租出去。

新京报:可是国内已经涌现了几家类 Airbnb 模式公司,做得也不错。

汪潮涌:都不是纯 Airbnb 模式。有些是重资产,但 Airbnb 完全就是轻资产,靠自己的平台整合资源。

新京报:所以这是另一种风向,从模仿到引领?

汪潮涌:没错,2004 年我们投王中军,那时候如果以美国投资的眼光,肯定是不投的,因为美国电影产业已经是常规型产业,没有高成长,中国的娱乐产业就不是照抄硅谷,还会有很大的发展。另外,中国的手游要比美国超前 3—5 年。

现在,中国已经进入新投资时代,我们可以输出中国的商业模式、资本和创投品牌。中国的微信比美国的 WhatsUp,韩国的 Line 要好用,甚至很多海外公司在 Copy 中国模式。比如有人把分众传媒 Copy 到印度尼西亚,把微信 Copy 到印度、马来西亚,Copy 阿里巴巴到很多国家。

可能会有 5% 的创投机构胜出

人民币创投机构的缺陷在于，不愿意承担早期风险，希望 2—3 年就能退出。很多企业成长都需要 7—10 年才能达到高速价值创造期，投资人太早退出不是一件好事。

新京报：从跟随者变成引领者，这对投资人和投资机构的挑战是什么？

汪潮涌：最大的挑战和风险是，会有一批创投机构死掉。最后胜出的是在国内领先的这一批创投机构，可能就是 5%，这些机构能够在国内继续做大做强，继而在海外继续发展。

新京报：挑战点在哪里？

汪潮涌：第一，人民币创投机构的缺陷在于，不愿意承担早期风险。第二，希望 2—3 年就能退出。这对中国这些高成长的高科技公司或者新兴产业的公司，时间太短。阿里巴巴也是亏了 13 年，我们中国的创投基金迫于退出压力，很难长期持有。

新京报：所以你选择上新三板来解决退出问题？但你曾经说过，新三板流通性太好就丧失了赚钱的机会。为什么？

王鹏：新三板其实不要太强调流通性，因为很多新三板公司还是一个青苗，还要成长很长时间，如果流通性太好，刚一挂牌，投资人就卖了，就把未来可以赚钱的机会给扼杀了。所以 10 年在中国是一道坎，很多企业成长都需要 7—10 年才能达到一个高速价值创造时期，投资人太早退出不是一件好事。

新京报：信中利投资了多少项目？

汪潮涌：信中利成立 15 年，一共投资了 130 多个项目。前 10 年重质不重量，过去 5 年进入快车道，尤其是过去两年，去年一年就投资了 56 家公司。

新京报：投资人什么时候退休合适呢？

汪潮涌：虽然我精力旺盛，但也有很多人劝我退休，我却一直坚持。

第一，是使命感和楷模，我想把信中利打造成全球领先的投资机构。去年五月份，我到巴菲特的公司，巴菲特跟20年前没有什么区别，精神矍铄，跳着踢踏舞去上班啊。我也想像他那样工作。

第二，有成就感。看着我们投资的公司成长起来，成为了华谊兄弟，成为了百度，看着它们改变了世界，改变了人们生活品质。

第三，提升个人生活品质，我投资的东西跟我的生活品质息息相关。比如赛车、奥斯马丁等，我把兴趣、生活质量和投资已经结合在一起了，所以每天都处于亢奋状态、学习状态。

按照巴菲特的时间来算，我还有30年。我现在刚50岁，可以再工作30年，没问题，我们家有长寿基因。

百度搜狐华谊上市，我实现财务自由

从1999年到2009年，百度搜狐华谊相继上市，基本完成"十年内完成创业"的目标，也让我实现财务自由。后面做的事情，就是创业企业服务和回报社会。

新京报：参加美国帆船比赛是实现你年轻时的梦想？

汪潮涌：是的。小时候读《郑和下西洋》和《基督山伯爵》，对航海充满向往。在华尔街上班时，有团队拓展训练，就爱上了这个项目。后来百度上市，我有了一笔钱，就马上做了这个事情，顺便帮中国填补这个160多年全美公开赛的空缺。

新京报：但也有人说你情商高，做"帆船外交"，扩大朋友圈。

汪潮涌：这绝对是世俗的看法（大笑），虽然确实有商业收获，但出发的动机还是情怀和爱好。也是基于这个原因，5年前，我和国家体委、赛车协会，共同打造中国丝绸之路越野拉力赛。我是唯一一个非专业出身的汽联（中国汽车摩托车联合会）副主席，带着600辆车，2000人走丝绸之路。过了嘉峪关，就会想到"大漠孤烟直""春风不度玉门关"。到了敦煌沙漠，就想"葡萄美酒月光杯，欲饮琵琶马上催"。到了新疆，就是苍茫万里间的豪情。

新京报：你追求的是情怀还是资金回报？

汪潮涌：应该说，这既是有情怀的事情，又是好的投资项目，值得我热血澎湃地去做。有人评价我是"情怀榜首"，我觉得挺好，我不要追求资金榜首，投资回报榜首。海上帆船、丝绸之路赛车，都和我有关系，这才是有意义的人生。

这和我最早的规划很接近，我当时创业的时候说，要在10年内，完成创业，然后变成企业家。

新京报：十年内完成创业，怎么算完成？

汪潮涌：从1999年到2009年，百度、搜狐、华谊相继上市，就基本完成目标，也给我带来极大回报，实现财务自由。后面做的事情，就是创业企业服务和回报社会。比如我当时给清华捐赠一个亿的时候，这只是我尽社会责任的第一步。

新京报：你的重心会从投资转向公益吗？

汪潮涌：不会，还在投资，我喜欢这个行业。每天和创业者在一起，充满活力和创意，同时能学到新行业知识，让自己不断进步。这对我而言，有很大吸引力，其他事情会做均衡分配。

投资项目时确实遇到过"白眼狼"

今年VR和AR又是一场千团大战。中国创业人数太多，在有限的方向里，会出现践踏。这种状况一直都会存在下去。

新京报：什么样的创业者或者创业团队，会被你看好？

汪潮涌：要有激情、经验，要有在相关领域工作5年以上的经历，性格气质要有亲和力、领袖魅力、表达力和胸怀。

新京报：你投了很多体育项目，还有哪些细分领域是你看好的？

汪潮涌：行业大趋势我非常看好。就像10年前投华谊兄弟，当时票房不到10亿元。这种态势会发展到体育行业，新兴产业。10年内规模至少变成10倍。2015年中国体育产业才5000亿元，到2025年至少要5万亿。我们要找到细分领域里的龙头企业，比如赛事运营公司、体育媒体公司、体育服务、器材等。

新京报：去年O2O很火，但真正活下来发展好的并不多，今年VR和AR似乎在延续去年O2O的路数，你怎么看？信中利有投吗？

汪潮涌：这是又一场千团大战，都是大浪淘沙。中国创业人数太多，在有限的方向里，会出现践踏。这种状况一直都会存在下去。现在中国创业潮，资本的支持越来越多，能冲出来的企业概率会更小。因此对投资机构要求也越来越高。

新京报：创业者和投资人之间所站的角度不同，有时会观点不一。在什么状况下，你绝对不会让步？

汪潮涌：遇到原则问题，比如侵占公司利益。

新京报：你最后悔投资的项目是什么？

汪潮涌：不点名，但确实遇到个别"白眼狼"。创业不顺利，就抱怨投资人，认为是投资人不够支持，才发展不顺。也遇到合伙人发生矛盾。我通常的处理方法是劝说警告，我相信和气生财。

新京报：你给创业者的建议是什么？

汪潮涌：对创业者来说，中国目前是一个非常难得的时代，创业机会遍地皆是。我们赶上了经济转型升级，会有更多的创业机遇和更大的政府政策支持，以及非常成熟的创投行业支持。所以我相信创业成功几率会大大提高。当然也希望创业者们能牢牢记住,创业是一种苦行僧似的修行,创业过程必须要调整心态,能够持久耐劳。坚持就是胜利,伟大是熬出来的。

夫妻最好不要一起创业

创业是一件挺苦逼的事情,失败概率很高。创业者以及家人要有足够的精神准备,承受煎熬。如果第一笔投资都找不到,就不要创业。

新京报:你的事业和家庭都让很多人艳羡,你觉得创业者该如何平衡婚姻和事业的关系,有什么建议?

汪潮涌:创业其实是一件挺苦逼的事情,失败概率很高。创业者以及家人要有足够的精神准备,承受煎熬。家人也要有强大的内心,能承受孤独感、挫折感。压力之下,携手一路走来。另外,创业有门槛,要有相应条件,比如要有好的技术、模式、团队,能否找到第一笔天使投资。如果第一笔投资都找不到,就不要创业。

新京报:你支持夫妻一起创业吗?

汪潮涌:最好不要。风险不要集中在一起。最好一方创业,一方维护家庭,保证家庭稳定。

新京报:给创业者提建议,怎么寻找伴侣?

汪潮涌:创业者寻找伴侣最好找志同道合的,知识结构、兴趣能匹配。

新京报:创业者通常很少时间陪家人,子女教育也是个问题,有什么建议?

汪潮涌:言传身教。父母自身的勤勉,就是最好的榜样。企业家的孩子通常都很早熟,这是榜样力量。所以这些孩子们都不愿意说自己是富二代,更愿意说自己是创二代。

文/林其玲 郭永芳

阎焱：投资人无需刻意和被投人做朋友

阎焱

当过农民、运动员、机关工作人员，不甘平庸的他冲进了投资圈，从加盟 AIG 亚洲基础设施投资基金到发起"VC 独立运动"，成立第一家在国际资本市场上独立融资的中国基金，阎焱被称为国内"创投教父"。

2016 年 2 月初，现任赛富亚洲投资基金创始管理合伙人的阎焱，作为"寻找中国创客"第二季导师之一，在建国门中环世贸大厦的办公室里，接受了《新京报》记者的专访。2015 年 O2O 热潮风靡创投圈，阎焱曾发表文章称"O2O 将迎来死亡潮"，业界哗然。而后来的事实证明阎焱的判断准确。

对当下创投界的很多做法，阎焱都保留观点。他认为投资人和被投人没必要刻意做朋友，建议投资人不要把感情带入工作；他坚持原则，一旦创业者触及底线，他绝不妥协。他不认为投资人一定要有伟大情怀，因为本质上就是"要赚钱"。

在这个投资人被冠以"天使"的时代，阎焱以他的看似"无情"的真实、专业，曾给投资人带来 97% 的年回报率，是《福布斯》2008 年、2009 年"中国最佳创业投资人榜"榜首人物。

不到1%的创业者成了我的朋友

在中国,真实的情况是大多数的创业投资人与被投人盛行做朋友。如果做朋友,原则上经常会妥协。

新京报:农民、工程师、社会学者、世行官员,又转行做投资。你的职业转换为什么这么跳跃?

阎焱:我不觉得跳跃,这更多是我们这代人的生活轨迹,并不是我们自己一定想怎样。比如我从没想过当农民,但那个年代是没办法的事,高中毕业后都要上山下乡,后来从农村到城市很幸运,关键的时候赶上了。并不是我有什么梦想实现了,而是跟着潮流走。

新京报:从世界银行辞职也是跟着潮流走?

阎焱:就是觉得烦了,我个人认为世行是最平庸的地方,拿着政府的钱,去做些商业银行本来就可以做的事儿。世界银行是在"二战"后建立起来的,为了一些国家的复兴设立,但"二战"过去了那么多年,经济发展要靠市场的力量,而不是政府的力量。所以在那儿全是做一些完全不需要做的事儿。每年做各种报告,至于报告有没有人看,它根本不想。

新京报:不甘平庸、爱冒险,这是你的个性标签吗?

阎焱:我是个蛮理性的人,比如很多投资人投完一个企业后喜欢和被投的人做朋友,我更多觉得要做事业上的搭档而不是朋友。

新京报:你每年从上千个创业者里面挑出二三十个创业者,有多少能成为你的朋友?

阎焱:很少,1%不到。在中国,真实的情况是大多数的创业投资人与被投人盛行做朋友。但像我们看了两千多个项目,怎么可能都做朋友?投资是个理性活动,如果加入感情未必是好事。如果做朋友,原则上经常会妥协。不是不可以做朋友,但应该是一个自然的过程,而不是刻意做朋友。

工作中不要把个人情感带进来,这是对职业道德最基本的理解。我投资投的就是一群聪明人,聪明人就要按照市场规则去做,只要不把公司钱拿到兜里都可以。

新京报:你们投资一家公司后和他们接触的节奏如何?

阎焱:就一年四次董事会。如果他们需要资源上的对接,他们提出来,我们能帮忙的尽量去帮。但我们不会主动去问公司的经营状况,我比较崇尚自由主义。

新京报:投资方通常投完项目之后,会在微信上建个被投企业CEO群,大家互动、交流。

阎焱:我们从来不做这事,投完了就投完了。

创业者把公司的钱拿回家绝对不行

很多人拿到融资以后就认为是他们的了,如果创业者把公司的钱拿回家,绝对不行;拿去赌博,更不行。

新京报:有人说你的投资风格比较强势、霸道,你怎么看?没妥协过吗?

阎焱:大家讲的所谓的强势和霸道,更多是(坚持)原则。比如,很多人拿到融资以后就认为是他们的了,如果创业者把公司的钱拿回家,绝对不行;拿去赌博,更不行。

我觉得投资要有原则性,我们遵守契约原则,因为契约精神是商业上最基本的原则。如果不是原则上的,只是利益上的,比如奖金多点少点,我妥协得会比较多。

新京报:你会看中什么样的创业者或者创业团队?

阎焱:创业成功的人都是聪明人,是否所有聪明人都会创业成功,却不一定。世界上有两种人,一种擅长运作,一种擅长思考。比如大学教授,很聪明、善于思考,但他们的创业成功率并不高。所以创业者成功需要把思维和行动结合得好。

新京报：你似乎很强调个体的领袖作用，只有聪明人才能创业成功吗？

阎焱：对创业者来讲，领袖的作用比任何东西都重要。虽然制度化的管理对一个企业能否长大有很大作用，但一个企业能否活下来，领袖的作用更重要。我觉得把民主运作应用到商业上是一个特大的错误。

新京报：为什么这么说？

阎焱：我们在投资早期犯过很多错误，也浪费过很多钱。比如在2000-2002年互联网早期，我们投了很多企业，在国外空投很多CEO、CFO、COO，强调制度化管理，强调搭班子，但90%以上都失败了，从这些血的教训可以得出结论，初创公司创业者的领袖作用是最重要的，过早强调制度化管理对企业是有害的。

新京报：如何判断谁是合适的领袖呢？你有判断失误过吗？

阎焱：有。当年投资一家照明企业，基本是投其创始人，他是学航空的，当时感觉到他性格有点怪，但投了之后才知道他喜欢赌博。虽然后来公司做得不错，也上市了，但公司上市前，我们发现他把公司的资产转移到他个人和他太太的名下。当时他给我们董事会道歉说下不为例。

新京报：这个投资赚钱了吗？

阎焱：赚钱了，这个公司最多的时候是两百多亿的市值。但这是个典型的对人的判断失误。

刚开始大家不知道什么是风险投资，非说我们是皮包公司。中国PE真正开始发展是在2007年以后。

新京报：你之前说过80%的基金是不专业的。

阎焱：我看到过一组数字，2015年各种形式成立的基金有两千多家，现在已经差不多一半都不能正常运转了。

新京报：什么样的基金是专业的？

阎焱：首先投资人应该是以机构投资人为主，管理是机构式管理，存在至少 10 年以上，赚的钱比赔的钱多。其次，从业人员受过良好教育，经过专业培训。

新京报：10 年考验期长不长？

阎焱：对一只基金是否专业的判断，在中国通常要 10 年以上。徐翔被抓以前，赚钱比很多人都厉害，他也被很多人评为中国投资界的"私募一哥"，所以很难在一个很短的时间内说出一个基金的好坏。但我知道一点，如果一个基金中政府既当裁判员又当运动员，这样的基金一定不好。中国有很多 PE 基金是由政府主导的，由政府官员任职的，这在国外是从来没见过的。

新京报：你觉得这不是正常现象？

阎焱：这个过程里，政府扮演的角色太大了。政府最好做政策的制定者，不要既做裁判又做运动员。市场的基本原则是责权利分开和选择自由。

新京报：2004 年，你带着管理团队从软银赛富独立，被业界评为 VC 的独立运动，为什么？

阎焱：我们是第一家大陆华人在国际资本市场独立融资。以前我们隶属软银，当时软银刚好内部发生了一些事情，有这样的机会，我们也希望做一件能自己说了算的事。

新京报：成立初期，有没有遇到困难？

阎焱：有。刚开始大家不知道什么是风险投资，非说我们是皮包公司。中国 PE 真正开始发展是在 2007 年以后，发展程度确实超过我们的预期。

资本寒冬只是"傻钱疯钱"破产了

我不觉得 2015 年是资本寒冬，2015 年是资本最泛滥的一年。只是 2015 年上半年是疯狂的，所以所有的人都认为不正常的事情是正常的，反过来觉得下半年是寒冬。

新京报：投资人都梦想着投出一个伟大的能改变世界的公司，但这样的公司通常起步的时候都是不被理解的，你不想冒一次险吗？

阎焱：我就是一个俗人，我只想赚钱，我从来不想会投出一个伟大的公司。创造世界级公司都是顺带着的。

新京报：你怎么看2015年资本寒冬这回事？

阎焱：我不觉得2015年是资本寒冬，2015年是资本最泛滥的一年，创业板的估值依旧是全世界最高的。在市场上拿钱永远是个困难的事，只是2015年上半年是疯狂的，所以所有的人都认为不正常的事情是正常的，反过来觉得下半年是寒冬。哪有什么寒冬。

新京报：你觉得现在中国资本市场处于什么状态？

阎焱：一群人在搞party，非常疯狂，现在温度下降了，激情消退了，在逐渐回归理性。这就是中国资本市场现在所处的阶段。

新京报：所以现在估值还是有些高，有些项目在乱找钱是吗？

阎焱：2015年上半年"傻钱疯钱"比较多，现在这些"傻钱疯钱"破产了，所以稍微理性一点。找钱就应该难，如果傻子都能找到钱，那钱就不值钱了。

文／郭永芳

毛大庆：把创业文学化是一种幼稚

毛大庆

2015年3月，万科北京区域首席执行官毛大庆突然辞职了。

辞职信中，毛大庆称："我对自己的人生做出了全新的选择：创业，怀着梦想再度出发。"4月，毛大庆的创业项目"优客工场"成立，以联合办公的形式，加入创新创业的大潮。

一年多以来，优客工场成长迅速，7个项目已经开业，遍及国内4个城市。融资三次，估值从1.5亿元，成长到40亿元，增了26倍。

2015年，毛大庆参加《新京报》"寻找中国创客"第一季活动，并获得年度中国创客称号。2016年初，优客工场推出庆峰基金，毛大庆转型成为投资人，并成为"寻找中国创客"第二季导师。

2016年4月28日，在位于北京阳光100的优客工场，毛大庆接受了《新京报》记者的专访。毛大庆说，创业一年来，虽然看起来顺利，但外界的质疑如影随形，他也曾多次质疑自己。中国下一阶段的创业创新应该具有全球视野，和在全球寻找项目的能力。

创业一年，曾多次质疑自己

我不太赞同把创业文学化，不是非常浪漫非常时髦，就是抛家舍业、妻离子散，这显得我们很幼稚，显得我们的社会很幼稚。

新京报：这一年多里，你从传统经济的职业经理人转型成了互联网创业者，能适应这种身份转换吗？

毛大庆：最近我常回想过去20多年当职业经理人的过程，那种付出、消耗和花费的心思，以及担的风险和责任，虽然跟创业创始人不太一样，但是我觉得没有创业态度和企业家精神的职业经理人，也不配叫职业经理人。所以你看见那些后来也许创业成功的企业高管，他一定在原来企业里也是不错的职业经理人。

新京报：看起来你并没有太多不适应？创业之后，你的生活状态如何？

毛大庆：这一年里，我跟很多创业者交流，大家"对"了很多词，出来都是一样的，比如质疑、怀疑、孤独。

新京报：为什么这么说？

毛大庆：工作和生活没有了边界，生活就变成创业，创业就是生活。原来在职业经理人的位置上，可能你有周末还有休假的生活，创业以后，只要还没进入睡梦状态，全是在创业的生活里。

新京报：会觉得后悔或者有些感伤吗？

毛大庆：其实我不太赞同把创业文学化，不是非常浪漫非常时髦，就是抛家舍业、妻离子散，这显得我们很幼稚，显得我们的社会很幼稚。不是英雄就是烈士，有什么必要呢？

新京报：你觉得什么样才算是成熟的？

毛大庆：人人都认为我去制造一点新东西，我去创造一点新价值，是一个自己觉得很愉悦，社会觉得很正常，国家觉得对发展很有贡献，旁边人看着觉得挺朴素的一件事，创业可能就真的有效果了。

新京报：你怎么看待自己和现在的这批创业者？

毛大庆：开复老师他们在弄创新工场时，那时还没有"大众创业、万众创新"这样的巨浪，他们走这条路的时候，我还在传统经济里边，还觉得自已无限风光。

他们当时创业很恐怖很艰苦，办公室都没有，现在的办公室也是租的，刚刚装修，地上的砖是原来超市的瓷砖，开复的办公室很多人都知道，简直就不是个办公室。但是他们仍然认为这就是方向，我觉得就是这些人，社会里总有这么批人，看得比别人远。

新京报：你的意思是，创业者应该是这样一批看得比别人远的人？

毛大庆：李开复、徐小平、沈南鹏这一批人，他们都已经属于上一个阶段的创业者，用他们的力量在继续发挥着热量，但如果这一批人越来越年长之后，还能不能出现新的李开复、新的徐小平，我是在思考这样的问题。

踩节点和跟风是不一样的

在国内联合办公的模式上，我们算是踩在双创大潮的整个节点和节拍上。

新京报：这一年你发展得很快，从我们的年度创客获得者到今年变成了创业导师，有人说你赶上了好时机，你觉得呢？

毛大庆：其实只能说跟国家的大步骤的节点是完全一致的，我们踩上了这个节点。

新京报：但你说的踩节点和很多人质疑的跟风，有什么不同？

毛大庆：跟风是你完全不明白它是怎么回事就跟进去了，可能跟了一半才发现根本就没弄明白这事是在干吗，觉得很后悔，也无法再往里边跟，最后又跳出去。

新京报：那你为什么认为自己是踩了节点呢？

毛大庆：联合办公我认为我们是第一家，是先行者，在国内联合办公的模式上，我们算是踩在双创大潮的整个节点和节拍上。

新京报：节点和节拍，具体是指什么？

毛大庆：开复老师问过我，你是什么商业模式？当时我的回答是，我们应该服务于那些中国成长的人群，或者创造性的人群，我们叫做 Creative Class。中国今天的状态，以及 Creative Class 这一批人，还处在被培养的状态里面。我看到了这个需求，一大批中小微企业，包括商务人群，需要更好的、全方位的社会化服务。

新京报：但你说 Creative Class 的这群人还在被培养的状态，这种模式会不会在中国太早了点？

毛大庆：现在我们可能是在培养一种新的职场文化，创造一个新的市场。

新京报：所以你认为优客工场是解决了这部分的服务问题？优客工场和现在的众创空间有什么不同？

毛大庆：我不太喜欢"众创空间"这个词，因为它强调空间，听起来像是商业地产。而优客工场是一种空间解决方案，商业模式以租赁为基础，但联合办公最大的内容不在这儿，而是社群经济和服务。

新京报：联合办公是以空间为平台做资源的共享？

毛大庆：对，服务是联合办公的灵魂。要让创业者觉得除了办公室，他还能得到知识、技能、合作伙伴，以及能够共享的资源。这些都远远超过了商业地产的逻辑。

新京报：国外的联合办公模式发展得如何？

毛大庆：全球都有，我们是把它中国化了。

鼓励众创空间接待中学生

体制要创新，教育体制的改革也很重要，能不能在中学生、小学生时就埋下他们对创新的热爱，我鼓励所有北京市的众创空间都接待中学生。

新京报：这一年多里，你遭遇过质疑吗？

毛大庆：很多，我自己也在质疑自己。联合办公到底是个互联网生意，还是个商业地产买卖？服务怎么搞？一会觉得自己像孵化器，一会又觉得自己像商业地产，创业目标不停在漂移，有很大的不确定性。

新京报：后来怎么让自己坚定下来？

毛大庆：那次开复生病回来，他说他觉得很对不起家人，对不起孩子，他的创业过程很艰苦。我跟他说，你知道多少人在感谢你吗？这么多年轻人因为你给他们一句鼓励，给他们刚开始的一笔钱或者一次辅导，他今天可能成了亿万富翁，或者已经开始再次创业了，我说这是多么伟大的一件事情，好多人在感谢你。我今天干这个事，实际上从内心深处在学习他们这种态度，这真的是由衷地这么想的。

新京报：那你希望将来大家提到优客工场提到你，会记住你什么？

毛大庆：我希望未来好多年轻人或从我们这儿出去的人，他不一定感谢我，但他记得我们这个地方，说曾经这儿有这么好的一种工作氛围和环境。我希望通过这样的东西慢慢地改变中国人的思维方式和他们对于事业、他人和社会的细微看法。

新京报：《2015年全球创新企业百强名单》中国大陆没有一家企业入选，怎么看这个事？

毛大庆：原因太多了，其中一个是评价标准不同。他们认为创新是从无到有。爱迪生叫创新，因为之前没有灯泡；乔布斯叫创新，因为原来没有智能手机。所以中国虽然有很多大的互联网公司，但都没有上榜。

新京报：如何解决？

毛大庆：体制要创新，创新型社会并不来自微观领域的创新，而是顶层制度创新；教育体制的改革也很重要，能不能在中学生、小学生时就埋下他们对创新的热爱。我们优客工场最近在坚定地推一件事情，就是中学生进众创空间。

新京报：中学生创业？不会太早了一点吗？

毛大庆：我觉得如果以后都是这样的有创新意识的孩子，那中国的未来多好啊。我鼓励所有北京市的众创空间都接待中学生，这么多的众创空间，里面这么多创业者，为什么不再一次共享给未来的这些希望呢？我们过去这一年做了很多这样的努力，虽然这个与我们的经营毫无关系，完全是公益的。

创业"九十九死一生"才是真的

世界有创业文化的国家，以色列和美国等等，也就是 5% 的成功率，中国其实 5% 都不到，说九死一生都太好听了，九十九死一生才是真的，这是很正常的。

新京报：从你开始创业到现在，创业环境一直在变化，尤其是去年下半年以后，很多人说创业的咖啡凉了，这对你有什么影响吗？

毛大庆：我不认同咖啡凉了，我觉得身边到处是创业的。只能说在某一些局部的地方，可能有一两个做得不太成功的经营不下去，关门了。

新京报：最近很多创业者都说，在中国创业是九死一生。

毛大庆：全世界有创业文化的国家，以色列和美国等等，也就是 5% 的成功率，中国其实 5% 都不到，说九死一生都太好听了，九十九死一生才是真的，这是很正常的。

新京报：所以你觉得中国的创业依然很热是吗？

毛大庆：我在美国听爱迪生的后人跟我说过一句话，让我很受刺激，他说你不要认为你们现在做得有多么先进，全世界都在互联网大潮里颠覆，如果你不颠覆，可能就死了。

新京报：国际化是个很大的趋势，之前美国的 Wework 获得融资后，选择入华，把美国的中小微企业带到中国来发展。优客工场有没有出海的计划？或者成为海外公司进入中国的接驳站？

毛大庆：最近我在跟以色列大使馆商量，成立以色列在北京的小企业服务中心。同时也有可能把优客工场开到以色列，把以色列的创业项目引入中国。我一直倡导，中国的创业创新，特别是像北京这样的城市，一定要有全球化的视野，和在全球寻找项目的能力。在美国，RocketSpace、YC 项目里面有一半都是国外的。只有在全球竞争格局里面，才能找到有质量的东西。

新京报：如果优客工场打算做这件事，会从哪些方面来操作？

毛大庆：外国人来中国，税务工商的门朝哪儿开都不知道。对搞窄门创新的技术类创业者来说，这些杂事，会把他的精力耗光。我们会用便捷性的服务，让来自国外的小企业小团队，迅速落地，免除很多麻烦，比如找办公室、注册。还会帮他们迅速融入中国文化，有社区社群可以交朋友，找到很多相同行业的合作伙伴。

新京报：中国如果要成为一流的创业国家，还有哪些需要做的？

毛大庆：资本也是推进创新的巨大动力，投资人的质量决定了一个国家创新的质量，中国需要一流的、世界级的投资人。

今年会有一批伪投资人被淘汰

真正好的投资人，自己要创过业。也许你是一个很会看项目的人，但是可能在判断创业者上会失误。

新京报：经历了 2014 年的热和 2015 年的冷，2016 年中国的创投市场，会发生什么变化？

毛大庆：会慢慢趋于稳定，不再会出现突然变冷或变热。资本投向的角度、领域，也会变成一个相对稳定的状态，不会说一会儿抽出来，一会儿投进去。会有一批伪投资人被淘汰。

新京报：具体到创业领域，哪些领域会发展起来？

毛大庆：智能化的产品越来越多，包括人工智能、VR。服务领域、教育领域，还有医疗产业，包括生命科学，都会越来越丰富。

新京报：优客工场今年成立了庆峰基金，为什么要做这么一只基金？

毛大庆： 这个基金来源于传统的房地产行业，庆峰基金搭载在优客的平台上，帮助传统的房地产圈里寻找转型的企业和老板，渗透和参与到创新领域中来。

新京报： 优客工场本身也有投资业务，你现在的身份也不只是一个创业者，还是一个投资人，你觉得你和其他投资人的不同在哪里？

毛大庆： 国外的投资机构会告诉你一句话，真正好的投资人，自己要创过业。我很赞同。也许你是一个很会看项目的人，但是可能在判断创业者上会失误。创过业的人看创业者会有不一样的感觉。

新京报： 那你是怎么判断这些创业者？

毛大庆： 就是问问他们有没有我这种经历。能不能克服问题，创始人有没有可能在过程中，碰到问题就不行了？团队是不是一个完整的团队，他出现问题的时候，团队是不是能帮他？如果这些问题无法得到比较安全的答案的时候，可能是有问题的。

新京报： "寻找中国创客"导师阎焱在接受采访时曾说，2015年出现了2000多只基金，现在一半已经没有活动了，那么庆峰基金如何保持竞争优势？

毛大庆： 我们不是单纯为做基金而做基金，因为有了优客我们才会做这个基金。从投后上说，优客工场本来就是一个投后管理机构。那些做到一半没有声音的基金，就是不懂投后管理的基金。我向来认为钱不是第一重要的，一只好的基金，它给创业者的东西远远不只是钱。

文 / 曾庆雪　林其玲

三　中国创业者出海报告

行业：移动出海与输出文明

——中国创业者出海报告

中国互联网企业正处在出海浪潮中。数据显示，有出海业务的国内互联网超过6000家，出海产品超过10000款。

中国企业出海，一方面避开国内竞争红海，挖掘海外蓝海市场，一方面也顺应了中国资本和需求外溢的背景，寻求互联网全球化时代的创业机会。

但挑战不可避免。越来越短暂的时间窗口期、全球化竞争、碎片化的海外流量导致变现价值低，创业者一窝蜂涌入，导致同质化、效率低，都成为出海创业者需要攻克的路障。

现状：出海产品超万款区域遍布全球

G20的召开，把杭州这座新兴的互联网城市，推到了世界前台。

放眼全球互联网世界，杭州是样本级的存在：有世界最大的电商公司阿里巴巴，电子支付体系覆盖95%的超市便利店、98%的出租车，在云计算、快递、网络营销、信息技术、运营服务等领域，也涌现出众多专业的电子商务服务商。

不只杭州，事实上，中国移动互联网已经成为全球最领先的国家之一。多位投资人和创业者接受《新京报》记者采访时表示，美国在PC时代的优势，逐渐被中国移动互联网的优势所取代，甚至出现了很多原创模式，Copy to China（抄送中国）变成了 Copy to World（抄送全球）。

迅速成长的中国互联网公司正在谋求全球布局。

铺开一张世界地图，除了南北两极，中国互联网团队的身影几乎遍布全球。艾瑞咨询与白鲸研究院联合发布的《中国出海移动应用发展盘点报告2016》（以下简称《报告》）显示，互联网企业出海区域包括欧美、日韩、俄罗斯、东南亚、印度、拉丁美洲、中东北非等地；出海产品覆盖游戏、工具、社交、摄影和教育等多个品类。仅2016年3月—6月，就有27家出海公司获得融资。

早期出海的企业，已经在收割海外市场的红利。猎豹移动2014年在纽交所上市，博雅互动和久邦数码也于2013年分别登陆香港和纳斯达克资本市场。

除了这些已成规模的公司，多数出海企业的规模都比较小。《报告》显示，在6000多家企业中，团队规模在100人以下的超过70%，融资阶段上，60%以上都是B轮以前的项目。

梳理移动出海的发展历程，可以明显看出一条主线。与国内互联网类似，移动出海也经历了逐渐深化的过程。从早期的工具类产品，如猎豹清理大师、DU系列、Launcher，后来延伸到内容类，比如今日头条的海外版，再到社交类、电商类。总的趋势是越来越偏重运营，跟当地线下结合。

移动出海的投资机会也吸引了机构投资者的关注。红杉资本、北极光创投、红点创投、SIG、贝塔斯曼亚洲基金、成为资本、零一创投、三行资本等机构已经开始布局移动出海领域。其中梅花天使创投联合出海企业赤子城，成立了大航海基金，专门投资移动出海领域，规模1亿元。

原因：规避国内竞争寻求更大市场

YeeCall是张磊的第三次创业，前不久获得谷歌全球推荐。据张磊称，YeeCall的优势是技术实力过硬，在网络双向丢包70%情况下，依然保持语音和视频通话的高清流畅，领先同类产品。

单从数据上来看，中国已经成为国际移动互联网行业的领军国家之一。全球用户拥有量和活跃度最高的 10 款产品里面，有 9 款是中国团队开发的，国产工具覆盖了海外工具安卓用户的 51.7%。出海团队，正向世界输出中国的技术和影响力。

中国互联网企业出海为什么能获得这么大的成功？

民间有种说法："世界上只有两个互联网，一个中国的，一个美国的。"在全球移动应用市场的竞争中，中国的企业更具有国际优势。

公开数据显示，中国有 3500 万程序员，位居世界第一，而薪酬大致是美国的五分之一，与印度相当；中国人口基数庞大，且语言单一，较少有宗教和文化的阻隔，利于市场推广和变现，有独角兽生长的土壤。市场竞争的残酷，也让中国互联网公司探索出了完善的商业模式和强大的运营能力，中国因此在互联网时代实现弯道超车，成为最发达的国家之一。

另一方面，国内互联网寡头倾向逐渐显现。来自武汉福创投资的研报称，BAT 以及其关联企业已经占据超过 80% 的生态，并占据绝对的资本与流量优势，移动互联网格局逐渐固化，创新者出头已越来越艰难。

而海外市场不然。由于起步晚，海外新兴市场，比如印度、巴西、印度尼西亚呈现出中国 5 年前移动应用市场高速发展的态势。伴随着 3G/4G 和智能手机的普及，海外移动互联网环境日渐成熟，市场正在呈现爆发增长之势。

再者，在消费升级驱动下，中国消费者的全球性需求正在爆发增长。数据显示，2014 年，中国出境游消费规模已经达到 1 万亿。从 2007 年到 2015 年，不到 10 年时间，中国赴美生子人数飙升 120 倍，2008 年到 2013 年，6 年时间，个人投资海外房产规模增长 150 倍，达到 150 亿美元。

此外，由于面临环境污染、教育差、看病难，中国消费者出现需求外溢，在全球范围内寻求资源匹配，从而推动医疗、教育、美容、旅行等领域出现新的创业机会。

一方面是为了规避红海寻求更大的市场；另一方面，资本和需求外溢也创造了更多机会。两股力量一个拉一个推，融合在一起，共同推动了中国互联网的全球化进程。

价值：移动出海花钱更少，换回价值更大

梅花天使创投创始合伙人吴世春告诉记者，互联网出海是润物细无声的输出，花的钱是1%，带来的价值却更大。他比较的对象，是高铁、桥梁一类的传统硬件输出。

从经济的层面考虑，互联网企业出海正成为拉动经济出口的新生力量。

据国家统计局数据，2016年上半年中国出口总额6万亿，少于2014年上半年的6.5万亿元。2016年上半年，中国出口产品遭遇了来自17个国家（地区）发起的65起贸易救济调查案件（反倾销调查），同比上升66.67%。

在实体产业出口乏力，且频频遭受法律限制的背景下，互联网出海正在成为中国买全球的先锋。

和国内相比，海外市场有更广阔的空间。《报告》显示，中国市场有13.6亿用户，6.7亿移动用户，海外市场拥有58.5亿用户，29.7亿移动用户，并且还在不断增长。截至2015年，全球智能手机用户已达18.6亿，在手机用户中占比43.7%。预计到2017年，智能手机用户仍会保持每年10%以上的速度增长，由此带来巨大的潜在红利。

据白鲸研究院预估，2016年3月—7月，国内前20名出海公司，在Google Play 和 App Store 中收入总和超过6亿美元，这还不包括非商店收入，比如在游戏购买道具或者APP内出售广告位的收入。

部分出海发展的中国企业，已经获得了不菲的收益，其中最成功的是硬件。《报告》显示，国产手机海外市场占有率总体超三成，前三名是联

想、华为和小米。联想集团 2015 年海外营收高达 463 亿美元，占总营收 667 亿美元的 73%，华为 2015 年的海外营收占比是 55%，均超过了在中国本土的收入。

其次是工具和游戏类。以猎豹为例，截至 2016 年第二季度，海外移动用户达到 6.2 亿人，第二季度营收突破 10 亿元。智明星通凭借旗下多款游戏，在三个月的时间里，收入过亿美元。

接下来，是内容和生活服务类。和工具类产品相比，内容更容易吸引用户，使用频率和时长高，变现价值更大。从国内的经验来看，内容类和生活服务类产品已经是被验证的商业模式，比如今日头条、唱吧、映客，移植到海外，利润空间可期。

挑战：出海第一天就要保护好品牌和专利

5miels 是一家 C2C 二手交易电商平台，2016 年初入围美国十大电商，是榜单中唯一一家中国人创办的电商。

5miles 进入美国之初，美国电商尚未开始发力移动端。而仅仅一年以后，美国电商巨头 eBay 旗下的同城物品交易市场——Close5，利用 eBay 巨大的流量优势，用户增长 700 万。

在国内，PC 互联网 BAT 格局形成，用了 15 年时间；移动互联网在出行、外卖等领域诞生小巨头，用了 5 年；而海外市场，工具类从起步到红海，只用了两三年时间。

从投资上来看，移动出海的机会更是稍纵即逝。三行资本创始合伙人孙达飞说，他们错过了工具出海那一拨，现在的投资重点是内容，但内容也只有 6—12 个月的投资窗口期。来自武汉福创投资的研报认为，海外移动互联的最佳投资窗口是在 2014 年，但将会在 2017 年消失。

红点创投合伙人吴峰是关注移动出海的投资人。他认为，中国公司出海，会遭遇法律、生活习惯以及信仰的冲突。

以境外产子为例，2013年香港实行"零双非"政策，所有香港的公立医院及私立医院全面停止接受非本地孕妇预约到港分娩。今年3月，南加州突击搜寻20余家帮助我国孕妇赴美产子的月子基地。

另一个挑战是海外市场碎片化。吴峰说，中国是一个理想的市场，人口过10亿，语言单一，互联网扩张的边际成本很低。而海外市场碎片化很严重，例如越南和泰国，因为语言不同，一款APP需要做两个版本。

国际流量碎片化，导致很难"一条广告打天下"，要想变现就要找到本地的广告主，要在每个国家成立销售团队，对初创公司挑战极大。吴峰认为，同等流量情况下，国际流量的变现能力仅为国内流量的三分之一到五分之一。

除此之外，出海产品同质化很严重。以桌面为例，有APUS Launcher、Launcher、CM Launcher、Hola Launcher、SOLO Launcher。同质化导致效率低，用户获取成本提高，变现价值降低，"增收不增利"，营收虽然增加，但利润并没有相应提高。

同质化必然导致恶性竞争，创业者之间互相抄袭的事情屡有发生。Solo联合创始人李平告诉记者，很多出海团队没有专利保护意识，很快就会山寨出来一模一样的产品，甚至名字都一模一样。"Solo做出品牌影响力后，曾出现了不少山寨产品，有一个仅仅在名字后面加了一个点。这些山寨产品甚至明目张胆上线到App Store，还收费，产品体验非常烂，有用户因此说我们是骗子，昧良心收钱。"

李平建议，出海第一天就要意识到，保护自己的品牌和专利，频繁运用政策和法律手段，以免自己品牌被山寨，流量被瓜分，产品体验受干扰。

无论从战略、经济，还是文化的角度上，互联网出海都有潜力成为新的带动力量。多位创业者和投资人表示，移动出海，不应被简单理解为海外淘金。互联网全球化是下一个机会，出海路上，创业者期待更多政策支持。

创业者：希望政策在税收结汇等方面给予支持

9月1日，国务院总理李克强召开国务院常务会议，从多个方面鼓励创业投资发展，比如首许国企参与创投，鼓励外资扩容，加码税收优惠。业内人士表示，新政将进一步扫清创投政策藩篱。

在记者采访中，不少移动出海创业者表示，他们同样面临政策上的困扰，比如过重的税负、繁琐的外汇审批、政府创新创业基金的忽视等，希望能在多个方面获得政策支持。

● 税负减免，提高企业竞争力

创业者说在全球范围来看，中国互联网公司面临的税负压力非常重，不仅要交7%的流转税，还要承担25%的所得税，对外支付时，也要为对方代缴10%的所得税。综合算下来，企业利润的40%要交税。而国外没有流转税，所得税也可以通过合规避税的方式减免，这让中国互联网公司出海时没有成本优势。

创业者建议设立像上海自贸区一样的示范区，鼓励移动出海公司聚集，形成产业园，根据离岸公司的标准，给予税收优惠。

● 简化外汇审批环节，提高企业效率

创业者说出海公司付钱购买海外技术服务时，需要经过外管局、商委、税务局、工商局，银行，"4+1"五个环节，才能把一笔钱付出去，外汇审批手续繁琐，影响跨境支付的效率。为了避开审批，很多公司选择在海外成立公司，由此给国家造成的税收和外汇损失，业内人士估计每年规模在千亿以上。

创业者建议简化审批程序，一站式解决出海公司的换汇问题。

● 政府基金支持应与国内创业公司一视同仁

创业者说出海公司对本地经济拉动作用不强，很多政府专项创新创业基金，非但没有倾斜性支持，反而由于市场在海外，削减了这些机会。

创业者建议政府基金支持应与国内创业公司一视同仁。

● 降低债权融资门槛

创业者说移动出海公司大多数都是轻资产互联网公司，且多数处在早期，尤其是做APP和游戏的公司，资产只有人和电脑，无法从银行获得债权融资，只能获得股权融资，而股权融资的成本要远高于债权融资。

创业者建议降低银行贷款门槛，增加移动出海公司获得债权融资的机会。

● 开放上市绿色渠道

创业者说对移动出海公司来说，由于海外收入确认方面有难度，上市更加艰难，很多优质标的被挤到香港或美国。

创业者建议开放海外收入确认绿色通道，方便优质标的在国内资本市场上市。

● 制定出海行业规则

创业者说移动出海尚属早期，没有形成行业规则，创业者之间经常发生抄袭事件，一旦被山寨，流量被瓜分，用户体验也受到伤害。

创业者建议由政府指导，民间自发成立行业协会，加强同行交流，抱团出海，共同挖掘海外市场红利。

政府支持对行业发展非常重要。《报告》显示，出海企业多诞生于北上深杭等一线城市，其中北京企业共1676家，占比26.8%，为移动出海企业最多的城市。成都、杭州、厦门等作为新兴互联网城市，政策扶持力度较大，促进了移动出海企业的发展。

投资人：移动出海是输出文明

梅花天使创投创始合伙人吴世春认为，互联网出海是高级形态的经济出海，有助于推动文明输出。

他举例说，喜欢用Facebook、Google等互联网产品的用户，往往也更喜欢美国的文化，"这代表一种更先进的生产力和文化"。

吴世春说，中国制造的出海路，一开始是卖初级产品，然后是工业产品，现阶段是软件和网络品牌的输出，比如微信、唱吧、映客、今日头条出海，这会强化品牌效应，带动世界对中国高科技水平的认知，提高中国商品的议价能力。

"比如韩国文化输出到中国，会提高韩国化妆品、电子产品的认知，提升品牌形象，卖出高价格。"因此，吴世春认为，中国下一个阶段的全球竞争，不能打价格战，而应该打品牌战、形象战。

从另一个角度考虑，移动出海可以避免很多政策风险，同时不会引起抵制。

为了推广中国文化，从2004年开始，政府在海外设立孔子学院。但单纯的汉文字输出，容易引起外部世界的反感，甚至被误读为"文化殖民"。

再比如高铁，经常会因为政策风险遭遇抵制，困难重重，但是网络输出是润物细无声的输出，花的钱是1%，带来的价值却更大。"互联网出海是一种高维打低维的方式，比硬件、比高铁，要高明很多倍。"吴世春说。

从经济的层面考虑，如果海外活跃度最高的工具产品、广告平台、电商和社交平台，都是中国互联网团队开发的，就可以在上面推广中国的影视、商品、旅游，获得链条式的发展，产品输出变得非常简单。

吴世春建议，应把移动出海当成一个一带一路相辅相成的国家战略，鼓励互联网更顺畅地出海，"在结汇和税收上给予支持，他们就能更好地寻找拥有黄金和香料的国度"。

文 / 曾庆雪

故事：内容创业者的另类出海

——将"今日头条"复刻到中东和东南亚

10月24日，前Uber中国高级副总裁柳甄加盟今日头条，外界猜测，柳甄将负责今日头条的国际化业务。

国际化是今日头条目前的重要布局方向。2016年10月15日，今日头条投资了印度版今日头条Dailyhunt。

自2012年成立以来，今日头条一直深耕国内市场，少有国际化上突破。可让张一鸣坐立不安的是，中国出海的创业者，正将今日头条的模式，搬到印度、印度尼西亚、马来西亚和中东等地，海外市场正在被创业者瓜分。

白鲸研究院提供的一份名单显示，海外较有影响力的新闻聚合产品，已经有十几家，分散在若干个国家，其中大部分的成立时间都是2015年以后，而且都是中国人做的。

工具出海的红利期结束后，国内的创业者转型出海做内容。但与生产本地化内容的艰苦相比，创业者们发现，今日头条模式成为了理想选择：新闻聚合的工具属性加内容平台属性，能迅速实现本地化。

因此，短短一年多时间里，中国创业者们将今日头条类型的新闻聚合应用复制到了几乎整个东南亚和中东地区。

有投资人甚至开玩笑说，东南亚如今遍地都是中国人"复刻"的今日头条。但问题是，在海外做今日头条，真的那么美好吗？

冲突：卷入政变的维吾尔族创业者

因为融资，艾地最近频繁往返于土耳其和北京。2014年拿到蔡文胜的天使投资，之后便一头扎入土耳其的"今日头条"项目——GÜNDEM。但是三年下来，一点都不轻松，他把自己比作媒体总编，像在刀尖上跳舞。

这和土耳其的政治环境有关。2016年7月，土耳其发生政变，Facebook、Twitter被关闭，GÜNDEM幸免于难。"任何一件事情，万一做错是就是死。"回想起来，艾地仍不轻松。

土耳其是多党制国家，往往会有一个执政党，和无数个反对党，媒体分属各个党派，没有国家层面上的媒体。某一党派上台，这个党派的媒体就会顺理成章拥有更大的话语权。

在这种环境下，人民对一件事情的看法非常多元，民众并不会完全支持某一方，也并不完全反对某一方。对一款资讯产品来说，如何游走在这种零碎的民意之间，非常考验运营能力。

"在一个民主国家里，民众对你站不站队这件事非常的敏感。"艾地说。为了做到公平公正，在机器算法之外，GÜNDEM安排了5个人工编辑，5个人的背景不能一样，不能全部支持A党，或者支持B党，以免产生严重的偏向性。

2016年7月，土耳其发生政变，Facebook和Twitter等社交媒体均被关闭，GÜNDEM幸免于难，GÜNDEM在安卡拉和伊斯坦布尔都安排了两个人，跟土耳其新闻出版署保持良好关系。

急于寻求真相的民众大量涌入GÜNDEM，GÜNDEM日活翻倍，服务器差点崩溃。艾地说，GÜNDEM的策略，是尽可能筛选接近真相的内容。

"但是不能太激进。因为在很混乱的时候，是没有办法去站队的，任何一件事情，万一做错是就是死，当时谣言满天飞，如果什么抢眼球就爆什么东西，那就出事了。"艾地说。

这也是 GÜNDEM 一贯的策略，"土耳其人要喜欢，不能反对。要有态度，但是态度还不能太过"。

这种对民意的拿捏是最大的考验，GÜNDEM 的实现方法是"人工 + 算法运营"组合起来。算法运营强调打标签，但如果只依赖算法，会发现极端的人会越来越极端，造成口碑撕裂的状态，某一个人会觉得你极好，某个人会觉得极不好。

因此人工筛选非常重要。各方面的观点都要有，但还不能让用户觉得烦；让他们看到喜欢看的东西，但不能天天吃营养过剩的冰棍，还要喂点没有营养的热水。内容要包罗万象，因为人们的关注点不同，所以体育得有、政治得有、财经得有、科技得有、民生得有、无聊的得有、严肃的得有、左的要有、右的也要有。

现状：海外"今日头条"有十几家

艾地是维吾尔族人，但说着一口标准的普通话。开始做 GÜNDEM 之前，他曾在土耳其多次创业，做过一款类似"hao 123 上网导航"的产品，开发过一款类似 91 助手的应用分类软件，也给土耳其电信做应用商店开发。

2014 年 8 月，艾地揣着 GÜNDEM 的想法，开始在国内寻找融资。经新疆招商局介绍，艾地认识了隆领投资创始人、美图秀秀董事长蔡文胜。蔡文胜被艾地的多元文化背景所吸引，于是以 1500 万的估值，投资了 GÜNDEM。

2014 年 6 月，今日头条宣布获得 1 亿美元的 C 轮融资。据官方公布的数据，当时月度活跃用户 4000 万。今日头条由张一鸣创办于 2012 年，根据大数据，做内容的精准化、个性化新闻推送，影响力很快超越了传统门户网站。在当时，今日头条还没有开始做海外市场。

艾地的创业计划在当时看来颇为大胆。出国做一个资讯类客户端，如何跟当地媒体竞争？另外，当时谁也不知道今日头条拿到融资后会不会向全球扩张版图。

但让艾地没想到的是，仅仅半年之后，国外的"今日头条"就遍地开花。根据白鲸研究院提供的一份资料，海外较有影响力的类今日头条产品（新闻个性推送产品），已经有十几家，其中大部分的成立时间都是 2015 年以后。做得比较好的有印度的 NewsDog、印度尼西亚的 Baca 和 Caping、中东版的 Wander News、马来西亚的 365news。

为什么新闻聚合产品这么受欢迎？

移动出海最早的类型是工具，有安全类、清理类、桌面类等产品，企业有猎豹、Apus、赤子城等。但是工具类产品要维持活跃度，需要不停地买流量。用户粘性低，停留时间短，左手新增，右手就出去，就像流水式的消失。

赤子城创始人刘春河告诉记者，工具类应用的时代已经接近结束，下一波属于内容和服务的时代正在到来。因此，赤子城的策略是，将 Solo Launcher 打造成内容分发平台，其中包括各种新闻、短视频、段子、小游戏、生活服务等，让用户尽可能在桌面上做长时间停留。

和工具产品不同，内容很难形成垄断优势。在工具时代抢占先机，可以用一款 APP 打全球，但做内容却需要一个国家一个国家地深耕，这是个重运营的生意。

而在所有内容中，新闻聚合类产品是最轻的。它的模式是技术驱动，对不熟悉海外市场的创业者，可以在一个国家快速扩大规模。

友盟联合创始人陈彧堃，2016 年 2 月开始做印度市场的新闻聚合产品"NewsDog"，公司只有 20 人，但规模已经做到了 1000 万用户。

今日头条的迷人之处还在于，它可以抓住用户足够多的时间。根据今日头条发布的数据，截至 2016 年 9 月，单个用户在今日头条上停留的平均时间为 76 分钟。

这是一个足以让内容创业者羡慕的数据。使用时长代表变现价值，使用时长越高，变现价值越大。

选择：理想的市场什么样？

陈彧堃最近一直在印度，和当地的广告主谈商务合作。他相信技术，认为创新就是找到更好的市场。

之所以选择印度，是因为印度人口足够多，超过10亿，且增长依然迅速。他认为印度市场和中国很像，中国市场的生态，原封不动地映射到印度。"人口和经济的因素叠加，正在催化印度变成下一个中国。"

香气弥漫的地方，自然有更多觅食者出没。10月16日，印度本地新闻聚合平台Dailyhunt，对外宣布获得今日头条领投的2500万美元D轮融资，投资方经纬印度、红杉印度等，NewsDog迎来了劲敌。

在陈彧堃看来，做新闻聚合，应该有足够多的人口，至少不能少于1亿。而土耳其人口只有7000多万，或许并不是一个理想市场。但艾地坚持相信土耳其的价值。土耳其人虽然少，但变现能力不低，换句话说，土耳其人有钱。以游戏为例，印度尼西亚和印度是一个档次，一个用户的ARUP值大概只有0.3美金，而土耳其是1美金。统计数据也印证了这一点。2014年土耳其人均GDP是1.05万美元，是印度尼西亚的三倍，印度的7倍。

另外，土耳其80%的人口在34岁以下，14岁以上，是一个典型的年轻人居多的社会。这样的社会，蕴藏在年轻人里面的消费力还没有爆炸。在这时候，以最低的成本扎进去，等待或者促发消费力的爆炸。

对内容类产品而言，理想的市场是什么样？

从目前这些公司的地域分布看，大部分出海的今日头条，集中在印度、印度尼西亚、马来西亚、巴西、土耳其、中东、俄罗斯等地。这些市场有什么规律？

首先是人口够多，媒体够多。如果媒体只有寥寥几家，撑不起一个新闻聚合产品。

媒体还要足够复杂和多元。以巴西为例，虽然媒体有几千家，但超过一半的都是体育类媒体，也很难通过新闻聚合产品，实现个性化推送。

其次是经济发达，或在快速成长。从市场成熟度和消费能力看，美国市场吸引力最大。但美国市场很难进，一方面因为美国本土的新闻聚合产品足够强，如 BuzzFeed，另外，巨头如今日头条、一点资讯、猎豹等也都在美国有所布局。

对创业者来说，新兴市场的想象空间更大。阅读习惯正在养成，消费力还未爆炸，还没有形成垄断型的巨头公司。

遭遇：招聘是最大的难题

和 GÜNDEM 不同，印度尼西亚的 Caping 更像是中国的网易新闻，用"聚合＋原创"的方式，提供资讯。

这和印度尼西亚媒体环境有关。印度尼西亚互联网化程度很低，大体相当于淘宝早期的媒体环境，互联网内容的数量和质量都远不如传统媒体。单纯的聚合，无法形成高质量的内容。Caping 的解决方案，是生产原创内容。

Caping 因此自建了一支近 20 人的内容团队，他们大部分出身印度尼西亚的传统媒体，比如印度尼西亚某知名新闻网站娱乐部主编，曾在北京大学留学、在百度新闻工作过的印度尼西亚华人，以及印度尼西亚其他杂志和网络媒体的新闻编辑。

Caping 的创始人谢飞在印度尼西亚待了 10 年，以前做传统行业、贸易、矿产。后来做了一个面向印度尼西亚华人的公众号，2015 年 9 月，开始运营 Caping。11 月产品上架，用户刚刚突破 100 万。

创业大半年，招聘占用了谢飞早期大量的时间。在印度尼西亚，互联网人才奇缺，无论是产品、运营，还是内容，除了几家比较大的国外公司，本地做互联网、做 APP 的公司，几乎是空白。能研发产品的软件开发工程师，甚至不足 100 人。

在国内，突发事件发生，媒体会迅速跟进，解读事件影响。而在印度尼西亚，任何事件，传统媒体只是简单爆出，深度报道、跟踪报道很少。

让谢飞印象深刻的一件事，是雅加达最繁华的商业大街———苏迪尔曼大街（相当于中国的"长安街"）爆炸事件。很诡异的是，印度尼西亚本地媒体报道很少，几张图，都一样。"我们看到社交媒体上有很多视频，图片，就去联系采访，做了专题，用户转发评论量很大，后来证明这是恐怖袭击。"

这是和印度尼西亚人的阅读兴趣有关。和国内不同的是，印度尼西亚人对政治、经济、民生这类的话题往往不感兴趣，却属于乐天派，对娱乐情有独钟。前段时间奥运会，谢飞考虑做几期专题，当地编辑却告诉他，印度尼西亚人不感兴趣，干脆不要做。

Caping "原创 + 聚合"的模式很像中国的网易新闻。在互联网不够普及的印度尼西亚，这么做的效果很明显，Caping 上 30%—40% 的热门新闻，都来自团队的原创。

困惑：市场会被巨头收割吗？

在国内，巨头是 BAT，在国际市场，巨头则是猎豹、百度、360 等。

2014 年，点心移动的 2 号员工叶哲韡出海创办视频版今日头条 DailyCast，聚合 YouTube 等视频网站上的视频，做个性化推送。2016 年，猎豹移动在印度做了相似的产品"头牌"。

巨头进场，可能会起到鲶鱼效应，激发活力，也有可能会收割市场的红利。海外的"今日头条"，会被巨头收割吗？

从目前的趋势来看，以工具起家的巨头，布局内容时，多选择投资或并购的方式，比如今日头条投资 Dailyhunt，猎豹收购 News Republic。

创业者认为，即便是巨头自己做，也不一定会比创业公司做得好。

"工具类公司有一个先天缺陷。"艾地告诉记者，这种公司出海的逻辑，是一款 App 打全球，高度标准化，只需要把语言包翻译一下，就可以在 200 多个国家直接购买服务。

产品形态，导致工具类公司的治理结构有显著特点：产品部很小，可能只有二三十人，但是流量购买很大，往往都有几百人的团队，是整个公司的成本中心。商务变现团队又是几百人。这样的公司结构造成的后果是，没法面面俱到，没有任何一个市场是重点中的重点，无法做本地化、差异化运营。

而内容是非常不标准的服务，需要极强的本地化。需要对某个地区的文化、经济、政治有非常深的了解。为了做到这样，NewsDog 创始人陈或堃有一半的时间待在印度，艾地的家都在土耳其，"市场在哪，人就得在哪"。

摸索：海外侵权面临高风险

虽然处处谨慎，但 GÜNDEM 还是踩雷了。

技术在海量抓取土耳其网站的新闻时，不小心抓到了一个名为 ozgur 的网站。只有在土耳其才知道，ozgur 是一家宣扬恐怖主义的媒体。

当时是北京时间凌晨，紧张和焦虑让艾地彻夜未眠。一群用户留言反对，说 GÜNDEM 在宣扬恐怖主义，反感度极大。

"用户感觉你在测他们的底线，一旦给他们这个感觉，马上就会不信任你。"艾地说。第二天技术团队下架时，用户一下子消失了 8 万多。

在政治报道的尺度上，Caping 也在逐渐摸索。

在印度尼西亚，普通人和媒体公开骂现任总统，谢飞开始很不适应，"当时我们感觉很害怕，按照我们的思维形式，骂领导人是一件很严肃的事，但在这边却稀松平常。"渐渐地，在政治报道的尺度上，Caping 越来越向当地新闻媒体看齐。

和工具出海不同，内容出海带有意识形态，和当地的文化、政治环境密切相关，如果拿捏不好，很可能走入岔路，或者被封被关。

更大的挑战是版权。今日头条 2014 年获得 C 轮融资后，曾经遭到纸媒的集体讨伐，在很长的一段时间内，今日头条悄悄成批量抓取媒体新闻，消掉页面广告，并没有支付版权费。

一位出海创业者告诉记者，涉及内容的中国出海团队，有相当一部分在侵权。如果按照规则谈版权，合理合法逐步扩张，这是大公司的玩法，如果是创业公司，可能早就死在海外了。

但在国外，这么做的风险很高。艾地说，国内有 100 多家应用商店，应用商店的话语权很弱，一个巴掌打不死。但是在国外，只有 Google Play、App Store 两个平台，近年他们布局了很多生态警察，一旦违反规则遭到控告，就有被下架甚至被封杀的风险。

文 / 曾庆雪

案例：出海电商如何逃过惨死命运？

定位高端市场，面向欧美年轻女性用户的 BellaBuy，在招商一段时间后，停止运营。

BellaBuy 曾被称为下一个 Wish，后者坐拥 30 亿美金估值。在媒体报道中，BellaBuy"另辟蹊径，拥有独特发展理念和路线"，坚持精细化、品牌化发展路线，严格遴选商家，打造"中国品质"。

BellaBuy 的关停，是红火的出口跨境电商中的一个侧影。海外移动端红利期结束，与国际巨头同台竞争，留给中国出海电商的机会已经越来越少。

中国出海电商还有机会吗？海外拓荒，创业者的生存密码是什么？

一死一生，出海电商的不同命数

"战略上我们已经输了"。BellaBuy 创始人 William 告诉"寻找中国创客"记者，"中国供应链的土壤，没有做高端品牌的条件。"按照他的逻辑，BellaBuy 死于中国贫瘠的供应链。

说到这，可能大多数创业者要表示反对，全球消费品，不管高端还是低端，绝大部分都出自于中国，"世界工厂"的称号不是凭空来的。

William 也认同这一点。他说，中国并非生产不出好东西，而是生产东西的人，跟卖东西的人不是同一批。"国内的现状是，有品质的品牌往往是代工，代工的只会做代工，把生产环节做到极致，但很少有自己的品牌。"

高端商家太少，以至于无法支撑规模化效应。要想做品质电商，只有走自营一条路，缺点是没法快速爆发，兰亭集势有 1000 多人团队，年交易额只有 4 亿美元，不及阿里速卖通的四分之一。而做低价平台，已经有 Wish 在，没有先发优势，BellaBuy 最终被放弃。

与 BellaBuy 同样阵亡海外的，还有 AllBuy 和 Getone，前者被称为垂直 3C 领域的"Wish"，而后者，则是面向欧洲市场的"Wish"。

Wish 在 2013 年由图片社交工具转型为跨境电商，联结中国商家，定位是"国际版"淘宝。不到一年，交易额达到 1 亿美元，成为跨境电商的黑马。2015 年，Wish 据传已完成 D 轮融资，估值超过 30 亿美金。

在投资人和创业者眼里，Wish 的辨识度和标杆意义极高。一位投资人发给我的清单中，列了 11 家跨境电商，其中 6 家被冠以某个领域的 Wish。

Wish 的成功，很大程度上可归结为对时间窗口的准确把握。SIG 合伙人闫丹告诉"寻找中国创客"，出海电商成败的关键，是时间节点的选择，"能占到 40%-50% 的因素"。

当时，无论是亚马逊、ebay，还是速卖通，都没有开始发力移动端，梅西百货等欧美传统百货公司，仍然沉浸在 PC 时代的电商红利中。Wish 的出现是个标志性事件。

Wish 一出生就是移动端，利用 Facebook 早期的流量红利，采取智能推荐、折扣以及多运营手段，配合中国商家，迅速转型成为一个有现金流的公司。而梅西百货由于未能跟上移动互联网的发展，现在正大量关店裁员。

Wish 成功的关键在于把握住了移动端的时间窗口，但现在出海的电商，在与亚马逊等巨头以及 Wish 等早期创业公司的同台竞争中，还有机会脱颖而出吗？

本土化要做到以"假"乱真

在整个互联网企业出海大潮中,电商出海所占比例很低。据白鲸研究院统计,电商仅占中国出海企业的 9.7%,远低于游戏和应用。

但电商出海却是最早的。

20 世纪诞生的阿里巴巴就已经在做出口 B2B 生意,之后整合国内供应链、面向国外个人消费者的跨境电商涌现,比如走平台模式的阿里速卖通,走自营模式的兰亭集势,但都是基于 PC 端的电商形态。

2012 年以后,移动电商开始爆发。知名度较高的出海电商有 C2C 交易平台 5miles、母婴垂直电商 PatPat、家居垂直电商 LUX、中高端服饰电商细刻等。

PatPat 创办于 2014 年底,把中国的母婴用品卖到美国,比如童装、手套、鞋袜、帽子。

创始人王灿认为,出海电商的最大竞争对手其实是美国本土电商。目前出海成功的中国企业,每年的销售额也就 2 亿—3 亿美金,美国本土任何一个中小型电商的交易额都是这些出海电商的 10 倍以上,远远不足以和美国电商竞争。

所以在王灿看来,竞争的关键是本土化,PatPat 在多个方面,对产品做了优化。"让 PatPat 看起来不像是跨境电商,更像是美国的电商。"

在设计上,PatPat 组建了一支专业团队,对产品包装进行欧美化设计,对产品文案做本土化润色,同时还会对说明书上的度量单位进行转换,让产品整个看上去更加"美国化"。

在运营上,PatPat 在线上开发"妈妈团",妈妈们大部分是 PatPat 的种子用户,她们能及时发现产品抄袭,帮 PatPat "排雷";她们熟悉美国市场,能给 PatPat 很多采购建议。"妈妈团"目前有 200 人,遍布美国 30 多个州。

细刻的做法更细致。在外包装和文案设计时,坚持用最纯正的美国人,不要美国华人，也不要墨西哥、西班牙裔，以免文案读起来怪怪的。

对 5miles 创始人卢亮来说，本土化还意味着对规则的尊重。

2016 年 8 月 5 日，今日头条 APP 及旗下 20 多款产品，同时从 App Store 下架。苹果官方未给出解释，但外界猜测是因为频繁推送广告。

"在美国做生意，最大的感触就是官司多，每天一万多件，说不定哪一天就会接到法院的单子。"卢亮说。

创业前，卢亮曾任淘宝无线总经理和兰亭集势 CTO。2015 年，他创办了 5miles，一个基于地理位置的 C2C 二手交易平台，默认向用户展示方圆五公里内的商品。2016 年初，5miels 被美国网络监测机构 SimilarWeb 评选为美国移动电商前十强，是唯一一家入选的中国电商。

奥运会召开时，国内很多电商借势营销，但身在美国的 5miles 却没有这么做，因为国际奥委会有要求，非赞助商不可以使用奥运所有涉及的 logo、名称等做市场活动。

YeeCall 创始人张磊就踩过这个雷。他曾做过一款省电产品，因为在 2012 年奥运会期间未经授权使用了五环标志，被伦敦奥组委起诉，结果产品遭到全线永久封杀。

还有营销短信，卢亮说，在美国，如果给非平台用户发送短信超过三条，就会 300 万美元的高额罚款。这让他轻易不敢越雷池一步。

供应链除了管控，还要升级

出海电商成功的要素，除了前端的本土化，还依赖于后端供应链打造。亚马逊建海外仓，Wish 也尝试在美国、欧洲、中国建立仓库，以缩短配送的时间。

跨境电商有不少踩过供应链的坑。比如不久前倒下的蜜淘。因为拼不过巨头，只能和二三线品牌合作甚至直接从国外经销商甚至是零售商那购货，导致物流周期长，客户体验差。

PatPat 也曾经被供应链击倒。

2015 年 9 月，因为出色的设计被 APP Store 推上首页，同时做了一系列社交营销后，PatPat 迎来高峰期，日订单量从几百单暴增至 1 万单。供应链直接崩断，压货几万单，商品全部下架，APP 也暂时关闭。

王灿这时才意识到供应链建设的困难，他留学后创业，没在国内做过电商，不了解供应链的规则，吃了苦头。

之后，PatPat 调整供应链的部署，重新建仓库，跟供应商谈判，要求供应商库存和发货时间，并预测单量，提前备货，才保证了商品的稳定供应。

PatPat 的供应链重在管理，LUX 则想让供应链升级。

LUX 是家居产品的垂直电商，一头对接设师，一头对接中国的生产厂商。发现好的创意后，与欧洲的设计师合作，由他们进行设计。然后交给厂家生产，最后由 LUX 在美国售卖。

LUX 与工厂的联系非常紧密，这与创始人张晨帆的调查有关。

美国很多的家居工艺品都是中国制造，而且价格不菲。创业之初，张晨帆来中国调查，发现一件在美国标价 100 美元的商品，出厂价不过七八美元。这也是中国生产厂商的痛点，代工利润微薄，生产一件商品只能赚 1—2 美元。

由于经济不景气，大量的中国工厂因为缺少订单而倒闭，迫切需要往上游走，建立自有品牌，然而除了大型工厂，小的厂商缺少设计师资源，也缺乏向外销售的销售渠道。

LUX 提供了一种深度绑定的机会，将工厂回报和商品销量挂钩，同时帮助厂家进行产品升级，利用数据指导生产。对 LUX 来说，一方面可以避免代工厂层层转包，保证货品品质，一方面也夯实了供应链。

绑定机会也包括战略入股。目前，已经有一家老牌的上市公司厂商战略投资了 LUX。

中国电商团队出海，具有先天的优势，比如强运营能力，离供应链更近。从数据上看，美国电商占零售比例和中国相当，约为12%，俄罗斯大约是1.5%，其他发展中国家比如东南亚和巴西大约是1%。

由于基础设施成熟，目前出海的中国电商，多集中在欧美地区。随着印度、巴西等地物流、支付基础设施的完善，中国团队完全可以把在激烈的红海竞争中锻炼出来的"先进打法"，复制到这些地区。电商出海，还有很大的机会。不过，随着中国制造的价格优势不再明显，未来比拼的关键，仍然是本土化和供应链。

文 / 曾庆雪

项目：成功出海的中国创业者

移动出海在 2016 年迎来风口。数据显示，仅 2016 年 3 月—6 月，就有不少于 27 家公司获得融资。出海企业超过 6000 家，出海产品超过 1 万款。

和国内相比，海外市场有更广阔的空间。中国市场有 13.6 亿用户，6.7 亿移动用户，海外市场拥有 58.5 亿用户，29.7 亿移动用户，并且还在不断增长。截至 2015 年，全球智能手机用户已达 18.6 亿，在手机用户中占比 43.7%。根据公开信息，今年年内，全球 4G 收入将超过 3G，在移动总收入中占比 49%。4G 收入的增长将抵消 2G 收入 21% 的下滑和 3G 收入 19% 的下滑。预计到 2017 年，智能手机用户仍会保持每年 10% 以上的速度增长，由此带来巨大的潜在红利。

"寻找中国创客"此前调查发现，中国目前有出海业务的互联网企业超过 6000 家，出海产品超过 10000 款。仅 2016 年 3 月—6 月，就有 27 家出海公司获得融资。中国互联网团队的身影几乎遍布全球。"寻找中国创客"记者此前进行的不完全调查显示，互联网企业出海区域包括欧美、日韩、俄罗斯、东南亚、印度、拉丁美洲、中东北非等地；出海产品覆盖游戏、工具、社交、摄影和教育等多个品类。

"寻找中国创客"第二季中，也有一些优秀的移动出海项目进入了最终 40 强。技术和电商出海，成为了中国创业者海外掘金的最新风口。

PatPat

业务领域：出口跨境电商

主要产品：PatPat 是一个母婴移动电商，创办于 2014 年底，以美国为主要市场，90% 的产品来自中国。把中国产的母婴用品卖到美国，比如童装、手套、鞋袜、帽子。

创始团队：创始人王灿和高灿，都毕业于卡内基梅隆大学，创业前曾在 Oracle 硅谷总部工作过多年，都是连续创业者。

融资轮次：2014 年底获得 IDG 资本 A 轮投资，2015 年，获得峰瑞资本 A+ 轮投资。

企业规模：2015 年高峰期日均万单，规模供应商 400 多家。

入围原因：PatPat 深谙本土化的重要性，在美国组织了 200 人的"妈妈团"，她们熟悉美国市场，能给 PatPat 很多采购建议。在设计和运营上的一系列努力，让 PatPat 看起来更像是美国本土电商。

触宝科技

业务领域：工具应用

主要产品：触宝电话、触宝输入法

融资轮次：C 轮

项目介绍：触宝，是一家总部设在上海、面向国际市场的移动互联网公司。自 2008 年创业至今，已与三星、HTC、小米、华为、中兴等 50 多家海内外知名厂商、运营商合作，覆盖全球 130 多个国家和地区，拥有超过 7 亿用户。触宝有两款主打产品：触宝电话和触宝输入法。触宝输入法（TouchPal Keyboard）支持 100 多种语言，全球超过 4.5 亿用户，全球排名第一，占 Android 出货量的 20%；触宝电话日活用户超 5000 万，具有陌生来电识别、防骚扰电话短信、手势拨号等功能。

赤子城

业务领域： 移动出海

主要产品： Solo 系统产品矩阵

融资轮次： D 轮

项目介绍： 赤子城是一家立足于海外市场，从事移动互联网入口系列产品研发及生态建设，依托自有大数据平台，实现流量规模化经营及精准变现的移动互联网公司。围绕"人与信息的精准连接"这一目标，赤子城致力于打造覆盖产品面、商业面、数据面的移动互联网入口生态系统。

云中万维

业务领域： 游戏服务

创始人： 刘迪

融资轮次： A 轮

项目介绍： 专注巴西及拉美区域的网络游戏和互动娱乐平台。运营游戏和直播业务。目前在巴西有 1000 万注册用户，全部自有的巴西推广渠道和运营团队。同时是中国第一家拥有巴西支付牌照的公司。旨在成为拉美最有影响力的游戏娱乐平台，中国娱乐产品是巴西的桥头堡和排头兵。

Lux Living

业务领域： 跨境线上居家

主要产品： LUX 网站 APP 自有品牌

创始人： 张晨帆

融资轮次： Pre A

项目介绍： LUX 正在北美打造一个居家生活品牌。从小件设计师产品切入，慢慢形成一个一站式居家生活解决方案。LUX 在全球寻找最好的设计，以最快的方式进行市场验证，结合国内最优质的供应链，直接将产品推给消费者。利用北美大牌资深买手的经验，结合本地化品牌市场运作，融合中国供应链优势，跨境节约成本，极大提高效率，提供给用户好的设计、优的质量、合适的价格。并且不断进行技术创新，利用 AR、VR 技术提升用户的购物体验。我们努力让用户花最少的时间，用最合适的价格，打造一个最现代的家。

文 / 曾庆雪

四 内容创业：创作者的原力觉醒

捱过生死十年后，这是对内容"黄金时代"的超全景解读

Papi 酱获得 1200 万融资的消息，沸腾了网红圈，也引起了投资界对网红经济的关注和争论。

Papi 酱，这个"集美貌与智慧于一身的女子"，在不到一年的时间里，以制作播出短视频的方式，迅速走红，在各平台播放量超过 2 亿，圈粉数千万。

Papi 酱走红，被很多人看成是内容的胜利。短视频中，Papi 酱对日常生活中的种种进行犀利吐槽，语言幽默，内容接地气。

在文娱投资热的背景下，资本对内容端资产的追逐，让 Papi 酱拿到了比同行大得多的蛋糕。但质疑随之而来，单个网红的可持续性一直无解。就连罗振宇也犹疑，"很多人说网红是长不了的，我同意，所以我们要一次性地把未来收割掉，落袋为安"。

对投资人来说，落袋为安没有错，但是 Papi 酱怎么办？内容生产者们怎么办？从去年开始，已经有人高呼内容创业的黄金时代来临。文创娱乐的内容生产，真的迎来了最好的时代吗？在欢呼之前请别忘了，就连国产动漫也曾有过赶超日本的虚假繁荣期。

国产动漫的沉浮录

当王世勇拿到 A 轮融资的时候，距离其公司"两点十分"成立，已经过去了 9 年。

"两点十分"创立于 2007 年，最初的业务是技术外包。彼时正是动漫从业者的黄金年代。始于 2004 年的动漫补贴，使国产动漫获得了大跃进式的发展。

政府补贴多以分钟数、摄制标准、播出平台等指标为依据。比如很多省市对本地动画企业补贴标准都是：地市电视台播出 2D 动画奖励 500 元 / 分钟，3D 动画奖励 1000 元 / 分钟，上限为 100 万元；在央视播出的翻倍，上限为 200 万元。

在这种政策安排下，动漫公司被推着开足马力。2003 年，国产动漫分钟数仅为 12000 分钟，2004 年翻倍。到了 2010 年，备案公示的国产动画片合计达到 27 万分钟。"而同期日本动漫分钟数不超过 10 万。"王世勇称。

求量不求质的结果是大量粗制滥造的作品被生产出来。为了能在电视台顺利播出后拿到补贴，动画公司甚至要给电视台倒贴。

2013 年以后，由于各地逐渐减少补贴额度，繁荣难以持续，大量公司关门。到了 2014 年，中国动画产量急剧下跌至 13 万分钟。王世勇惊讶地发现，外包公司很难接到活了。

曾经有那么一段时间，他甚至拮据得发不出工资。这也是当时动画人的普遍遭遇。2013 年年初，"蓝猫动漫"因拖欠员工工资长达 5 个月，引发讨薪游行。江苏渔夫动漫因经营陷入困难，老板自缢身亡。

"置之死地而后生"，2013 年底，除了外包勉强维持生存，王世勇开始发力原创动漫。2015 年，两点十分推出《银之守墓人》《爆蛋晶英》两部原创作品，大受好评。《银之守墓人》受邀参加了今年的东京动漫展，并将在 2017 年由绘梦社制作成同名日本电视动画。

两点十分推出的原创动漫《银之守墓人》

国漫也在此时迅速崛起，除了喜羊羊、熊出没等低幼向动画片，诸如《魁拔》《秦时明月》《十万个冷笑话》《画江湖之不良人》《尸兄》等制作精良成年向动漫也纷纷面世。暴走漫画、有妖气、腾讯动漫等平台涌现，动漫产业链逐渐成形。

"从2014年底到2015年，不断有爆品证明这个产业是值得关注的。"乐游资本合伙人段斌说，"比如电影《大圣归来》，可以说是中国动画电影的里程碑。对资本来说，起到了强心针的作用"。

2016年3月，九年磨一剑的"两点十分"峰瑞资本数千万人民币投资。此前，还有多家资本追逐过他们。

和王世勇相比，丁宇则要幸运得多。丁宇做电视节目多年，善于掌控节目节奏，对寻找和设置爆点尤为擅长。2015年，当二次元的风吹起来的时候，他机敏地抓住了这波风潮。

经人介绍，他认识了知名coser、北京RK社团团长达尔——一个典型的二次元玩家。达尔喜欢并擅长舞台表现，渴望做一档专业的二次元综艺。而丁宇觉得，二次元综艺吸人眼球，或许是不错的切口。

2015年2月，红龙娱乐成立。一个月后迅速拿到了掌趣创享数百万人民币的天使投资。11个月后，再获源石资本数千万人民币的A轮投资。

"消费能力提高、消费观念改，用户愿意为音乐、电影、动漫花钱。现在是内容产业的红利期。"红龙娱乐投资人、源石资本董事总经理黄超说。

二次元动漫是文化娱乐的一部分。在消费升级和各路资本的带动下，作为内容生产者的两点十分和红龙娱乐，正在经历一个内容的黄金时代。

为何内容时代今天才到来？

内容的黄金时代到来，从大的趋势来看，这是经济转型带来的结果。

复娱文化 CEO 施瑜告诉记者，中国过去几十年由钢筋水泥重工业拉动的经济增长，正在经历痛苦的转型，包括文创娱乐在内的第三产业逐渐壮大。

"以英国为例，以前的经济支柱是重工业，转型以后，变成了以创意产业、文化产业为核心。"

国民消费力的提高也是重要因素。根据国际经验，当人均 GDP 超过 3000 美元，人们对创意型产品与服务的需求将加速增长。2014 年，中国的人均 GDP 已经超过 4.66 万。

"中国人的生活水平越来越高，原来是买房子和车子的物质需求，现在是精神生活的需求，看电影、听音乐、打网球、玩游戏。"施瑜说。

付费意愿也在增强。人均可支配收入的增长，让习惯了免费的网民，正在为电影、音乐和网剧掏开钱包。

2015 年 6 月，爱奇艺公布其月度付费 VIP 会员数已达 501.7 万，同比增速达 765%。按照包月价格 15 元粗略计算，爱奇艺一年的会员收入接近 10 亿。

从资本的角度看，内容受到追捧，是因为平台的投资窗口期已经关闭了。"BAT3 大公司基本上垄断了移动互联网的流量，分分钟就把你摁死。如果再去做平台，成本非常高。"源石资本董事总经理黄超说，"而内容创业还有机会"。更重要的是，内容的天花板很高，"内容依赖团队和创意，不需要什么物质基础，平台也愿意为好内容买单，不必支付过高的流量成本"。

变现方式也越来越多元。娱乐工场合伙人刘献民告诉记者，在过去，内容变现的主要方式是版权售卖，由于版权意识不强，原创内容的变现一直存在问题。

粉丝运营改变了这种局面，最早的实践者是罗振宇。当他在 2012 年打着社群概念推出《罗辑思维》时，能看懂这套玩法的人并不是很多。而随着移动互联网的普及，越来越多的兴趣社群被组建，粉丝运营成了重要的变现方式。

"通过运营粉丝形成忠诚度后,再向周边延伸,比如道具、游戏、影视、线下活动等,就形成了一个 IP。"刘献民称。

《万万没想到》就是如此。在长达两年的时间里,万合天宜团队连续推出三季网络迷你剧,线上与粉丝保持互动,线下举办主创见面会,粉丝被紧密联合,最终将电影搬上了荧幕。

和 AKB48 类似,SNH48、偶像计划等国内偶像团队,也更强调粉丝运营,而不是以前的演唱会和发唱片。

粉丝运营的方式包括剧场公演、握手会和总选举。持续性的剧场公演是吸引粉丝、增强粉丝忠实度的第一步。"握手会"提供了粉丝与偶像进行"肢体接触"的机会。"总选举"则是粉丝的狂欢,粉丝仿佛掌握着偶像的命运,"养成"了偶像的人生,这之中存在着一种极为"真实"的参与感。

现状:狼多肉少,资本肉搏

内容春天降临,但奇怪的是,在内容的很多层面,如游戏、影视、音乐、综艺、网剧等,资本却都在进行近身"肉搏"。

根据投中集团旗下金融数据产品 CVSource 统计显示,2015 年文化传媒 VC/PE 融资规模为 14.82 亿美元,融资案例数量 93 起,影视音乐细分领域 37 起,文化传媒其他与广告制作和代理两个领域分别发生了 20 起和 15 起。

但是狼多肉小,资产匮乏。复娱文化不得不将触角伸向海外,引进优质体育 IP。华创资本投资的第一个文化项目"七幕人生",也是将百老汇的音乐剧引入到中国。

七幕人生出品百老汇音乐剧《一步登天》中文版

乐游资本合伙人段斌告诉记者，泛娱乐领域的真正兴起也就这几年的时间，B轮以后的创业公司都很少，多数都在早期阶段。更多的投资人，以天使和VC的方式，参与到早期投资中。

投中数据显示，从2007年到2013年上半年，国内累计成立多达92支文化产业综合股权投资基金发起设立。仅2014年，就有51支基金宣布成立。

其中有40支披露募资总金额，总募资金额高达1196.85亿元，平均单支基金的总募集金额达到29.92亿元。

除了华人文化产业基金、中国文化产业投资基金等专项基金，红杉资本、北极光创投、经纬创投、联想投资、达晨创投、启明创投、戈壁创投、华创资本等综合性基金，也早已经布局出版、电影、网游等文化产业。

2006，红杉资本投资动漫《虹猫蓝兔七侠传》的制作方宏梦卡通，是第一个投资动漫产业的民间资本。2007年，IDG成立中国媒体基金，投资国内电影与电视内容制作商。2012年，华创资本投资七幕人生，涉足文化产业投资。

2013年以后，VC出现裂变趋势。知名机构的投资人纷纷辞职成立新的基金，专注于文化娱乐产业投资。

2013年，张巍、徐小平、王强联合娱乐工场，合伙人还包括曾志伟、胡海泉。"那时候大家都很模糊，对前面的方向不清楚，比如内容的变现方式。"娱乐工场合伙人刘献民说。

成立于2014年的源石资本，最初将文化产业投资作为重点方向。2015年后，则全部转向文化投资。与之类似的还有乐游资本。它于2015年5月成立，将文化创意在内的泛娱乐作为方向，做天使及pre-A轮投资。

政府交学费，产业并购忙

"动画产业有十年是被政府误导的。"段斌表示，在分钟数补贴的政策鼓励下，中国成了世界上最大的动画生产国，也是最大的垃圾动画生产国。

在资本手段尚不普遍时，政府支持文化产业的方式也很单一，补贴以及基础设施修建是主要方式。"在很多情况下，政府并没有起到引导作用"。黄超说，"全国影视基地这么多，除了横店，出名的也没几个"。

文化产业在政策层面上首次提出，是在 1992 年，之后国家分别在政策、财政上给予支持。

2009 年 7 月，国务院发布《文化产业振兴规划》，首次提及"将按照有关管理办法，由中央财政注资引导，吸收国有骨干文化企业、大型国有企业和金融机构认购设立文化产业投资基金，基金由专门机构进行管理，实行市场化运作，通过股权投资等方式，促进国家文化发展"。

2011 年 7 月，由财政部等部门出资发起的中国文化产业投资基金正式成立。五年来，该基金已经投资了新华网、万方数据、欢瑞世纪中国出版传媒等公司。截止到 2013 年 11 月，财政部累计安排文化产业发展专项基金达 142 亿元。

交了一笔学费后，政府基金正在学会用市场化的方式运作，倾向于和专业机构合作。比如，2016 年 1 月，宁波市政府出资成立宁波文化产业基金。总规模 10 亿人民币，首期 2 亿人民币。由星亿东方作为基金管理机构。

"另外也要在政策和产业环境上做好引导，给予税收优惠，打击盗版，完善知识产权保护，注重人才培养。"黄超表示。

产业资本也在积极布局文化产业投资。大规模并购始于 2013 年，当年共发生 55 起并购事件，涉及电影、电视剧、出版、广告、游戏等子行业，累计资金近 400 亿元，是 2012 年的两倍，2008 年的七倍。因此 2013 年被称为文化产业的并购元年。

Wind 数据显示，2015 年传媒上市公司发生主要并购金额为 1028 亿元，案例共计 174 起，平均每起 6 亿元。其中，电影与娱乐行业并购数量最高，为 71 起，总金额达到 284 亿元。

2014 年，掌趣科技以 1 亿元投资华泰瑞联并购基金；华泰证券旗下的华泰瑞联并购基金，首期募集规模 10 亿元；乐视网与乐视控股共同发起设立领势投并基金，总规模预计 5 亿—10 亿元人民币。

2015 年，郭广昌控股的视频播放平台激动网更名为复娱文化，伴随更名而来的，是公司业务的重构升级：复娱文化将成为一个横跨娱乐、文化、体育等多个产业的投资基金。

和单纯追求财务汇报的风险投资机构不同，复娱文化在投资时，更强调生态布局，以投资驱动业务拓展。"未来我们会是一个大的娱乐公司。"CEO 施瑜表示。

复娱文化擅长和产业机构结合。2015 年，在投资摩登天空并拿下 10% 的股权之后，复娱文化与其共同成立了一个 30 亿的投资基金。

"投资最重要的是找到懂行的人。"施瑜说，"资本方和行业资深的企业，做紧密的捆绑，能够产生协同效应，提高投资的成功率。"

IP 未来要产业化：《疯狂动物城》是好电影吗？

内容产业的未来趋势是什么？

段斌的答案是精品化。他说，以前是有就行，现在是必须好，大众需要看到更好的、更精品的内容。优质内容的吸金能力惊人。"比如《大圣归来》《捉妖记》，它会把同档期的票房都吸走。"

华创资本管理合伙人吴海燕的观点是金融化。文娱产业每个项目的财务模型很清楚，比如电影、动漫作品，舞台剧，投入产出可以独立核算。这种情况下，如果用公司的股权支持单个项目，就会过多稀释股权，利用单个项目融资，或者打包成理财产品，是最优选择，比如娱乐宝。

内容周边延伸品的价值也会被更过挖掘。以电影为例，目前中国电影收入 90% 靠票房，而在美国，票房仅占总收益的三分之一到五分之一。更多是靠衍生品做二次、三次销售。

当然，这依赖于整个生产链条的完善。"现在来看，大多数的团队，仍然停留在怎么能够产生好的内容。卖出好的内容。"刘献民说，未来产业链会更多延伸，内容传播、变现的专业化提高，游戏、电商、影视多元化，从而产生更大的价值。

段斌更强调分工的价值。"就动漫而言，你画得好就行了，你不用讲故事，我有讲故事的人配合你；不用懂分镜，我有分镜导演配合你，每个人，只有专项技能就行了。"

这一点，和华创资本合伙人褚奕颋不谋而合。"我一点也不讨厌美国的工业化。"他说，"因为这些工业化经常带给我们一些惊喜，美剧单集制作成本经常是四五百万美金，工业化带来的风险和汇报可控，所以大家才敢用这么高的代价去做"。

但是工业化、批量化的生产会不会让内容失去灵性？用流水线的方式生产文化产品，会不会味同嚼蜡？内容生产究竟有无规律可循？

"前段时间热播的《疯狂动物城》，看开头就知道结尾了，但它仍然是一个好电影。"王世勇说。

回答文章开头那个针对网红的问题。正如创新工场投资总监陈悦天所说，"我会希望 Papi 酱能够将自己的内容生产、各渠道的投放发行以及商业货币化做得更体系化，用公司的形式来做。"

文 / 曾庆雪

网红经济"重整河山"再出发

2016年4月15日下午,《新京报》"寻找中国创客"第二季正式启动。几场圆桌对话中,"网红经济"成了导师热议话题。

真格基金创始人徐小平,连续两季担任《新京报》"寻找中国创客"活动的导师。徐小平表示,"网红经济是2016年最激动人心的现象"。

今年3月,Papi酱获得真格基金、《罗辑思维》、光源资本和星图资本共计1200万融资。Papi酱,由此成了2016年资本圈最火热的网红,网红经济也瞬间成为资本热词。

但4月18日,一则"papi酱视频因涉嫌爆粗口被广电总局勒令整改"的短消息又让网红经济受到一些质疑。

整改风波暴露了网红经济潜伏的一些问题:从内容迭代角度看,网红仍然缺少优质内容,变现模式也有待突破。

因此,在第二季"寻找中国创客"上,Papi酱CEO杨铭承认,"外界对于网红变现有一些担忧和质疑,papi酱近期也面临很大的压力"。

但客观来说,政策红线的出现,或许正是驱使网红经济进化升级的契机。网红经济的未来,依然值得期待。

网红变迁:从畅销书作家到淘宝模特

网红经济的本质是注意力。在注意力分散的互联网时代下,动辄拥有数百万粉丝的网红，自然有变现的价值。

招商证券一份研究报告称，网红经济市场规模已过千亿，电商、广告、打赏、付费服务、线下活动是目前网红主要的变现方式。

网红经济的最早体现是畅销小说。90年代末，痞子蔡的《第一次亲密接触》开启了网络小说的先河，签名售书的热闹场景丝毫不逊于今天的网红。

在互联网信息可视化的浪潮下，网红也逐步走到前台，参加商业活动。据称，芙蓉姐姐的出场费曾一度高达20万。凤姐如日中天时，代言费也要10万。

2015年6·18大促中，销量TOP10的淘宝女装店铺中有7家是"网红"店铺。2015年8月，淘宝在上海举办"网红"现象沟通会，并公布了官方数据：截至当月，淘宝平台已经有超过1000家"网红"店铺，部分"网红"店铺上架新产品时成交额可破千万元。

网红店的成长路径颇为相似：以一位年轻貌美的时尚达人为形象代表，以红人的品味和眼光为主导，进行选款和视觉推广，在社交媒体上聚集人气，依托庞大的粉丝群体进行定向营销，从而将粉丝转化为购买力。

网红张大奕在微博上有430多万粉丝。她的淘宝店铺"吾欢喜的衣橱"开业一年就戴上了四颗皇冠，新品上线2秒钟内就会被顾客"秒光"。国泰君宝在报告中写道，她的收入令人眼红，甚至超过很多一线明星。

淘宝店"钱夫人"的运营者"雪梨"也是一名网红，她的另外一个身份是王思聪的绯闻女友。2011年，"钱夫人"上线，2015年销售额已经过亿。

网红也在多栖发展。最先起步于穷游论坛的猫力，在微博晒旅游照片走红后，开始依托和各种品牌的合作进行植入式营销。后来，她代言了OPPO、NB等品牌，如今则已经转型为电影演员。

但这些网红，无一例外都还是靠脸吃饭。但近年来，内容创业成了网红的新产地。

在《互联网周刊》发布的 2015 年中国网红排行榜中，陈安妮排在第 19 名。自 2011 年，陈安妮还在上大学时就以"伟大的安妮"为名在微博连载作品，把大学里的糗事、搞笑事，小感悟画出来，得到了读者共鸣。

同一时期，段子手也成为内容创业的网红代表。比如铜雀叔叔旗下的金刚文化先后签了 200 多名段子手，如"同道大叔""小野妹子学吐槽""英国报姐"。这些段子手的粉丝量均过千万。

"每一个创业者都应该成为网红"

papi 酱被很多人视为"新网红"。"新"的含义，是指 papi 酱为代表的网红不再靠搏出位和晒照片。她的影响力主要源自于生产内容。

粉丝网 CEO 刘超认为，网红这个词汇已经不能描述 papi 酱这一代网络明星，这一类具有持续生产优质内容能力，同时具有高度网络人气的人，应该定义为"网星"，"下一个时代必将是网星的时代"。

在寻找中国创客第二季的演讲中，徐小平则说，"每一个创业者都应该成为网红"。

现场因和徐小平合影走红的女创业者饶勍在会后说，她自己十分认同徐小平的观点。

饶勍是一家粉丝经济公司的创始人。在现场提问环节，她举手向徐小平发问"如何成为一名网红"，受到全场关注。

举手提问，实际上是饶勍有心策划的一次自我公关，她想通过与徐小平的互动将自己推广出去，建立个人影响力。这种想法与徐小平提到的"创业者要成为网红，先要有品牌"的说法不谋而合。

徐小平说，"网红对中国整个创业的生态环境以及思路、观念、价值观都产生了颠覆性影响"。

颠覆性影响，指的是网红经济出现，让创业者意识到了"注意力"和

"品牌"的重要性。

90后创业者李春阳认为，如果做网红能让自己的项目受到更多的关注，自己愿意配合宣传需求，把自己公关出去，树立创始人的个人品牌。

创业者中早期的网红马佳佳去年因为炮轰楼市，放出"90后不买房"的豪言又一次引起人们的关注。对于成为网红，她格外有心得，面对各种抨击，她反而很高兴，"无论被黑，还是被挺，我都成名了"。

作为马佳佳投资人的徐小平，肯定了马佳佳的品牌价值，只是可惜"她没有相应的产品，把电商业务跟上去"。

观点：下个时代是网星的时代

网红和网星艺人最大区别就在于后者能持续产生高品质的内容。我认为网红这个词已经不能描述Papi酱这种网络明星，这一类具有持续生产优质内容能力，同时具有高度网络人气的人，应该定义为网星，下一个时代必将是网星的时代。

现在，虽然造星手段越来越多，但粉丝在心中会进行区分。靠高品质内容产生持久影响力的称之为网星；单纯靠颜值博粉丝的，称之为网红。

网星的形成往往是先将优质内容传递到受众中，在受众中产生高度认可，因内容的形式、格调不同，粉丝的类型也各不相同。所以最终成为什么样的网星，最本质上还是要看生产了什么样的内容。

在全民直播时代来临后，不能够适应并驾驭这些变化的人必将被时代所淘汰。

我认为网星最核心的盈利模式不外乎三种：广告、交易、虚拟增值。广告很容易理解，代言属于广告；电商、秒杀、团购等都属于交易；送虚拟鲜花、虚拟豪车等都属于虚拟增值的范畴。

未来，随着互联网的变化发展，还会出现新的产品形态，变现的方式也会随之增多。

——粉丝网 CEO 刘超

在遭遇"整改"风波之后，papi 酱 CEO 杨铭曾向《新京报》记者独家回应称，"一定坚决响应网络视频整改要求，努力传递主流价值观，做一个最正能量的 papi 酱"。

徐小平在"寻找中国创客"现场发言说，网红是不经任何权威授权的权威，完全是市场自发的、民众拥戴的品牌。

商业模式：网红应该如何变现？

随着网红概念的出现，资本也开始介入。投资人在选择标的时，更看好网红背后的经纪公司。人人游戏投资总监颜健说，我们不太容易去投资单一的网红，但我们会关注具有网红培养、孵化能力的经纪公司。

2015 年 10 月，网红运营公司如函电商宣布获得数千万元 B 轮融资，由君联资本领投，A 轮投资方赛富亚洲跟投。如函是一家红人电商平台式综合服务运营商，旗下签约网红逾几十位，其中不少是知名网络红人的社交电商网店。

2016 年 3 月，金刚文化获得 IDG 资本领投的 4000 万元 Pre-A 轮投资。金刚文化先后签"小野妹子学吐槽""英国报姐"等粉丝量过千万的段子手。

除了上文提到的君联资本、赛富亚洲，关注网红经济的投资机构还有 IDG、光源资本、星图资本、湖畔山南资本、北极光创投等。

粉丝网 CEO 刘超对于网红经济和粉丝经济非常看好。他认为，在商品经济时代，有阿里这样的商业帝国；在体验经济时代，如果一家公司可以把粉丝服务好，也能打造像阿里一样的商业帝国。

对多数网红来说，挖掘粉丝价值的主要方式仍然是电商。

北极光创投所投资的繁星优选，就主打网红电商模式，一手打造了五岳散人、王小山、急诊室女超人于莺等名人的电商。

与国内一边倒地依赖电商模式变现不同，美国的网红经济，则把电商和内容分成两种模式。2004年，Facebook等社交平台开始崛起，一些网红开始成长。

2007年YouTube推出视频广告分成计划：45%的收入归YouTube平台所有，55%的收入归视频内容创作者。此举大大激发了网络内容制造者的热情，网红开始大量出现。

目前，美国已经出现了内容分成、电商等变现途径。而在国内，仍然在寻找未来的本土变现模式。

正如papi酱CEO杨铭承认的，"内容迭代、做电商、卖广告这三种方法，我们会倾向更有活力的方式，但还没考虑清楚"。

业内人士认为，中国的网红变现模式，在现阶段仍然只能消费粉丝。而注意力资源的流动性，又证明了现在的变现模式难言稳定。

云启创投投资经理樊杭认为，网红个体，即使结合一个能够持续产生段子的团队，要找到一条持续的商业化路径，或者要长时间的立于潮头还是很困难的，过去十年已经见证了很多网红起落。

政策：政策指导下，网红去向何方？

4月18日，papi酱被要求整改的消息传出。此前，网红的一些"出格"的做法，受到很多人的质疑。

4月20日，《人民日报》刊文批评papi酱等自媒体，称自媒体的"自由发展，不是野蛮生长。对于新媒体，注重规范、进行规制是必要的"。

网红经济崛起，内容管理政策也随之升级。

经历了几年的高速生长期后，政策成了悬在网红经济头上的钢丝绳。

近年来，针对网络文化的管理政策愈发细致，管控内容也从整治节目内容覆盖到了规范内容平台。

今年3月，国家新闻出版广电总局网络视听节目管理司司长罗建辉，在一场主题报告中提出，网络剧审查将会实行线上线下统一标准，24小时不间断监看，对网络剧制作机构也有进一步的管理要求。

作为网红生产大户的各大视频直播平台，近日也纷纷"落马"。

4月14日，斗鱼、虎牙直播、YY、战旗TV、龙珠直播、六间房、9158、熊猫TV等网络直播平台因涉嫌提供含宣扬淫秽、暴力、教唆犯罪等内容的互联网文化产品，被列入文化部查处名单。

4月18日，网络直播所有主播开启实名认证，涉政、涉枪、涉毒、涉暴、涉黄内容的主播，情节严重的将列入黑名单。

这些政策传递出了强烈的舆论引导信号：那些旨在吸引眼球的低俗内容，将很难再被允许。

此前，活跃在互联网上的大批网红都是以"无节操"甚至是"擦边球"来博得眼球，以至于连Papi酱这样的"内容创业"者，都不免会误触红线。

在遭遇"整改"风波之后，Papi酱CEO杨铭曾向《新京报》记者独家回应称，"一定坚决响应网络视频整改要求，努力传递主流价值观，做一个最正能量的Papi酱"。

4月21日，Papi酱首次视频贴片广告拍卖会将在北京举行。杨铭称，拍卖会不会受到此次"整改"风波的影响。

乐观地看，政策内容的红线，或许正是下个时代到来的契机。

此前，美国网红经济专家张晨辰在比较中美网红时曾说，美国网红对"优质内容"的利用会更深。美国网红更看重在YouTube上创造内容，使商业模式不仅是广告或电商，其内容都是有价值的。

而现在国内网红们的优质内容远远不够。"粉丝经济里会区分网红和明星，网红往往为了搏得眼球会用一些激进的手法，但是明星会全力不断去推出高品质的内容。"刘超说。

还有一个质疑是,网红和网红经济是否被过度吹捧了?徐小平在"寻找中国创客"现场发言说,网红是不经任何权威授权的权威,完全是市场自发的、民众拥戴的品牌。

很多悲观主义者正是忽略了这一点:网红生于互联网。

这意味着,网红和网红经济会随着互联网的进化而升级。从更新迭代的角度,才能真正理解徐小平这句略带争议的发言,"Papi 酱是这个时代最伟大的网红,就像轻松版的鲁迅"。

文／胡涵　曾庆雪　王鹏

每个创业者都应成为网红

2016年4月15日,"寻找中国创客"第二季启动仪式上,真格基金创始人徐小平和papi酱CEO杨铭围绕"资本市场的网红经济"展开对谈。徐小平在活动现场戏称自己是创投界"第二网红",并调侃李开复是第一。

第一网红毫无疑问是开复老师,我是创投圈第二网红。开复老师说他是第二网红,我就敢说我是第三网红。

网红经济是2016年最激动人心的现象,这个现象对中国整个创业的生态环境以及思路,甚至是观念、价值观都产生了颠覆性的影响。

首先什么是网红?今年年初当我听说"网红"这个词的时候,我感到很陌生,然后就研究,研究了之后我就崩溃了,连退休的心都有了,退出江湖不干了,因为看不懂。因为网红的崛起实在是太惊人了,影响力也很大,能够暴风骤雨席卷整个创投界。

网红到底是什么?我们从《罗辑思维》知道,网红是不经任何权威授权的权威。咱们在创投领域,网红完全是市场自发的、民众拥戴的品牌。这个概念非常重要。

因为整个创业,我们只做一件事,就是创建品牌。无论是名演员、名导、名企、名人,他们就是一个品牌。大家知道企业的核心价值就是品牌。整个商业所有的行为,主要靠它的核心价值,就是品牌。

而网红的崛起,使商业创造品牌,空前快速,说容易是不对的,但是奇迹般的崛起,使得过去几十年来,我本人所理解的创业、投资、奋斗这些所有的观念,有了颠覆性的变化。

"我讲三个故事,你就知道网红带来了什么"

我讲两三个故事和过去创业的经历,大家可以知道网红能够给我们带来什么。

第一个就是我参与创建了新东方,俞敏洪作为新东方的联合创始人,演讲都不说俞敏洪。老俞1991年从北大出来,后来招生,他首先做的是拎着糨糊桶在海淀的大街小巷电线杆上刷他的广告,那时候没有互联网,那时候没有《新京报》,有《新京报》也不会给他登广告,因为他是个体户。老俞就大街小巷布下了网络,海淀的电线杆是俞敏洪的互联网。

1996年1月份,我回国创业,老俞送我去北航,寒冬腊月,骑着自行车,到拐角里找到一个人,我说你怎么这么熟悉,他说这里可以贴广告的每一个楼道我都知道,每一棵树我都了解,我当时心里很感动、很温暖。那一代创业者是很艰难的。后来老俞的另外一次或者是新东方代表的营销行为、品牌活动是什么呢?是演讲。

最初俞敏洪在国家图书馆搞了个图书室三五百人的会场,做演讲,结果来了一千人多,他就到外面去讲,站在外面的一个垃圾桶上,面对一千多人进行了演讲。

垃圾桶也是俞敏洪的互联网,是俞敏洪的手机端。以至于这个传统,在我、王强和很多人加入新东方以后,这便成为新东方的伟大传统。实际上此时此刻,俞敏洪可能正在四川某个地方在演讲,新东方的梦想是穿过半个中国,去各个大学演讲,这是第一代企业家,筚路蓝缕,艰苦奋斗,最终创办了新东方这个伟大的企业。

第二个是陈欧。陈欧迅速在微博、微信上崛起,在他创业的时候,微信还没有,所以他做了很多电视台的节目,比如《非你莫属》,在地铁上做了很多广告，最终在微博上陈欧做了代言体、陈欧体，是这个时代的网红，他已经借助于互联网了，但是也依然有传统的方式，做了很多这样的东西。

第三个是陈欧的另外一个学生。五年以后，小红书的崛起，完全是手机端，而且在手机端上，它甚至根本没有上电视，也没有进入任何传统媒体，完全是自发的，所以小红书本身就是一个网红，虽然王文昌个人并没有出来。

"每一个创业者都应该成为网红"

现在说到网红的祖奶奶马佳佳。三年前，一个PPT让马佳佳红遍全国，马佳佳唯一可惜的是她没有相应的产品，没有电商跟上去，所以她留下来的是一个空壳品牌。

而papi酱的诞生，现在有一千多万追随者，每天狂热地期待着她节目的出现。我很幸运和《罗辑思维》、光源资本投到她，我们正在为papi酱的商业化、为papi酱的变现而努力，不仅是打造一个品牌，一个娱乐现象，而要打造一个真正长治久安能够长期伴随着我们的消费升级，长期伴随着我们的商业发展的一个伟大品牌。

这揭示了一个商业本质，一个"网红时代"我们经营的颠覆性的变化，是什么呢？就是在俞敏洪的时代、陈欧的时代，三五年前创业先有商业、先有现金流，后有品牌。品牌是靠创业者艰苦奋斗，一点一滴做出来的。

而网红时代，我们是先有品牌，先占领人心，先确立魅力人格体，先让人们追捧你，然后我们再从后面给用户、给消费者带来他们所需要的产品，丰富他们的生活，增加他们的乐趣。最后创造生活的幸福感。

所以当我看到网红崛起的时候，我当时想我们投的那些公司，几乎每一家公司都做错了，他们都是先拼命做产品，做完产品以后然后一家一家敲门去推销、去卖，找媒体、找名人帮他们推，像我的微博也经常被大家说，老师推推这个吧，推推那个吧。说实话，很勉为其难。而每次这个时候，我觉得这个创业者就没戏了。

因为当你的产品，你的唯一目的就是让亿万用户知道你，让广大市场使用你，最后最好的是让消费者热爱你、喜欢你，把你的产品作为他生活的一部分，作为他的习惯，这就是品牌的力量。但是按照传统的做法，按照俞老师的做法，你就得把全国的电线杆给包下来，俱往矣。

你要做的就是利用自媒体、新媒体、互联网、移动互联网，利用今天我们能够得到的移动互联网里边的一切手段，迅速的让你的产品、让你的公司、让你的品牌被亿万人民知道。而这一切已经成为可能，已经被网红证明，并且必将被更多的网红证明，我觉得可能每一个创业者都应该是一个网红。

"创业创的是品牌"

网红的灵魂是什么？是利用魅力，有精神的力量，有内涵，能够说一个东西出来，能够让大家记住，能够让每一个人的情感和生活联系在一起。

Papi 酱是我们这个时代最伟大的网红，投到 papi 酱的人也是我们这个时代最伟大的投资界的网红，我指的是我。

我们从网红学到什么？每一个创业者都应该成为网红，都可以成为网红。如果你不具备成为网红的能力、潜力、魅力、影响力，那就不要创业了。因为创业创什么？品牌。

我讲一下 papi 酱的意义。papi 酱大家都看过，我这次在哈佛 China 论坛上放的是春节回家，七大姑八大爷对你的私事问来问去，papi 酱就进行反驳，关你什么事。我觉得她这种对国民性的一种弱点的批判，有点像鲁迅。我觉得 papi 酱是移动互联网时代的轻松版的鲁迅，她已经深入人心。

当然 Papi 酱也面临一个挑战，就是如何把她的品牌做成一个更加持久的、可持续发展的伟大商业现象。我相信以今天中国的创业环境，今天中国的投资环境，今天中国的创业辅导、媒体宣传、政府政策、国家的支持，papi酱应该能够成为一个了不起的现象。

文 / 徐小平

项目：内容创业黄金时代来临

用户向新媒体的迁移，导致了传统媒体的衰落，也为内容创业提供了机会窗口期，越来越多的职业媒体人从体制内跳出，成为细分领域的写作者。前不久，一篇名为《由一大波主编带队，正掀起传统媒体创业浪潮》的文章扩散很广，罗列了 20 位传统媒体主编离职创业的故事。

今年 4 月，一条视频获得数百万 A 轮融资；7 月，餐饮老板内参获得 2000 万 Pre-A 轮融资；9 月，关爱八卦成长协会获得 1500 万 A 轮投资；10 月，《罗辑思维》获得 B 轮投资，估值 13.2 亿。

专注内容投资的基金纷纷成立。吴晓波联合创立狮享家新媒体基金，投资案例包括餐饮老板内参、酒业家、B 座 12 楼、灵魂有香气的女子。原《证券时报》投资总监范卫锋创办高樟资本，3 亿资金只投新媒体。原央视主持人张泉灵加盟紫牛基金，重点关注内容行业投资。

资本的追逐让人惊觉，内容创业的时代到来了。

李翔商业内参

创始人：李翔

融资情况：未融资

《李翔商业内参》的目标是做"你的私家商业知识秘书"，用高频、有用、高质量的商业知识，帮助用户节省时间，提高效率。

李翔告诉记者，他每天和团队会从国内外报纸、书籍、杂志、网络上搜寻有价值的内容,重新改写,提炼要点,并做选择性点评,观点鲜明不中立。每条更新下面都打上标签,比如"可做谈资""可放入 PPT""可开会时引用"。"《李翔商业内参》的价值,就在于提供一个用户遇到更多观念、模式和聪明想法的入口。"

为什么选择收费?李翔说,获取流量后再通过广告或电商变现,阅读量就会变得很关键,会做出"价值不大却博人眼球"的内容,而他想做纯粹的内容,只做对用户有用的信息,不做"标题党"。

《李翔商业内参》会关注热点,比如魔兽上映。但不一定是新闻。

上线第一天,马云、陈可辛、雷军、李开复等人通过语音的方式为李翔背书。目前订阅人数达到 4 万多,订阅额超过 900 万。

竺灿文化

业务领域: 文化传媒

主要产品: 内容创作

创始人: 潘海天 季炜铭

融资轮次: A 轮

项目介绍: 上海竺灿文化是一家专注科幻与奇幻题材、进行原创 IP 孵化及剧本内容创作的文化影视公司,涵盖电视剧、电影、动画、电影、网络电视剧项目。

时代漫王

业务领域: 漫画创作

主要产品: 漫画作品

创始人: 吴量

融资轮次: 天使轮

项目介绍: 武汉时代漫王科技有限公司前身是《漫王》杂志工作室,公司成立于 2015 年，是以编剧为中心的漫画创作团队，作品以强大的剧情为特色，连载作品覆盖全国各大动漫平台，仅一年时间成为腾讯动漫、有妖气动漫等动漫平台的第一品牌，此外公司借鉴漫威运作模式，通过创造出大量高热度动漫 IP 及动漫形象，实现漫画、影视联动发展，从而辐射周边产业，公司目前已与米炭科技、东方二次元、中文在线、掌阅科技等达成战略合作，拓展作品周边、影视、游戏等方面的价值增值。目前上线两部原创漫画作品《驭灵师》和《今天开始做明星》上线仅三个月均成为主流漫画平台前十名头部作品。

原力动画

业务领域：影视

主要产品：制作《驯龙记：伯克岛的龙骑手》《斗战神》数字娱乐内容

创始人：赵锐

融资轮次：B 轮

项目介绍：江苏原力电脑动画制作有限公司（Original Force）是一家专注于为全球数字娱乐产业提供顶尖内容的公司，中国最大的、最顶尖的三维动画公司。成立 19 年来，凭借出色的制作水平、成熟的管理制度和广阔的资源平台，成为国内外数字制作行业公认的佼佼者。目前员工已逾千人，总部设于南京，在北京、上海、成都及美国洛杉矶都设有子公司，是中国业务范围最广、规模最大的数字娱乐内容提供商。

差评

业务领域：文化科技

主要产品：自媒体

创始人：陶伟华

融资轮次：Pre-A

项目介绍： 差评是一个主打犀利互联网评论及分析的自媒体账号，杭州麻瓜网络科技有限公司旗下产品。他／她以文字的形式，存在在公众号中。现在的互联网世界，每天都在发现些奇怪新闻，他感到有些不解和混沌，他想要有态度的啰嗦几句。如果能顺带的积累些影响力，并因此做些好事，那就更棒了。

文 / 刘珍妮

五 移动医疗：趋势与陷阱

巨头草根疯狂"圈地"移动医疗变局在即

"魏则西事件"让国内医疗乱象露出了冰山一角,对于当前热火朝天的互联网医疗行业,是机会还是危机?

一边是百度遭遇互联网医疗商业推广活动全面整顿,阿里健康遭遇药品电子监管码运营权被收回;一边是上百家医生集团抢占互联网流量入口,一大群创业者也瞄准了互联网医疗摩拳擦掌,包括移动医疗、健康管理、医药O2O等多个互联网医疗领域,正在被迅速瓜分和抢占。互联网医疗行业格局正在发生变化。

"互联网医疗行业肯定会出现一家不小于BAT(百度、阿里巴巴、腾讯)的企业。"微医集团CEO廖杰远告诉《新京报》记者。

去年以来,大健康产业单笔融资额被刷新到3.94亿美元的历史新高。截至2016年4月9日,在《新京报》记者统计的127家移动医疗创业公司中,越来越多的投融资机会,正从前两年热门的医院O2O、问诊O2O涌向医生集团、健康管理、医疗智能硬件等新领域。

巨头篇

平台自营、疯狂投资 BAT"圈地"移动医疗

5月9日,百度被监管层要求对医疗、药品、保健品等相关商业推广活动,进行全面清理整顿。百度CEO李彦宏发布内部信表示,重新审视公司

所有产品的商业模式，当日百度股价跌幅一度超10%。

另一巨头阿里巴巴控股的阿里健康今年也吃了苦头。2月6日，国家食药监总局发布公告宣布，暂停执行药品电子监管码。承担监管码运营权的阿里健康表示，正与国家食药监总局商讨移交细节，结果其股价一度下跌14.49%。

对于BAT等互联网巨头来说，移动医疗投资从来不缺钱，2016年需要的是重新审视商业模式、调整布局。

腾讯投资13家企业构建版图

在BAT三家之中，腾讯的互联网医疗版图最为完整，包括垂直网络社区"妈妈网"，问诊O2O平台"妙手医生""邻家医生"，和京东合投的健康管理智能硬件"滨刻普锐"，掌上医院的开发方卓健科技；投资了许多垂直领域的创业公司，比如医疗美容领域的"新氧"、药物研发领域的"晶泰科技"、急救领域的"第一反应急救"。

"清科私募通"数据显示，截至5月9日，腾讯公司、腾讯产业共赢基金共计投资13家大健康产业内公司，12家公司的单轮融资额都在1000万元以上。

在今年两会期间，马化腾就重点提及了"互联网+医疗"，希望充分利用移动互联技术，解决医院信息孤岛、医生多点执业和个人健康档案电子化等问题。

有了智能硬件、医疗保险领域投资，腾讯还有可能打通医疗机构服务、用户健康管理等新兴业务。果然，3月，腾讯上线了内部孵化项目"腾爱医疗"，医院端帮助建立电子病历、健康档案等关键医疗数据的大数据中心，同时为医患双方提供"医疗智能终端"、"互联网金融医保"和"医生平台"。

百度、阿里选择靠平台"自营"

百度投资部对外投资了 3 家大健康产业内公司——知我药妆网、医护网、趣医网。其中，单轮融资额最大的趣医网，是目前市场份额最高的院内移动医疗产品及服务商，被投资了 4000 万美元。

但百度更大的互联网医疗布局来自"百度医疗"。2015 年，百度医疗上线了预约挂号业务"挂号狗"，今年将进军医患匹配业务，即基于人工智能的搜索引擎，对医患双方进行精准匹配和分发。但一位移动医疗领域创业公司高管分析，百度的互联网医疗布局，至今没有跳脱流量变现的传统思路，目前仍然是通过每天上千万搜索医疗健康相关信息和服务用户，为百度医疗及其相关合作方导流。

另一家巨头阿里在移动医疗领域的投资案例也并不多，阿里健康投资了医学影像云服务平台"万里云"，还用了 194.48 亿港元投资药品电商平台的 95095 医药网。阿里系最大的互联网医疗布局，实际上来自它自营的两大支柱——蚂蚁金服及阿里云。

睿仁医疗首席运营官董昕宇表示，蚂蚁金服完成新一轮融资后，全国社保基金依然是其大股东，未来有可能实现用支付宝来缴纳医保、付费看病，"医保商业化恰恰是个千亿级市场，是有可能孕育下一个阿里巴巴的"。而阿里云的医疗云在 2015 年公布后动作频频，先是与西安国际医学、东华软件宣布打造国内首家实体云上医院，又与多家医学影像平台合作布局远程医疗服务。

另外，即便是药品电子监管码运营权被国家食药监总局收回，阿里健康依然不甘放弃药品可追溯服务。阿里健康表示，将作为第三方信息技术企业建立全新的药品追溯平台。

创业篇

移动医疗公司开医院医生集团忙"触网"

BAT 等巨头忙着跑马圈地，创业公司们则在忙着完整服务链条。移动医疗公司从线上走向线下，开起了互联网医院；医生集团（由 2 名以上执业医师发起的、以执业医师为主体的独立法人）则从线下走向线上，开发自己的 App、微信服务号等。

服务于医生集团的医生经纪、品牌推广等创业机会也开始涌现。其中，获得 244 万美元融资的"健康微能量"，建立了中国首个基于移动端的散散联盟——"三甲医生集团"。今年 4 月，在线轻问诊平台"好大夫在线"发起的中国品牌医生学院，囊括医疗执业安全培训课程等。

移动医疗公司开线下医院

4 月底，微医集团等移动医疗公司和多家医生集团负责人，不约而同地从全国各地飞奔北京参加某论坛，向上百名县域医院院长推销自己的互联网医院、诊疗中心等模式。

微医集团此前宣布国内首家互联网医院——乌镇互联网医院开业。据投资人复星医药公告，微医集团估值超过 15 亿美元，成为首家被上市公司证实、跨进"独角兽"行列的互联网医疗公司。

对于互联网医疗公司走向线下，外界认为是公司原有的商业故事支撑不起估值。对此，微医集团 CEO 廖杰远告诉《新京报》记者，互联网平台肯定要给用户提供打通线上、线下的完整服务链条，微医集团今年计划把诊疗中心建到县一级。

医生集团开 APP、公众号抢流量入口

随着移动医疗公司走向线下，医生集团则在走向线上。

多部委此前发文放开医生多点执业，2015 年至今全国涌现出逾百家医生集团。目前国内医生集团分为两类，一类是执业医师仍保有事业编制的体制内医生集团，如大家医联；一类是从医院人事关系分离出的体制外医生集团，如张强医生集团。2015 年，大家医联宣布获得千万级融资；2016 年 4 月，张强医生集团宣布获得第二轮融资。

相对于在互联网医疗平台上当一个普通"商家"，医生集团采取合伙人制，成员能够获得更大的成长收益。在医疗云、医疗影像等新技术武装之下，医生集团开发自己的 App、微信服务号等，抢占互联网的流量入口。

不过，与国际性的医疗集团相比，国内的医生集团差距仍然不小。凯撒医疗集团 2013 年在美国就拥有 900 万会员，17 万员工，17000 名医生，年营业收入达 531 亿美元，净利润 27 亿美元。即便是目前国内人数最多的医生集团，大家医联的执业医师数量也不足千人。

大家医联创始人孙宏涛表示，美国、德国等大型医疗集团采取"实体医疗机构 + 保险公司 + 自办大学"的模式，实现了业务流、资金流、人才流的生态闭环、良性发展。

未来篇

垂直领域的医疗创业公司仍有投资机会

在企业们忙着圈地争食的同时，资本市场却出现"青黄不接"的局面。

《新京报》记者统计了 127 家创业公司，今年一季度仅出现 14 起新增投融资事件，占比仅 11% 左右，呈现资本接力"青黄不接"的局面。其中，前两年很火的医药电商（医药 O2O）仅有 2 起。

重山远志医疗基金合伙人孙超告诉记者，医药电商、问诊O2O两大板块已经失去投资价值。问诊O2O行业政策风险大，连一些有多轮融资的明星挂号公司，都面临号源被医院卡住，或因挂号"加塞"而被政府查禁的风险。

孙超称，至于医药电商，资金门槛越来越高，渠道把控越来越紧，已有多家上市公司涉足。据《中国证券报》报道，仅2015年一季度，就有上海医药、乐普医疗、汤臣倍健、丽珠集团等一批上市公司的"触网者"，它们来自传统制药、医疗器械、快消品等不同行业。"已经没有创业公司什么机会了"。孙超说。

一边是传统投融资机会趋冷，另一边是新增投融资领域的商业模式仍不明朗。孙宏涛就告诉《新京报》记者，多家投资机构曾经到访，但觉得相对于智能硬件、健康管理领域，大家医联通常被归为实体医疗行业，而非互联网平台，其可复制的效率较低，商业模式延展性较差，不是创投资本眼中动辄带来数十倍、上百倍收益的理想标的。

作为专注于医生集团的投资人，孙超认为，医生集团必须与医疗保险打通，并成为传统医疗机构（县级医院）的代管方，才能把商业模式打通。而部分专科医生集团已经形成自主品牌，不需要依靠互联网大平台为其导流。

不过，业内人士认为，作为流量入口的大平台已经被微医集团等大中型公司"包办"，但垂直领域的医疗创业公司仍有投资机会。该类公司是指只专注于某个垂直领域、主业并不多元化的大健康创业公司，如母婴、齿科、养老、减肥、医疗美容以及医疗招聘、医生集团孵化器、医疗管理咨询等。

观点

移动医疗产业三大挑战

解放医生难

有意愿、有能力多点执业的执业医师，大多是有10年以上医龄的主任医师；而对入职不久的年轻医生来说，事业编制通常有很强吸引力。很多医生不愿意放弃事业编制，是因为两者待遇悬殊，比如：编制内医护人员的收入是合同工的两倍。

——金蝶医疗总经理陈登坤

购买服务贵

我们发现，中美医疗保险体系有较大差异。在美国，看病只需花 15 分钟的社区"快速诊所"，以及能有效降低病死率、再次入院率从而降低医保支出的健康管理软件，医保或商业保险都是愿意买单的。而在中国，类似的医疗服务还未能纳入医保范围。

——睿仁医疗首席运营官董昕宇

医生激励不完善

据了解，随访电话收入是某互联网医疗平台最大的收入来源，比如，用户给一个三甲医院的名医打 10 分钟电话，就要付 300 块钱。然而，这种收入面临巨大政策风险。北京某三甲医院一位医生在 8 小时上班时间接受在线咨询，私自收了患者的钱，被纪检部门查出来，就被停职处理。

互联网医疗平台也曾经变相搞起医生激励机制——患者送虚拟礼物感谢医生，医生可将虚拟礼物变现，但这一做法很快也被卫生主管部门叫停了。医生激励机制不完善，也是阻碍移动医疗发展的原因之一。

——一位大健康产业创业公司 CEO
文 / 梁嘉琳

痛点变爽点是互联网医疗的时代大势

《新京报》"寻找中国创客"五月论坛今日在北京举行，中国创客导师、IDG资本创始合伙人熊晓鸽认为，创客们要想清楚自己的长项在哪，要对自己的能力和知识背景进行评估。以下是"寻找中国创客"整理的演讲干货。

关注医疗最早的就是我

关注医疗，最早的就是我。为什么呢？因为我爷爷就是一名中医，我奶奶家里面也是医生的世家，都是做大夫的。我很小就受到他们很多的熏陶。

做投资以后，我发现医疗这个行业是一个巨大的行业。过去大家对我们IDG在互联网方面的投资比较熟悉，对我们在医疗方面的投资不太了解。

我们在1997年的时候跟美国一个出版集团赫斯特合资，一起引进了消费类的杂志。那个时候我们就发现，赫斯特有一个很重要的业务，就是医疗数据方面的管理服务。从他们那里我才知道，在美国医疗行业里有很多机会，尤其是在2B方面。可是目前在中国，能够提供的2B服务的还非常少，都是针对个人的。

据统计，2013年我国健康产业规模接近2万亿元。预计到2017年，总体规模将超过3万亿元，我国健康产业将会迎来一个高速发展的时期。

而我国的医疗模式也已经由单一救治模式转变为了"防—养—治"的一体化模式。其中的医疗服务行业类别公司如体检机构、养老服务、健康食品、移动医疗等都发展速度惊人，这个市场的巨大可想而知。

创业者需要找痛点

大家都在谈一句话，羊毛出在羊身上。羊是谁呢？就是病人。

病人出了钱，尤其病得很厉害的时候，还得不到应有的服务。刚才别人还在问我，当乔布斯发现他得了癌的时候，他花很多钱去研究这个东西，会治好吗？我说，到那个时候，他有再多的钱，也没有用了。

挂号要排那么长时间的队，无非就是要找到权威的医生、专家，买到他的那一段时间。医生跟我们每个人是一样的，一天只有24小时，他用在上班的时间只有那么多。真正好的大夫，他的时间是定额的。所以供求关系就造成了出现黄牛等等，即使花了很多钱还不能买到他的时间。这是不是悲剧呢？

培养一个医学的学生要比一般的本科生多出很长时间，结果大部分大夫出来之后不做大夫，去干什么呢？去卖药了、卖设备了，跟看病没有关系。因为他读过医学院，带来了所谓的信任，病人一听到这个医学院，就觉得肃然起敬。

这说明什么呢？作为创业者，最重要的是发现痛点。在整个健康产业链里，有很多的痛点需要我们去解决，而解决的方案，这就需要创业者的不断寻找，这就是机会所在。

抓住机会，痛点变爽点

那么，创业者怎么逮住这个机会呢？

我认为，目前，以下这几个领域里投资和创业的机会还是比较大的：基因技术发展带来的医学技术革命，人工智能（AI）在医疗领域的应用，可穿戴设备的进一步开发，慢性病检测、管理平台及服务，专业科别的专业服务以及诸如保险的其他服务。

为什么我把基因技术发展带来的医学技术革命放在第一位呢？我们现在所采用的技术，在过去的几年中，颠覆性的几乎没有。但是我们在这些检测的手段上进步得很快。比如过去做直肠镜的检查，痛得要死，现在有很多方便的手法了。

我认为在比较近的未来，基因技术带来的医学技术革命能够出现的机会非常大。比如前段时间炒得很热的，用猪的肾来代替人的肾。要知道，肾移植很麻烦，还有异体排斥等等，换肝也一样，未来并不遥远。

另外还有人工智能、可穿戴设备等。其他的算是服务，比如美容、口腔，都是一种服务。能够使得大家更开心、更漂亮，但并不是颠覆性的机会。

咱们创客们要做选择，要对你的长项、你的能力和知识背景进行评估。虽然投资风险大，时间也长，但是如果你成功了，回报可能会吓死人。

我们现在在国内，大众创新万众创业的机会非常好。但也有一个问题，很多都是商业模式上的创新，而不是技术创新。这种低门槛，很容易被人复制。所以这一点也需要大家注意。

我过去一直在说，在我们这个时代，是要把这种痛点变成爽点。大家既然花了钱，就要得到应有的服务，解决人家的问题。把一个痛点变成一个爽点，这是我们要做的事情。

互联网医疗行业发展潜力巨大

从我们投资的角度来讲，这个市场会更大。为什么呢？

我国 2015 年医疗费用已达 4 万亿，占到 GDP 总量的 5.5%。还有一些没有统计进去，比如最近比较热的莆田系医院。同时，中国人口多，老龄化也在加剧，未来国家有可能会做一些调整。按联合国最新的年龄分层，65 岁以前都叫青年，这是新的说法。大家也愿意这么认为，尤其是当官的，可以多干五年。65 岁到 80 岁叫中年，80 岁以后才叫老年。

也许这过于理想主义，但医疗设备、药品和服务的进步，人类在上一个一百年，已经把我们平均寿命增加了 20 年。最新的预测，在 21 世纪有可能再提高 20 年。所以说老龄社会按这个来说，还会越来越多。

还有硬件设备的发展、智能穿戴设备研发力度的加大，大数据的发展，BAT 等巨头的涌入以及大众对于生活品质的要求不断提升。这些因素都大大促进了传统医疗与移动技术的结合，构建了未来互联网医疗新格局。

我就在想，中国拥有全世界最多的智能手机的用户，而且还在继续发展。同时也在国际化，比如我们的华为、小米都在走向全世界。中国市场已经成为全世界最多的游客市场，每个中国人，到各个地方都有可能生病，每一个地方每时每刻都需要医疗的种种服务。

移动医疗将成为最出色的健康管理产品，因为它关系到千家万户每一个人的切身利益。目前，中国的移动医疗领域发展还处于早期，但将来将保持高速发展，预计 2017 年市场规模将超 120 亿元。

因此，这种移动互联网的技术的普及，使得我们的想象和我们的服务确确实实是插上了翅膀，可以飞到全世界任何地方去，同时服务也可以到这些地方去。

IDG 的大健康布局

目前，我们在传统医疗领域投资的公司有九安、康辉医疗、爱威白、美华妇儿服务以及 Origene。在互联网医疗领域我们投了平安好医生、安心医生、糖护士、掌上糖医、39 健康网等。

我们还投了一些基因药的公司，我没有列出来，是因为我不想强调他们，就是希望他们埋头在那里悄悄干，争取把基因的技术尽快开发出来，推向市场。

我们考虑到长期的投入，还搞了一个脑科学研究院。从 2011 年起，先后捐了 3000 万美元，在清华、北大、北师大成立了三所，命名为 IDG 麦戈文脑科学研究院。这个不赚钱，完全是非盈利的事情。

我跟大家分享这个，是因为有一些我们还不知道的疾病，需要长期做投资。但是不能用商业的风险投资来做，必须是公益的钱来做。能开发出一些很好的技术和我们不知道的技术，来改变我们现在的生活环境甚至生活习惯。

总之，大健康领域有很多投资的机会，这种投资不仅是我们投资人挣到钱，创业者找到了创业的机会。最最重要的一点，我们为社会整个健康产业里的很多痛点找到了解决方案，把它变成了爽点。

文／熊晓鸽

医美创业者们能为行业乱象整容吗？

2016年6月，清科研究中心发布《2015中国医美行业研究报告》。报告显示，医美市场自2014年起按16.7%的复合年增长率增长，并将于2018年达到1020万例，假设届时1个案例平均收费1万元，市场规模合计超1000亿。

这块千亿市场的大蛋糕，得到了资本和创业者的关注。

"寻找中国创客"记者梳理发现，国内创客和资本市场纷纷把目光投向医美领域，越来越多的互联网医美平台走进消费者。不仅有恒大、京东这样的大公司进军医美领域，更美、悦美、新氧、美黛拉、美丽神器也相继完成B轮融资，而新氧在今年初宣布完成C轮融资。

互联网创业者介入医美行业，往往是发现了医美行业的现实痛点。

盘点过去媒体报道，传统医美行业存在产品质量良莠不齐、虚假宣传等诸多问题。例如，机构、医生信息不透明，导致不具备医疗整形资质的美容院等机构或非执业医师进行非法经营；服务价格不透明，导致普遍存在二次议价和多重定价等。

2010年，"超女"王贝在武汉中澳整形医院做整容手术时出现意外导致死亡，医美行业的危险性进入公众视野。随后，几乎每年都会爆出医美的意外事件。今年2月，深圳一位年轻模特去深圳天美医疗美容医院做"假体隆胸+切开重睑+开外眦"手术，殒命手术台；5月，辽宁铁岭的23岁姑娘小晴在小区的一家美甲工作室打玻尿酸导致双目失明。

尽管每一次都会被媒体广泛报道，但这样的案例一直在我们的生活中上演。

进入医美领域的互联网创业者们，正是瞄准了"信息不透明"导致的行业乱象，以促进医疗信息对称和优化行业医疗资源合理配置，来解决现实难题，寻找创业空间。

但这又是一个相当传统而保守的行业。单纯解决信息不对称的痛点，能否支撑得起一个成熟的商业模式？在一个相对封闭、阴暗的传统行业中寻求突破，创客们能寻找到合适的空间吗？数年过去了，他们真正改变了这个行业了吗？

创业切入口：以互联网解决信息不对称

杨月（化名）是中国传媒大学的大四学生，最近准备做一项名为面部抽脂的整形项目。

她的手机界面里，有一个"变更美"的分组，里面有四家医美的 APP 平台，最多的时候这个分组里面有超过 10 个医美类 APP。

四年前，杨月曾在母亲带领下去某普通的美容院做了双眼皮手术。但直到最近，她才在某个医美 APP 的社区中了解到，普通的美容院不可以做双眼皮手术，因为一般的美容院没有医疗资质。

很多像杨月遇到同样问题的不在少数。在各个医美 APP 中比较后，杨月提前了解了要做项目的利弊风险，最终挑选了两家机构作为最终选择。

整形日记、美丽日记等不同名字的日记类专题，总是会在医美 APP 首页的重点位置推荐。日记专题，是各个医美平台最看重的 UGC 内容，用户在软件中分享整容经验，通过分享者的声音，让屏幕外的用户看到这个手术的利弊风险以及对医院、医生的评价。

安阳是北京大学第三人民医院医疗美容科室的一位整形医生，他目前跟新氧和更美两个平台有合作，在这两个平台都受到了不错的关注度和用户认可，很大程度上就受益于用户的整形日记。

更美平台上的资料显示，预约安阳各项服务的用户超过千例，各项综合评分均在4.8（满分5分），归属于口碑良好的医生，这一点从超过170位真实用户的整形日记中也可以看出。

最后，杨月从APP中选择了一家口碑较好的公立医院做了手术，医生没有再很明显的推销其他产品。

跟杨月一样遇到类似情况的并不是少数。过去，医美的潜在消费人群，需要在竞价搜索的海量广告中寻找到真正靠谱的建议和评价体系。

如果把国内的医美市场分为正规和非正规市场这两部分组成，采访中，受访的医生、机构、平台都认为，非正规市场最少占据市场总量的50%。

除了监管缺失，这超过50%的巨量非法市场之所以出现，最主要的原因就是由于用户缺少相关知识、没有辨别能力、低估风险等。

一个未来的千亿市场，却有将近一半的非法市场存在，这无疑是最有潜力最值得被颠覆的行业之一。

有数据显示，国内医美机构70%的资源用在获客上，其中营销渠道占50%，销售费用占20%。为了精准触达目标用户，医美机构纷纷通过搜索引擎的竞价排名来挖掘潜在客户。

但获客成本的高昂，一直是传统医疗美容医院的短板。清科的调研数据显示，营销成本导致国内医疗美容医院盈利能力很差，平均净利率在10%以下。尤其是搜索引擎分拣流量的精准度仍然较低，互联网广告的转化率不足1%。国内很多医院处在盈亏平衡甚至亏损状态。

而现在，各家互联网医美平台看到了弥平信息鸿沟之中的创业机遇。以社区和内容满足潜在消费群体的信息需求，这无疑是一种更高效的获客手段。

一名医生认为，目前医院之所以愿意与各家平台合作，是因为相比百度等搜索引擎的广告推广和线下广告，降低价格和分佣金给平台是可以接受的。

医美平台：大众点评加淘宝？

国家政策也在倒向创业者们。

2014年11月，国家卫计委出台了《推进和规范医师多点执业的若干意见的通知》。多点执业，允许一个医生可以在不同医疗机构里工作。而在资质和优质资源匮乏的医美行业里，医生是重要的一块资源，医生的灵活变动，正好匹配了互联网的资源调配功能。

在以信息和内容消除了信息壁垒之后，互联网医美平台接下来要做的，是在有限的线下医疗资源中抢蛋糕。

在对外宣传中，各家医美平台纷纷以"医生资源"为核心优势。他们有着共同的目标：争抢更多优秀的医生、医疗机构入驻自家平台，但共同的目标，也导致了彼此的运营模式大致相同。

医美平台通过UGC或者PGC的内容，让用户从线上获得医美机构、医生的信息并做出消费决策；用户购买之后可以直接通过平台跟机构或者医生对接具体时间，医生也会提前告诉手术前注意事项，在完成消费体验后，平台和机构会鼓励用户把体验分享到平台，从获取信息到后续服务，在平台均可以完成。

而这一条运营渠道，面对医美行业的广阔市场来说，是一个太窄的小门。多数的医美平台都从此经过，渠道越来越多，而优质资源的供应方数量却是相对恒定的。此前，"美人记"项目在接受媒体采访时也表示，医美创业的问题之一是，"医生数量、用户数量和渠道，这三者的增长不成比例"。

互联网创业的公司成为渠道，这原本没有太多问题，长期以来，一直有人呼吁，医美行业缺乏一个"大众点评"。

但问题是，互联网创业者要怎么继续玩下去？

不少平台选择了从团购入手。在解决了信息不对称的问题之后，这些APP选择提供一个平台对接医生和消费者两端，让用户以更低的价格去享受一次整形美容服务。医美机构和医院为了吸引客流通常会把价格定得低于市场价很多。

团购模式的弊端显而易见。以注射类针剂为例，很多平台推出的优惠价、团购价的注射类产品通常都是1ML单位，通常限制为每个用户只能使用一次优惠价格。事实情况是，一般的用户在购买后到了医生面诊时候，会被告知1ML单位的量是不够的。如果额外再要购买来打，则需要原价，用户不接受的时候会选择申请退款。

而这不仅让医美平台的利益受损，无形之中也在伤害用户对平台的信任。

"我们就是想做医美界的淘宝＋大众点评，而有医美需求的绝大部分客户，应该都会经常使用淘宝和大众点评这两个平台，所以我们的机会很大。"更美CEO刘迪这样告诉记者。

业界依然有人质疑，大众点评经过当年"百团大战"的厮杀，以亿元计的数轮烧钱之后，直到新美大成立，大众点评才算终于熬出头。

而各家医美平台，还经得起这样的厮杀吗？

成为独立平台，还是成为获客渠道？

北京同仁医院整形外科的韩新鸣医生告诉记者，自从入驻更美平台以后，凭借用户大量的日记和良好的口碑，确实是有越来越多的新用户是通过互联网的方式过来，迅速积累起个人品牌。

但这些医生和线下医院的品牌积累，对于互联网医美平台来说，可能不是好事：这意味着它们在医美的盈利链条中，更像是为传统医美医院导流的工具。

以现在的团购模式为例。尽管消费者是在医美平台上以优惠价格来到医院，但是除了首次团购之外，接下来的每次消费都是直接跨过平台，平台就成为了医院的工具：帮助传统医院降低获客成本，这可不是创业者们所希望见到的事。

通过医美平台跟医生建立初次联系，一旦产生良好的信任关系，如果用户接下来还想找医生做大型手术或者其他项目，还会继续通过平台吗？想要留住用户，显然不能依靠低价。

除了团购之外，尽管微整形占据整形市场的绝对主力，但大型的手术项目还是占有不小的市场份额，而这部分项目因为相对复杂，前期需要沟通的成本较高，通常不会挂在平台销售。

如果只是导流工具，医美平台将会面临非常严峻的考验：对于线下的传统医院来说，一个获客渠道并不那么重要。

这样的事情就发生在北医三院身上。北医三院整形外科是全国知名的一流科室，为了拿到这样顶级资源，各家平台都付出了极高的代价。

在正常情况下，用户通过购买项目后，平台会按比例抽取佣金。但一位业内人士承认，"包括北医三院等不少公立医院在内，医美平台目前会按照正常的佣金抽成，但都会一分不差的把这些所谓的佣金再退还给医院。各家平台拿下这些医院通常都是依靠关系或者其他一些方式"。

对于医院来说，选择和平台合作，也不是一条最优方案：习惯封闭的他们，对于互联网平台多带来的信息开放，有一种不信任。

韩新鸣表示，对很多不是特别出名的医生以及没有那么多预算做推广的机构来说，用户通过医美平台预约服务后，如果在此过程中用户对医生以及机构的服务很满意并愿意写日记分享，那这样的好口碑就会通过互联网的方式得到迅速传播，以此吸引到更多的用户；但是，一旦因为沟通不畅或者其他原因导致消费者不满意，带来的负面影响也会被放大。

未来：模式轻重的困局

与其他行业相比，医美行业的产业链更广，其上游包括医疗美容器械，中游包括公立医院美容科室、民营美容医院以及小型私人诊所等；下游包括链接消费者的医美平台、广告等渠道。

在这个产业链中，真正的核心资源在中上游，而医美平台则只能在下游发力。而传统医美行业的弊端和暴利，也发生在中上游。

互联网的创业者们若要真正解决医美行业的痛点，仅仅在下游成为一个导流渠道和内容平台，显然是不行的。

因此，不论自营模式，还是合作模式，布局线下已经成为医美创业公司再一次达成的新共识。

"我们自建的'悦美好医'医院最近就会正式开门营业，而选择合作的都是公立三甲医院的主任医师、副主任医师、主治医师等资源，以及上游药品、材料设备资源，通过我们自己把控供应链，把医美服务标准化、透明化。"悦美创始人向小琴表示。

悦美的自建医院同样会走平台化的道路，随着政策对医生多点执业的放开，医院就会成为一个共享的日间手术中心，通过线上平台倒流到线下医院。

向小琴表示，公司就是希望做到医美项目的SKU化、价格规范化，也是因为看到想要改变这个行业现状很难，所以决定自己做。

布局线下的还有新氧。新氧创始人兼CEO金星介绍说，新氧推出的"云诊所"项目是采取跟线下的医疗机构合作模式，自身以微整形为主，通过标准化服务和对药品的控制保证用户体验。控制医美机构的上游供应链药品和器械，也是一块巨大的市场。

"云诊所"也是希望把一些中小型诊所的闲置时间和设备整合起来，进行微整形项目标准化管理，开放给新氧平台上的众多医生，既实现了资源利用最大化，又解决了医生多点执业的场地问题。

因此，一位医美创业者感叹，"千亿市场""蓝海"这些词汇虽然好，但创业者的模式入口太窄：从平台出发，却又要遭受中上游资源的碾压，反而使得医美的蓝海成了红海。

红海之中，创业者的模式越来越重。重模式的医美平台还能像现在的轻平台一样来去自如吗？

难怪有人感叹，医美行业的最终胜利，可能依然只会属于"资本和资源"兼具的大玩家们。

文 / 赵雷

NEA 蒋晓冬：移动医疗补贴是"误区"

2006年NEA进入中国，到现在一共投资28个项目，12个已经退出，投出3.1亿美元，已经拿回4.9亿美元，年化投资回报率在20%左右。大部分是早期投资，主要集中在TMT和医疗健康两个行业。

新三板挂牌刚半年，网传就医160裁员，O2O企业药给力停服，春雨医生线下诊所建设受挫，丁香园CTO冯大辉离职。移动医疗创业正在经历困境。

虽然移动医疗遭遇各种问题，NEA全球合伙人蒋晓冬认为，不可否认的是，网络挂号预约正在改变人们的就诊习惯，远程医疗打破地域限制，让更多人享受大城市的医疗服务。不过对于一些互联网医疗创业者追求活跃用户，甚至补贴用户看病的做法，他表示不理解。

易凯资本创始人王冉在一篇文章中说，中国经济下行压力增大，投资回报降低，人民币投资人正在退缩，美元基金或将迎来新一波收割中国市场的机会。

蒋晓冬认为，之后的中国市场投资，将更多依赖经验，国内经历过完整经济周期的投资人不超过1000人。蒋晓冬建议，不管是人民币还是美元基金，如果投不到最好的25%基金管理者，就不要投了，因为肯定会赔钱。

医疗供需严重失衡

新京报：为什么选择医疗领域作重点投资方向？

蒋晓冬：医疗这个领域有很多痛点，我说几个数据。中国有 280 万的医师，只有三分之一是医学院毕业的，其中真正经过临床训练的不到 100 万。中国每千人拥有的医生的数量是美国的四分之一，供需关系严重失衡。

中国人口占世界 18%，但是发病率很高，50% 的帕金森病人，39% 的肺癌病人，27% 的糖尿病病人在中国。供需失衡导致医疗服务矛盾尖锐，这是暴力伤医事件频发的根源。我们投资就是希望能缓解和改善这种现状。

新京报：这些问题，通过线下医疗改革改变不了吗？

蒋晓冬：改变起来非常慢，中国实际的情况是，6 个医学院毕业的学生中，只有一个会做医生，其他 5 个人要么改行，要么去卖药。我没有碰到一个医生，希望他的孩子接班的。传统的培养人才的方法，在可见的未来，完全解决不了问题。

另外，医疗资源失衡导致基础医疗不发达，无论是肿瘤还是头疼脑热，都要跑到三甲医院，找主任医生看病。体制的问题，让本就供需失衡的现状变得更严重。

新京报：从目前的实践看，互联网医疗好像也并没有改变供需失衡的问题？

蒋晓冬：正在改变的过程中。移动互联网才只有不到 10 年的时间，移动医疗行业还处在发展的早期，创业者们正在用不同的方式探索。

我认为，中国移动互联网在改变医疗现状中起到的作用，要远大于美国。中国医疗框架问题很多，但整个医疗行业在快速变化中。美国相对成熟，但利益格局很固化，要撬动利益重新分配并不容易。

移动医疗补贴看病"特别奇怪"

新京报：近一段时间，医疗创业面临不少困境，网传就医 160 裁员，药给力 O2O 停止服务，春雨医生传出倒闭传闻，丁香园 CTO 冯大辉离职，移动医疗是否遇到了投资瓶颈？互联网如何与医疗结合？

蒋晓冬： 创业者正在做各种探索，可能绝大多数都是不成功的，但是不代表这个行业就没有前途。互联网医疗要想做好，一定要跟现有的医疗形式深度结合。医疗是解决问题的，这是 0 和 1 的问题，不是用户体验的问题，体验再好，治不好病也没用。

现在很多医疗创业都说要提高用户活跃度，可是要活跃度干什么呢，我肚子疼，难道我要上午来一次，下午来一次，明天还要来吗？好的医疗创业，就应该没有活跃用户。

新京报： 在"寻找中国创客"五月论坛上，熊晓鸽说，做医疗投资要做长期的投资，追求短期回报的基金，不适合投医疗，你认同吗？

蒋晓冬： VC 本身是一个长期投资，就不是赚快钱的事情。当然在医疗领域，我们不做新药研发，不投医疗器械，专注医疗服务和互联网医疗，所以并不觉得周期比其他行业长。

新京报： 有人说，医疗市场很大，但是利润很小，你认同这个判断吗？

蒋晓冬： 过去 7 年，NEA 中国投了 9 个医疗服务和互联网医疗项目，8000 多万美元，通过三个项目的退出，已经拿回 1.5 倍的回报，1.2 亿美元，年化收益率近 50%。剩下的 6 个项目，保守估计也会有 5 倍的回报，投资回报一点也不低。

新京报： 这个判断，从创业者的角度成立吗？

蒋晓冬： 现在很多医疗创业者容易走进误区，天天亏钱，甚至补贴患者看病，我觉得特别奇怪，现在病人拎着一麻袋钱都找不到好医生，竟然还要补贴。我们投资的固生堂中医连锁，从 A 轮投资到现在还不到 20 个月，诊所的数量和收入增长了十倍，从不盈利到盈利。

新京报： 是因为竞争者太多吗？

蒋晓冬： 我认为这个行业还有太多的问题没人解决，而不是说已经处在竞争红海状态，逼得你亏钱、降低利润。

同质化严重，投资过剩

新京报： 数据显示，今年上半年，很多投资机构投资次数与去年同期相比出现腰斩式或断崖式下跌，其中红杉中国从 46 下降到 15 起，IDG 从 67 下降到 29 起。NEA 中国的投资状态有没有发生变化？

蒋晓冬： 没有变化，速度既没有加快也没有减慢。

新京报： 是因为本来投的量就少吗？

蒋晓冬： 是的，我们在中国一共两个人，每年就投 5 家左右企业。另一方面，我们要投的是供给严重不足的领域，这些领域的问题大家愿意去付费解决，这种企业一年可能会出现 100 个，我要做的是找到 5 个动心的、想投的项目。

如果哪天连这 5 个都找不到了，那我对这个行业的看法才会产生很大的变化，但今天的情况不是这样，所以我认为腰斩式、断崖式这些都是很戏剧化的描述。

新京报： 什么方向的投资是供给严重过剩的？

蒋晓冬： 有一些需求没想象中大，但千军万马都在做，同质化很严重。这种情况下，只有把别人拼死才能赢。但前两年很多人融到了不少钱，短期内又拼不死，这就很痛苦。

新京报： 去年的投资很热，大量人民币基金进场，项目估值水涨船高，很多美元基金说受到挤压，你有没有这样的感觉？

蒋晓冬： 我同意大家的观察，但这对我们的影响很小。我们做早期，很多早期项目是人民币基金不投的，甚至连美元基金都不想投，因为要承担更大的风险。

新京报： 所以中晚期基金受到了更大的影响？

蒋晓冬： 是的，这个压力还不是来自人民币基金，而是来自金融机构、保险公司、银行和 A 股上市公司。保险资金的成本是 6%，而 PE（私募股权投资）是 20%，前者成本远低于后者，成本低就可以付更高的价格。A 股上市公司的 PE 如果是 100 倍，就可以付 30 倍、40 倍，但 PE 付不起，所以中晚期投资受到的影响远大于早期。

投不到最好的 25%，就不要投

新京报：在投资趋冷的背景下，许多人民币基金正在收缩战线，"寻找中国创客"导师李开复也说过，现在有许多投资人在用头撞墙，后悔自己砸了那么多钱，你认同吗？

蒋晓冬：我同意这个判断，现在到了考验大家定力和眼光的时候，这不是简单的考验聪明才智，而是经验，再聪明的人也不可能在两三年时间内，走完成熟投资人十年走过的路。

新京报：对美元基金而言这会是一个好机会吗？

蒋晓冬：不管是美元基金，还是人民币基金，只是资金来源的区别，这个不重要。重要的是投资人的经验。有人说国内符合成熟投资人标准（从业 10 年以上、投出至少 1 亿美元、拿回来的钱超过投出的钱）的不超过 100 人，我觉得这个量级是正确的，绝没有 1000 人。不管是人民币还是美元基金，如果投不到最好的 25% 基金管理者，就不要投了。

新京报：为什么？

蒋晓冬：肯定会赔钱。

新京报：那依据什么判断这前 25% 呢？过往的投资案例吗？

蒋晓冬：过往的投资案例可以作为参考，但还要看基金以 10 年为周期的整体业绩，基金管理人的投资判断，以及市场的变化等。如果只看个别投资案例就可以的话，那就不会有人赔钱了。

文 / 贾鹏　林其玲

项目：谁在开拓千亿医疗市场？

健康创业正在风口之上。数位"寻找中国创客"导师都认为，大健康产业进入爆发期。

马云多次说过，阿里巴巴要投资两个 H，一个是 Happiness（快乐），另一个是 Health（健康）。王健林的万达集团，年初宣布将投资 150 亿元建设三座综合性国际医院，创下中国企业医疗行业单笔投资的最高纪录。

据统计，2014 年中国移动医疗市场规模为 30 亿元，预计至 2017 年市场规模将超 120 亿元。从商业的角度讲，中国人口老龄化加剧、亚健康人群的持续扩大、二胎政策的实施、水和食品等所在环境的恶化、人们健康意识的觉醒，都给健康产业带来高速爆发的可能性，使之有望成为继移动互联网之后的又一个风口，成长为一个万亿级产业。

寻找中国创客第二季，也关注了国内正在茁壮成长的医疗健康创业者们，其中的优秀项目，也进入了寻找中国创客年度 40 强。

名医主刀

业务领域： 移动医疗

主要产品： 名医主刀 APP

创始人： 苏舒

融资轮次： B 轮

入围原因：名医主刀是国内权威移动医疗手术预约平台，旨在为有手术需求的患者提供专业、高效、安全的手术医疗预约服务。平台汇聚了国内外顶级名医资源和闲置床位资源，并利用互联网技术实现医患精准匹配，第一时间帮助患者解决"好看病，看好病"的切实需求。患者只需要通过名医主刀的服务平台上传自己的病历资料，名医主刀将邀请三甲医院的专家，对患者的病历进行线下会诊，给出具体的治疗方案。患者可以根据专家给出的治疗方案，在名医助手的安排下，进行后期的手术治疗。

燃石医学

业务领域：肿瘤精准医疗及基因组大数据分析

主要产品：针对不同癌种及不同临床阶段而自主研发21种的二代基因测序检测产品，包括组织检测和液体活检。

创始人：汉雨生

融资轮次：A+轮

入围原因：中国每年有超过300万新发肿瘤患者。燃石医学专注于肿瘤精准医疗，将二代基因测序（NGS）、液体活检及基因组大数据分析等前沿技术转化应用于临床医疗，帮助医生实现无创肿瘤早期诊断，肿瘤治疗动态监控，个性化用药指导和药物研发等一系列解决方案。目前已累计有中国最大，也是全球最大的肺癌基因组数据库。

掌上糖医

业务领域：医疗健康—慢病管理服务

主要产品：掌上糖医APP、糖医工作站APP、糖+2.0智能硬件

创始人：匡明

融资轮次：A

入围原因： 掌上糖医，是杭州康晟旗下专注于糖尿病管理和健康服务的互联网平台。以独创的智能硬件，加大深度的大数据挖掘以及实时互联技术，极大程度地提高医生工作效率，为糖尿病患者及糖尿病高危人群提供高精准、全方位、定制化的疾病管理和服务，帮助他们回归健康生活状态。同时，掌上糖医平台还打造了完整的金融保险解决方案，切实为糖尿病患者及其家庭缓解医疗开支所带来的经济压力。

拍医拍

业务领域： 互联网医疗

主要产品： 医疗单据拍照识别与医学智能平台

创始人： 吴诗展

融资轮次： A

入围原因： 拍医拍以技术研发为核心，深耕多源医疗数据的抓取、解析与整合，对医学健康信号进行深度分析和价值数据提取，并输出面向细分医疗市场需求的健康信息表达，从而实现以应用场景为核心的医学智能未来计划（"拍医拍医学智能 Da Vinci 计划"）。

上门康复 APP 移动医疗平台

业务领域： 移动医疗

主要产品： 上门康复 APP 移动医疗平台

创始人： 詹国太

融资轮次： A 轮

入围原因： 上门康复 APP 移动医疗平台是中国首家针对上门康复、上门护理市场的移动互联医疗平台。作为用户连接康复及护理医疗资源的纽带，平台连同医院、基层医疗机构、社区卫生机构及多点执业医师、护士及康复师群体形成合力，为2.6亿老年人、半失能/全失能老人及术后用户（患者）群体提供融合了"上门康复—上门护理—线下治疗"完整服务链条的"互联网+"移动医疗解决方案，让用户就地就近获得优质、便捷的健康服务，着力解决"最后一公里"的医疗保障问题，对解决困难群众和弱势群体看病难、看病贵的问题，对社会化养老等重大民生问题，都具有重要的试点试行意义。

项目采取专项基金与移动医疗结合的创新模式。与中国医药卫生事业发展基金会共同设立康复、护理专项基金，为抗战老兵、失独老人、空巢老人提供上门康复和护理的服务，各级民政部门、各级卫计委为项目提供三老及医疗机构名单。

文 / 曾庆雪　闫妍

六　VR：火山还是冰山？

疯狂的 VR：缺乏技术的资本狂欢？

新闻媒体首次在国内投入 VR(虚拟现实)领域。5 月 3 日，封面传媒与暴风魔镜达成战略合作，宣布以封面传媒平台的大数据为基础，构建一个集内容生产、发布、传播、商业化的新型 VR 资讯平台。

"谁进入了 VR 不是新闻，谁没进入 VR 才是新闻"。从去年到今年，在资本的疯狂裹挟之下，VR 虚拟现实技术快速席卷了每一个细分领域，房地产、零售、教育、军事、工程设计、医疗健康、娱乐、色情……VR 概念在每一个行业缝隙中生根发芽、逐渐升温。

为此，许多知名的创投基金都单独成立了 VR 基金或 VR 投资部，正如纪源资本 GGV 管理合伙人童士豪所说，"没有一家基金敢完全放弃 VR 市场，放弃了 VR 就等于放弃了未来"。

同样疯狂的还有中国的创业者，除了早期的 VR 头盔、眼镜等硬件设备外，市场上还出现了 VR 音频、VR 游戏、VR 电影等各种内容制作团队。

上市公司对于 VR 的热衷程度尤其引人注目，暴风科技、三七互娱、歌尔声学、华谊兄弟、光线传媒、奥飞娱乐、华策影视等多家上市公司在 VR 领域都进行了投资布局。

《金融投资报》统计数据显示，仅在 A 股中布局了虚拟现实的上市公司数量就达 55 家，37 家公司去年全年归属于上市公司股东净利润实现增长，占比近 7 成。其中恺英网络、川大智胜等 VR 概念的上市公司在 2015 年已尝到该产业的甜头。

和君资本 VR 产业基金合伙人安乐也表示，2015 年，上市公司对于 VR 的布局仅仅是开始，2016 年将大规模爆发。

风口之下，难免隐忧。继 O2O 之后，虚拟现实成为再次疯狂席卷整个创投圈的"风口""创投泡沫"之说再次在 VR 行业风传，艾瑞咨询分析师认为，"国内多数 VR 创业公司都是追概念，看到市场热就会盲目跟风，实际有技术实力的公司非常少"。

VR 行业的掘金者正激流勇进，这些先行者们最终会沦为炮灰还是成功上位高筑壁垒，还需要时间的检验。

手机巨头：最有实力的 VR 战将

当互联网巨头在 VR 行业中快速跑马圈地时，作为硬件时代经验丰富、实力雄厚的手机老将们终于坐不住了，纷纷主动下场。

今年，华为、乐视、魅族、中兴、锤子科技、小米科技等手机巨头陆续宣布布局 VR，有的甚至已经推出了系列产品，它们的加入使得 VR 市场迎来了最有竞争力的一批战将。未来，中国的 VR 市场格局还将快速洗牌并不断变化。

以小米为例，今年年初在小米科技年会上，雷军宣布将筹建小米探索实验室，并表示将首先进军人工智能及 VR 领域。2 月下旬，小米探索实验室挂牌成立，并通过不同渠道招募了 3D 引擎研发、计算机图形算法、Graphics+GPU、3D 设计师等与 VR 相关的人员。

4 月 16 日，官方认证信息为"小米通讯技术有限公司"的新浪微博 ID "小米 VR"微博悄然亮相，预示着小米在 VR 领域的布局已步入正轨。

不过小米 CEO 雷军此前曾表示，"VR 技术普遍应用还需 5—10 年时间。VR 硬件研发技术含量高，研发周期长，所需的资金投入也很大。业内人士称，VR 行业技术门槛较高，核心技术和关键零部件掌握在少数厂商手中，优质零部件供应短缺"。

视频巨头：借流量优势瓜分市场

酷6、乐视、暴风科技、优酷等国内的老牌视频巨头也盯上了VR产业，凭借天然的流量优势和技术积淀，它们大多选择了VR内容角度切入，既满足了目前VR内容紧缺的市场需求，也完成了对于未来流量的抢占和布局。

作为VR领域的先行者，暴风科技一直站在舆论的风口浪尖，它计划以魔镜和魔王两款头显产品为入口，打造涵盖硬件、软件、内容和分发的全产业链。

自2014年9月发布第一代产品，到2015年12月，暴风魔镜的出货量已超过50万。2015年11月，暴风发布了一体机产品"魔王"，眼镜盒子产品"魔镜"也迭代至第四代。

暴风魔镜也对外表示，未来公司在VR内容的布局上，包括自己研发和战略合作两种形式，由现在收购的公司来进行一些项目，比如未来与稻草熊会成立一家公司，专门拍摄VR的视频；影视内容VR制作相对更难，因为需要制造多种场景，其他内容方面，如综艺、演唱会、体育赛事等相比更容易介入，未来也会进行开发。

不过，在暴风这样的大公司之外，"很多VR内容商只是把国外的DEMO(示范样本)抄来抄去，缺少大局观，这类企业不值得投资"。一位圈内人士称。

房地产业：在"看房"领域撕开一道口子

VR的触角向垂直行业延伸是大势所趋，其中房地产行业率先打开了思路，"VR+房地产"的玩法改变了传统地产的营销模式，各大开发商对此亦是青睐有加，一道商业化的新口子就此撕开。

创业公司中，在"看房"领域试水VR的企业有无忧我房、指挥家等，家装领域有豪斯VR、美屋365等；在传统的地产巨头中，万科、碧桂园、绿地、当代置业、景瑞等房企开发商，也纷纷引入VR技术运用在众多项目作为售楼处的体验产品，反馈良好。

其中，无忧我房是当代置业内部孵化的一个VR看房平台，相比传统实体样板间，无忧我房打造的交互式虚拟样板间，能够跨越时间和区域的限制，让用户在任意场景下，获得沉浸式的看房体验。目前，无忧我房已经和万科、龙湖地产、绿地集团、远洋地产、金地集团等60多家地产巨头达成了战略合作。

不过，也有观点认为，VR在行业的应用主要看是否真正为行业解决了问题，并从中找到商业模式。此外，做行业解决方案的VR项目，至少应该有营收。

旅游业：对传统生活方式的颠覆

伴随着消费升级，国内正掀起"全民旅游"的热潮，旅游业势必成为VR版图上不可或缺的重要一部分，VR+旅游的磨合正在日趋成熟，更深层次的合作正在慢慢发酵。

Oculus曾用Oculus Rift模拟热播剧《冰与火之歌》中的北境，开发出了"绝境长城"的3D体验，迎来众多用户追捧。

以国内的创业公司赞那度为例，成立于2012年的赞那度是高端精品旅行预订网站及时尚生活方式网络媒体，一直致力于品介精彩度假和生活方式体验。

2015年底，该公司获得了腾讯领投的8000万人民币A+轮投资，在此之前，赞那度宣布推出了"旅行VR"APP，且同时发布了行业内首部虚拟现实 VR 旅行短片《梦之旅行 The Dream》，用户可以通过此 APP 观看 VR 短片，并对旅游产生新的感受和欲望。

此外，据中关村管委会副主任宣鸿介绍，近年来清华大学、北京大学、北京师范大学、中科院计算所、自动化所、电子所等科研机构为 VR 技术的创新发展储备了大量的人才和技术积淀。

此次，封面传媒、暴风魔镜也联合了北京师范大学新闻学院共同打造"VR 新闻实验室"，研究制定 VR 内容制作的行业规则以及定期发布 VR 市场研究报告。

北京师范大学新闻传播学院副院长张洪忠教授，一方面认同虚拟现实技术具有巨大的想象空间，另一方面也表达了对于该技术的风险担忧，"VR 产业的用户和外部环境的不确定性都很大，庞杂多样的产业分布、高深艰涩的技术内容、尚未清晰的商业模式，都为进入者设置了门槛"。

文／王鹏

VR 的线下江湖：3000 家体验店会何去何从？

如果你喜欢逛街，你一定有注意到很多商超中增加了虚拟现实体验馆；如果你是一个密室逃脱的重度玩家，你应该会发现很多密逃室内开辟了 VR 专区……

如你所见，VR 体验店正以肉眼可见的速度攻城略地，占领线下游戏娱乐市场，形形色色的 VR 体验店在密集的客流中心开花落地。坊间传闻，甚至有人把 VR 蛋椅搬到了夜宵市场。

艾媒咨询统计数据显示，中国目前的 VR 线下体验店已经突破 3000 家，除了形式多样的 VR 蛋椅外，也诞生了诸如天空之城、幻境、奥秘世界、超级队长、乐客 VR 等虚拟现实线下连锁娱乐品牌。

在 VR 真正成为消费级产品之前，这 3000 家线下体验店成了连接 VR 技术上游和消费者的通道。在滚烫的虚拟现实热潮之中，这被很多人认为是当下 VR 技术变现最快的商业模式。

但也有人认为这终将是昙花一现的泡沫，只是为了赚一时的快钱，会随着 VR 时代的最终来临而消失。

那么，突然涌现的 3000 家 VR 体验店，在今天的 VR 江湖里，究竟是太多还是太少？三年或者五年之后，这些体验店还会剩下多少？

VR体验店中，70%都是小型蛋椅

如果按照形态和空间大小划分，目前的VR线下体验店主要分为三类：第一类是小型的VR蛋椅，提供10平方米—50平方米左右的VR体验；第二类中型的VR Park，一般为是200平方米—500平方米左右的VEC娱乐中心；第三类是大型VR主题乐园，平均占地面积为500平方米—2000平方米。

乐客VR是一家为线下VR体验馆提供整体解决方案的服务商，据其创始人何文艺透露，在3000家VR线下店中，70%的都是小型的VR蛋椅，有能力打造中型的VR Park的品牌商并不多，至于大型VR主题乐园，全国也仅有几家。

从涉足VR线下体验店的动机来看，目前大部分创业者是希望通过VR的线下娱乐来直接赚钱，但也有少部分VR硬件厂商和内容厂商自己布局体验店，或为了铺货、打响品牌，或为了完成内容的测试与优化。

例如HTC联合国内网吧平台运营商顺网科技共同打造了VR网吧，在国内挑选了50家网咖免费赠送虚拟现实设备；3Glasses CEO王洁今年也对外宣称今年内欲建立20000家线下体验店。

超级队长CEO王磊点破了背后的商业逻辑，VR创业公司一般都是单点突破，当技术成熟，发展到一定体量之后，就开始往其它范围涉足，"例如HTC硬件起家，VR头盔做得足够好之后，就开始布局VR内容开发和线下体验"。

此外，还有一种情况较为特殊，即传统的线下娱乐项目也开始进军VR产业，开始了娱乐产业的迭代升级。经过一年左右的发展，身临其境、奥秘之家、抉择等曾经的密室逃脱品牌纷纷开创了VR品牌，简单易复制的模式让密室逃脱开始沉醉于新的生意经。

奥秘之家开辟的VR线下娱乐品牌奥秘世界颇受好评。据奥秘世界联合创始人陈振透露，奥秘世界目前只在北京开设了共 8 家 VR 体验店，其中 4 家依托于原有的密室逃脱场地，剩下的 4 家是独立直营店，占地约 100 平米左右。

整体而言，陈振认为目前线下体验馆还处在教育市场的阶段，这个市场真正的壁垒有三个：一是引入内容的能力，二是场馆运营的能力，三是选址的能力。

脑穿越创始人黄庄的观察也印证了这一观点，"线下店非常考验现金流和人流的管理，不同的地理位置和运营方法，使得有的店门可罗雀，有的店门庭若市"。

创业公司为什么要做 VR 线下体验店？

历史总是惊人的相似，一个又一个的轮回。在 VR 发展轨迹中，我们捕捉了到了许多网吧发展史的影子。

1995 年，中国第一家网吧在上海出现，很快网吧在国内如雨后春笋般出现在大街小巷。和网吧一样，为了满足那些没有 VR 设备，又想感受 VR 体验的用户需求，VR 体验店也正以星火燎原的方式在全国铺开。

需求的空前旺盛是动力，软硬件条件的改善则是基础条件。硬件商想要迅速铺货，内容商想要测试和变现催生了 VR 线下娱乐产业。

在硬件上，今年年初，Facebook 的 Oculus Rift、Sony 的 PlayStationVR、HTC 的 HTC Vive、三星的 Gear VR、雷蛇的 OS VR 等相继传出上市好消息；在内容上，除了腾讯、盛大、完美、触控等国内企业在 VR 内容上积极布局外，无数创业公司也激流勇进。

虽然目前 VR 线下店的销售功能很弱，但对于硬件厂商而言，却是一个打响品牌的重要方式。

蚁视科技是国内知名的 VR 穿戴设备制造商，目前已经在全国的线下体验店铺设了1000多台头盔，他们希望线下体验店能更快地覆盖市场，捕捉用户。创始人覃政认为目前VR线下店收费偏高，可以考虑降低价格。

对于VR内容制作商而言，线下店更像是"衣食父母"，线下店一般通过买断或者收费提成的方式与VR内容制作商合作。对于内容制作团队而言，前期研发投入巨大，但现在却没有通畅的变现渠道，找到一个能产生现金回报的渠道对于维持团队生存至关重要。

叮当猫科技是一家从事VR内容开发、发行和运营的内容提供商，去年他们开发了多款移动端VR游戏，看到VR线下体验店的火爆，他们将重心转向了基于PC端的VR游戏。叮当猫科技联合创始人魏毅透露，线下渠道几乎是现在VR游戏变现的唯一渠道。

而奥秘世界作为一个VR线下体验店品牌，则会定期给游戏厂商提供玩家反馈和数据报告，至于具体的分成模式，其联合创始人陈振透露有按照注册账号一次性购买的，也有按用户数进行提成的，具体的提成比例依对方内容优劣程度而定。

七成体验店是盲目开业

超级队长CEO王磊透露，仅从2015年5月到12月，VR体验店创造了近2亿的产值，ToB端的硬件分销产值近7亿元。

超级队长MixV无限座舱

庞大的线下市场，3000家VR体验店集体涌入掘金，然而商业的蛋糕向来不是均分的。不同的产品形态和多样的运营模式，使得体验店的生存状况也差异巨大。

超级队长CEO王磊认为，做VR体验店需要强大的周转能力和运营能力，目前3000家线下店中至少有70%的人是盲目的，"想利用VR线下体验店做生意的很多，但目前并没有成熟的商业模式"。

随着 VR 的持续走热，线下体验店的数量还会持续增加，王磊预测在未来 1-2 年会涌现更多盲目开店的创业者。

众所周知，线下体验馆是重资产的项目，不管是硬件厂商的品牌布局，还是线下体验馆的赚钱策略，要想建设一个高品质的 VR 线下体验馆都需要耗费巨资；成本投入根据体验馆的地理位置、场地面积差异很大，少则数十万，多则上千万。

为了进一步了解 VR 线下体验店的发展状态，《新京报》记者走访了北京多个品牌的线下体验馆，其中既包括奥秘世界在内的连锁品牌，也包括个体经营者经营的 VR 单店。

记者体验时发现，在小型的蛋椅 VR 体验店、中型的 VR park、大型 VR 主题乐园这三种线下娱乐馆中，蛋椅 VR 体验店造价最低、投入门槛小，它的成本主要用在场地租金层面，而硬件设备简单，只需花费 2 万 -5 万，依据市场行情，可测算其成本区间在 10 万 -30 万，很多个人都有经营。从整个行业来看，这种经营模式占比达到了 70%，覆盖了最大量的用户。

然而，VR 蛋椅的体验并不理想，内容端没有后续更新和升级，这使得去年蛋椅市场的兴盛只是昙花一现。到了今年，作为 VR 线下体验排头兵的蛋椅就遭遇了生存危机，各大商场的蛋椅体验店收入明显下滑，甚者在市场中消亡。

多名 VR 蛋椅的店主反应，每天在行业交流群内都能看到关于 VR 蛋椅设备转卖信息，然而愿意接盘的人却很少，行业洗牌已经开始。

VR Park 将成为今年的主阵地

乐客 VR 创始人何文艺一语道出了 VR 线下娱乐的发展轨迹，他认为去年最佳状态是 50 平方米—100 平方米的体验店，超过了 100 平方米就一定亏损;今年最佳体验是 300 平方米的体验店,超过 500 平方米了也一定亏。"核心原因因为内容消耗速度过快,更新跟不上。"

这意味着,VR 蛋椅之后,今年是 VR Park 的主场,VR Park 具有 VR 硬件销售、VR 内容分发、VR 品牌展示等三大功能,目前颇受资本和市场的认可。

然而,对于 VR Park 而言,要想盈利也并非易事,必须把选址、运营、成本、内容迭代等多个因素同时控制好才能实现。

乐动世界 VR Park

奥秘世界第一家 VR 体验馆落户在西单大悦城,平均单店的投入在 50 万—80 万之间。据奥秘世界联合创始人陈振介绍,西单店开通第一个月用户就突破了 4000 人,但这在奥秘世界的品牌店中也不多见,在行业中更属稀有。

从奥秘世界提供的数据来看,营收效果最好的地方是人流集中的商业中心,一般都是朋友、情侣、家人在聚会场景下去完成体验。

目前,市场上体验馆收费标准、形式差异较大,根据《新京报》记者走访统计,对于体验较好的场馆,平均市场行情为 30 元 /5 分钟、50 元 /15 分钟、100 元 /30 分钟以上。

在采访中,奥秘世界联合创始人陈振、超级队长创始人王磊都透露,对于体验较好的 VR park 而言,一般半年左右能收回成本,"但是因为内容会迭代升级,线下流量也会波动,所以无法精确预计盈利时间"。

当然,除了 VR Park,大型 VR 体验馆未来也会在国内的线下娱乐市场占据重要位置。在海外,美国的 The Void 和澳大利亚的 Zero Latency 就备受行业关注,也获得了资本巨头的青睐。

著名导演斯皮尔伯格在体验了 The Void 的主题公园后都发出了"哇哦!这真是一次绝妙的历险!"的惊叹。

在国内,超级队长也在进行大型 VR 主题公园的布局,日前已在广州开了一家 500 平方米的大型体验馆，其中 80% 的体验产品与 VR 有关。创始人王磊透露预计今年年内在北京、上海、深圳分别再开一家。

王磊认为，中型体验馆和大型体验馆不仅仅是物理空间的大小之分，而是整体体验环境的差异，大型体验馆还可以植入很多其它游乐元素。

但是王磊也坦言，以目前 VR 内容的发展水平来看，支撑 300 平方米—500 平方米的 VR 体验馆确实有点吃力，"时间窗口是需要抢，要用发展的眼光来看待市场。""传统巨头现在业务的变现能力强，不愿意重金投入到 VR 领域，所以我们还有一两年的时间去建立品牌和壁垒。"王磊认为必须在传统的线下娱乐巨头入局之前动手。

瓶颈：下游体验店无法得到内容的硬件支持

虽然 VR 线下体验店遍地开花，但依旧面临诸多发展瓶颈，首当其冲的就是内容的匮乏。

以奥秘世界为例，目前其体验馆总共有 9 款内容，一部分是自己开发的游戏，另一部分来自外部合作伙伴；其中由其代理的 VR 游戏《源代码》颇受用户好评，但 9 款内容并不足以长时间支撑起用户真正的复购热情。

这是连锁品牌的状态，对于个体经营者而言，就没有这么幸运了。李智超是长春的"嘿 Tech" VR 体验馆的老板，据他透露，不具备自主开发 VR 内容能力的体验馆只能从 Steam 和 HTC vive 等主流的内容分发渠道购买内容，遇到特别优秀的游戏，内容提供商会单独去找品牌店去谈合作分成，但是不会瞧上单独的小店，因为"费时费力"。

当所有的单店都从 Steam 和 HTC vive 购买游戏时，线下体验店未来的内容也面临着严重的同质化问题，"未来同质化不可避免，和网吧一个道理，玩得游戏都差不多"。

内容的缺乏是一方面，另一方面，内容狭隘也是一大瓶颈。

记者在北京多家 VR 体验馆走访时发现，当下 VR 内容主要以游戏为主，影视成品很少，用户复购率不佳。而以游戏为主的业态，使得目前的 VR 线下体验馆对于男性的吸引力更大，对于女性的吸引力不足。

此外，目前，VR 线下娱乐体验馆的建设标准和收费标准不一，市场较为混乱。

乐客 VR 创始人何文艺透露，硬件与内容标准的不统一使得硬件厂商与内容开发商无法就交互通力合作，硬件厂商无法给内容开发者提供交互的标准，内容开发者通常也只能将设计的内容生硬地与硬件贴合。

乐客 VR 处在线下体验馆的上游，主要为 VR Park 提供包括硬件和内容在内的整体解决方案，在一定意义上，他们正在制定 VR 线下娱乐的标准。

但是这并非一件容易的事，因为作为一体化解决方案服务商，线下体验市场标准的确立也依赖硬件和内容的标准，而这一块内容目前还处于空白。

纯粹从体验来说，一些设备的系统协调和优化没有做好，使得一些用户在消费体验时还会出现眩晕甚至呕吐等不适反应。部分国产设备的硬伤和线下工作人员调配水平的问题，导致了用户体验经常有些糟糕。

这同样有赖于上游 VR 技术的更新换代。例如幻视网络为了解决枪与头盔的陀螺仪的飘移问题，自己重写陀螺仪算法、用空间定位的原理来定位准星。

VR 体验店的快钱还能赚多久？

2016 年被认定为 VR 元，未来几年也是 VR 产业最为关键的时期，VR 线下娱乐同样要在机遇与挑战中摸索前行。

关于 VR 线下体验店的未来发展，业内并未达成共识，有人认为 VR 线下体验店会走网吧模式，有人认为会走院线模式，有人则认为会成为商超和游乐园不可或缺的一部分。

伴随着硬件渗透率的稳步攀升和内容市场的丰富，一方面线下体验店可以选择多样的设备和丰富的内容,突破现在的瓶颈;另一方面,也意味着VR终将进入千家万户,真正步入民用市场,这将从根本上挑战线下店存在的必要性。

何文艺认为VR会遵循网吧的兴盛和衰落轨迹,在短时间内迎来爆发式增长,在3—5年内达到顶峰,然后式微,最终稳定在70%—80%的市场,"线下娱乐是有天花板的,也是有生命线的,但无法否认这是一个500亿—1000亿的市场"。

作为硬件提供商的蚁视科技创始人覃政持类似观点,"VR线下店的归属应该是高端网吧,商超等地的VR体验馆是一种落后的形态,现有的客流和消费是临时性的,只有沉淀到网吧或者VR吧才是指向性客流"。

"现在的体验店能赚到第一波钱,但是时间不会太长,长久之计必须依赖于社交属性,提高设备密度,利用社交属性黏住用户,像网吧一样。"覃政说。

超级队长正在全国各地重金布局线下体验店,其CEO王磊认为城市综合体的VR线下体验店和网吧、街机等传统渠道以VR作为"店中店"体验升级的发展模式不同,城市综合体的VR线下市场泛娱乐平台属性更重,尤其是500平方以上的跨界体验业态。

"商业地产面临着产业升级,却缺乏好的体验业态选择,而以VR或者AR为内核的、好玩的黑科技体验,就是自带光环,有机会成为金字塔尖的体验业态。"王磊说。

王磊认为,在初期,VR线下体验店主要通过体验门票收费;但未来,VR线下娱乐品牌就变成了消费式体验的渠道入口,且大量的线下入口流量也会有大面积变现的能力。例如圈层活动和广告营销。

而奥秘世界联合创始人陈振则认为VR线下体验店应该走院线模式,"大家像看电影一样去VR线下体验馆看VR内容或者休闲娱乐"。

无论VR体验馆的未来如何,其对于当下VR产业的助推作用有目共睹，业内普遍认为，其在教育市场和 VR 硬件的落地、内容变现三方面起到了一定的作用。

至于这种助推作用到底有多少，不同的人看法不一。

脑穿越 VR 创始人黄庄认为目前线下发展还不是内容分发的核心渠道，积累用户的能力没有那么强，公司更想直接联络到用户，为用户提供后续的服务和关怀，"互联网时代，大家都认为用户是自己的，都想控制在自己手中"。

黄庄认为，三年以内，VR 线下体验店是一个向上的趋势，数量会更多，布局会更密集；三年之后，VR 线下体验店面临着升级的挑战，体验不佳的会被大量淘汰，最终大型的、专业的体验店会生存下来，成为 VR 产业链的一部分。

文 / 王鹏

除了情色，VR 内容创业还有什么出路？

2016 年 3 月，扎克伯格在和马云对话时曾表示，Facebook 致力于解决未来 10 年的问题，"第一是互联网连通问题，第二是人工智能，第三是 VR"。

扎克伯格断言，2016 年是 VR（虚拟现实技术）的消费元年。HTC、Oculus、Sony 等国际巨头的 VR 头盔纷纷开售。

国内，互联网巨头和手机巨头先后入局，国际市场研究机构 Canalys 报告显示，2016 年全球 VR 头盔出货量预计将达到 630 万台，2020 年预计达到 7000 万台。伴随着 VR 创业团队的数量一路激增，VR 硬件消费品也进入了混战洗牌状态。

提到 VR，你首先想到的是什么？

今年 2 月，美国知名体育媒体《体育画报》推出过一个爆款 VR 视频：将传统拍摄泳装模特写真的视频花絮以 VR 技术呈现，相关的"泳装美女"视频瞬间传开，成为 VR 视频中最早的疑似爆款。

根据 Google Trends Data 数据显示，在过去的 17 个月之内 Google 上关于"VR 色情片"的搜索增长率达 9900%。

有人认为，VR 内容的第一个爆破点，应当会发生在情色领域。

但情色领域和美女视频的盛行，也从另一侧面显示了 VR 内容依旧处在疲软状态，质和量仍处在初级阶段。从内容生产的层面来说，VR 生态圈出现了"跛足"现象。

产业：地产、旅游结合 VR 试水商业化

VR 内容向各个行业渗透，目前产业链条已具雏形。地产、旅游等几个行业与 VR 相结合，率先开启了商业化道路。

VR 之所以能让创业者趋之若鹜，在于它被认为可能是新一代计算平台，小公司也可以通过爆款成为流量入口。中搜创投副总裁王欢说："VR 有可能改写互联网版图，小创业公司也有成为巨头的可能。"

业内认为，虚拟现实技术的发展路径和当年的智能手机很像，产业链形态也极为相似，市场容量巨大。目前的 VR 生态以头显设备为核心，主要覆盖硬件、内容制作、平台分发三大业务板块。其中内容制作是用户习惯培育的关键。

自 2014 年起，VR 内容就开始向各个行业渗透，目前产业链条已具雏形，形成了包含 VR 内容制作硬件、VR 内容制作技术、VR 内容包装技术、VR 内容和 VR 内容分发平台的长尾链条。VR 内容又分为视频、游戏和行业应用三大板块。

在视频领域，国际顶尖电影服务提供商 DES 于 2016 年宣布进军 VR 行业，国内的优土、乐视、光线传媒等影视巨头纷纷重金布局 VR 视频，创业公司也争相涌入掘金。但是由于 VR 视频的拍摄和制作流程复杂、周期长、成本高等原因，目前也尚未诞生一个现象级的爆款 VR 视频。

在游戏领域，游戏开发商主要有硬件厂商、游戏大厂和初创团队三类，其中创业公司是生产主力。例如脑穿越是一家专注于 VR 游戏开发的创业公司，迄今已经开发了 VR 大炮台、VR HORROR HOUSE 等三款游戏，受到了部分消费者的追捧。

因为 VR 游戏和传统游戏的引擎、加工渲染技术相当，具有很强的延续性，所以游戏成为了 VR 内容最容易转化的连接点。娱乐工厂负责 VR 的投资人曹佳俊认为，消费级的 VR 爆款内容将有很大概率最早出现在游戏领域。

但目前的 VR 游戏市场并不乐观，因为绝大多数都是轻量级游戏且还停留在满足用户猎奇心理的层面。用户黏性不高，线上、线下流量都十分有限。

视频、游戏内容仍然在发展初期，其商业化的路径尚不明朗，但行业应用借助行业场景，已经开始了商业化之路。

军事、教育、地产、体育、旅游……几乎每一个领域与 VR 的结合都拥有巨大的市场容量，地产、旅游等几个行业与 VR 相结合，率先开启了商业化道路。

比如无忧我房、指挥家 VR、美房云客等几个创业公司就用 VR 技术打造了房地产样板间，让看房用户能够跨越时间和区域的限制，在任意场景下看房。

这对房地产开发的流程也带来了革新，以前从拿地到样板间对外开放需要耗费 6 个月甚至更长的周期，但是现在一套 VR 样板间的创建工期通常只要 7 天，未来甚至可以更快。

无忧我房的创始人李熠表示，VR 样板间的实际支出成本不到实体样板间的十分之一，可以为开发企业节约 90% 的成本。

"按全国房地产 10 万亿规模计，虚拟样板房行业将达到 100 亿规模。而如今，这个行业的开发程度还远远到不了 1%。"指挥家 VR 创始人曾子辕说。

内容："95% 的 VR 内容都是无用内容"

VR 内容创业成为 VR 生态竞争核心一环，目前中国 VR 市场的最大的阻碍还在于 VR 内容质量不高，难以找到变现模式。

行业应用已经有商业化试水，但从 VR 生态来说，直接面向消费市场的 VR 内容本身，才是真正藏金纳银的地方。

内容创业是今年创投的风口，相应地，VR 内容创业也成了 VR 生态竞争中的核心一环。光线传媒董事长王长田就曾表示："VR 是新技术，但其实未来的竞争更多是内容的竞争。"

过去的 VR 视频中，也诞生了不少高流量、高点击量的美女诱惑视频。

Google Trends Data 数据显示，在过去的 17 个月之内，Google 上关于"VR 色情片"的搜索增长率达 9900%。在曹佳俊看来，这种视频黏性不会很高，只能博一下眼球，真正要做到对平台流量持久有利，还要源源不断地上线沉浸式内容。

从数据来看，流量并不是中国 VR 市场的障碍，知萌咨询机构发布的《中国 VR 用户行为研究报告》显示，过去一年接触过或体验过虚拟现实设备的 VR 浅度用户约为 1700 万人。目前最大的阻碍还在于 VR 内容的质量不高。

橙子 VR 创始人王广伟表示，现在市面上很多 VR 分发平台上虽然有几百部 VR 游戏，但是大部分都还是 Demo 级别，用户体验很差。复星昆仲高级投资经理杨光认为，目前市面上看到的 VR 内容 95% 以上都是无用内容。

而一些创业公司虽然上线了分发平台，但是流量极小，内容数量也很少。王广伟认为该现象的根本原因还是在于团队技术不成熟，没有做好用户体验，与硬件适配不完整。

业内普遍认为，在 VR 硬件和 VR 内容的大爆发之间存在一定的时间窗口，硬件的爆发会催生巨大的内容需求，在硬件市场刚迎来春天时，或许 VR 内容市场还需要一点时间。

现阶段，市场对于内容制作技术的突破倍感期待，比如基于光场及声场等的产生内容方式的迭代，需要的不仅仅是硬件产品，而是从采集、制作、编辑、播放等全流程的技术解决方案的完善。

中搜创投副总裁王欢认为，现在 VR 内容开发有一个重要的误区是不跟硬件开发结合考虑，"VR 强调沉浸感，本身就是一个集成性的事物，没有纯粹的内容，也没有纯粹的硬件，必须结合考虑"。

"现在的 VR 内容还很难找到一条清晰的变现模式。"曹佳俊称。VR 内容质量不高，让这些 VR 公司背后的投资人的处境有些尴尬。

虽然线下离变现近一些，但目前从乐客 VR、超级队长、顺网等公司推出的 VR 体验店、主题式乐园来看，流量依旧不大，距离真正的变现还有一段距离。

复星昆仲高级投资经理杨光提供了一个新思路："VR 市场和手机市场最大区别在于更集中，很有可能会进入寡头 VR 的时代，对于游戏创业公司而言，想办法让游戏进入索尼等巨头的分发渠道是不错的变现渠道。"

未来：未来 VR 将向移动 C 端转化

部分创业者和投资人认为，面向 C 端市场的移动端 VR 内容是未来的研发趋势。

目前的 VR 市场，正在面临两个转换：一是从 B 端应用向 C 端市场转换，二是从 PC 端向移动端的转换。这两大趋势也将直接作用于 VR 内容领域，部分创业者和投资人认为，面向 C 端市场的移动端 VR 内容是未来的研发趋势。

2016 年，当阿里、腾讯、百度、乐视等互联网巨头在 VR 行业中快速跑马圈地时，中国实力雄厚的手机老将们也几乎倾巢出动，华为、乐视、魅族、中兴、锤子科技、小米科技等手机厂商陆续宣布布局 VR，有的甚至已经推出了系列产品。

手机巨头的入局加速了 VR 从 PC 端向移动端的转化。曹佳俊认为，按照现在智能手机的出货量，VR 在移动端上可能会实现充分教育市场的目标，很多内容的开发者也会基于移动端的标准去生产内容。

曹佳俊预言，在 2017 年下半年，国内的 VR 内容在移动端上可能会实现阶段式跨越，相较而言，PC 端的内容爆发时间可能会较晚。

在他看来，早期市场正迫切期待一个爆款的游戏或者视频，至于这个爆款是诞生在大公司还是创业公司，曹佳俊认为机会是相对公平的，创业公司仍有机会参与竞争。

不过，王欢认为，"VR 向移动端转移是必然趋势，但是这个移动端是什么还没确定，可能是某一种一体机，头戴式眼镜，但不太可能是手机"。

除了端口的转换，2016 年下半年，VR 行业也迎来了从 To B 向 To C 的转化，部分创业公司在 To B 的业务上积攒了充分的行业经验，开始谋求 C 端市场，探索直面消费者的 C 端产品。

例如成立于 2008 年的赛欧必弗，就曾以中间方的身份，填补硬件商和内容商之间的裂缝，整合对接上下游，为客户提供 VR 一体化解决方案。现如今，也直接面向 C 端用户上线了奇幻云 VR 平台，还在筹备一款 VR 教育的 C 端产品。

王欢表示，To B 是 VR 行业先生存下去的最有利的手段，当 B 端积累一定的经验之后，再 To C，"今年很多创业和投资人都注意到了这个趋势"。

当然，无论是 PC 端还是移动端，无论是 To B 还是 To C，终究绕不开 VR 底层技术的问题。在 VR 内容的生产过程中，还有一个很大的障碍在于，目前还没有诞生基于 VR 的操作系统，缺乏统一的操作平台和行业标准。

王欢认为，国内创业者还主要集中在应用层面的开发，而号称要做 VR 操作系统的，大多开发的也最多只能算做 UI。"国外的微软、谷歌、Facebook 等巨头都在做 VR 操作系统，他们要做的是真正基于 VR 的闭环生态。"

数据：80 后宅男是 VR 核心用户

每次科技浪潮来临前的海岸，都站着无数翘首以盼的用户。

从 1989 年 VR 概念首次被提出到今天，VR 早已不仅是科技馆中笨重新奇的体验，而是一款眼镜、一个 APP 就能领略的现实风光。

而急于打开这扇新世界大门的 VR 用户，都是谁？他们身上有什么特点？现在，是谁在使用 VR？他们的钱包和消费潜力，能撑起现在遍地的 VR 创业公司吗？

2016 年 7 月，《新京报》联合个推大数据研究院对安卓系统上下载量靠前的 11 款 VR APP 进行了用户画像，并与 12 款主流的视频类 APP、11 款主流游戏类 APP 用户对比。

从年龄来看，游戏、视频 APP 用户四成都是 18—24 岁的 90 后，而 VR 用户中，18—24 岁的"穷学生"只占两成，真正占大头的，则是在移动互联网时代鲜被提及的 25—34 岁的 80 后们。

从性别来看，差异则更明显。游戏和视频 APP 用户的男女比几乎都是"六四开"，而 VR 的男性用户则非常极端地占到了 90%，这意味着 VR 的女性用户只有少得可怜的 10%。

一方面说明较之男性，女性对 VR 的兴趣较弱，另一方面也暗示，现有的 VR 内容，还不能对准女性的口味。

从收入来看，VR 用户经济实力较强。中高等收入的人群将近 80%。而游戏 App 和视频 App 的用户则相对"屌丝"：游戏用户低收入人群占 52%，视频用户低收入人群也占到了 43%。

虽然只是针对 VR APP 用户的分析，但从市场上几千到上万元的 VR 智能硬件能看出，VR 体验的经济门槛的确不低。尤其想做骨灰级 VR 玩家，没有财力支撑绝对无法实现。

而 VR 用户人群的生活方式和爱好也都较"直男"思维：注重效率办公、爱好网上学习；喜欢用网购、外卖解决生活琐事；有车、爱炒股、爱投资、爱刷信用卡，经常在商旅路上奔波；注重健康和家人……

而 VR 的普及程度也与地域硬件发展有直接的关系：广东省的电子科技和智能硬件较发达，VR 的用户中有 16% 都来自广东；而北京只占 5%，上海则占 4%。

从数据统计来看，现有的核心用户是一群中等收入、热衷网络社交的 80 后宅男。如何迎合他们的趣味，并且最大限度开发他们的消费潜力，是 VR 内容创业者在未来需要探索的方向。

文／王鹏　张皓月

HTC Vive 汪丛青：五年内 VR 会取代大部分电子屏幕

2016 年是业界视为 VR（虚拟现实）元年，巨头的重金布局也被视为行业发展的风向标，创业公司疯狂涌入掘金，而资本也纷纷将目光瞄向了这一充满想象的技术领域。

在虚拟现实行业，HTC、Sony、Oculus 是公认的领跑者，也正因为这"三巨头"头显设备的陆续面世，使得多数行业者都在热议 VR 产业真正的大爆发即将到来。

然而，在过去的一段时间，暴风魔镜陷入裁员风波、Oculus Rift 和 PSVR 一再延期发售，行业标准缺失，内容匮乏，硬件销量不佳等问题也接踵而来，市场唱衰之声兴起，"VR 寒冬论"也一度甚嚣尘上。

10 月 13 日，索尼的 PlayStation VR 正式发售，这标志着在 VR 头显世界，Oculus Rift、HTC Vive 和 PS VR 三雄争霸的时代正式开启。与此同时，搅局者也纷纷加入，10 月 25 日，雷军宣布小米 VR 眼镜发布。

未来，VR 行业的竞争格局将如何演变？HTC Vive 在 VR 版图上到底押了多少注？

为了解答这些疑惑，"寻找中国创客"记者近日对 HTC Vive 中国区总裁汪丛青进行了专访。

人物简介

汪丛青，HTC Vive 中国区总裁，麻省理工大学计算机硕士学位和斯隆管理学院工商管理学硕士。2016 年，加入 HTC Vive，领导 Vive 团队在中国区的业务。

在加入 HTC 之前，汪丛青是一位连续创业者，先后创立了 4 家公司，拥有超过 20 年科技行业经营管理经验，其在中国有 15 年的管理工作经验。

VR 教育是非常重要的版图

寻找中国创客：听说你是卖掉了自己的公司，然后加入 HTC Vive？

汪丛青：这算是一种机缘巧合吧，去年年底，我把自己的公司卖掉时，HTC 刚好抛来橄榄枝。其实，我一直都很关注 VR 领域，25 年前，我大学毕业论文写的就是如何通过 VR 技术颠覆教育行业，而今，能加入 HTC 做 VR 也是我的机遇。

寻找中国创客：25 年前你就看到了 VR 在教育行业的应用机会？

汪丛青：VR 教育是整个行业非常重要的版图，对学生来讲，它是一种很自然的学习交流方式，能看到一些在现实世界看不到的内容。VR 技术在教育上的运用，会是中国未来 VR 最大的发展趋势。

寻找中国创客：HTC Vive 在教育上有做重点布局吗？

汪丛青：VR 教育也是 HTC Vive 重点布局的方向之一，我们正在做"VR 教室"，对学生进行 VR 教学；我们还和美国虚拟现实教育公司 Lifeliqe 一起打造了 K12 的 VR 教育工具；此外，我们还和世界第二大的慕课 Udacity 达成全球合作，目的是为 VR 产业培养并输出人才。

寻找中国创客：VR 教育和现在的多媒体教学，有什么本质区别吗？

汪丛青：举个例子，学习外语最好的方式是人在国外环境中与外国人面对面地交流，VR 很重要的一个特点就是沉浸感，VR 教育就是要达到这种沉浸式学习，它重点是沉浸与交互。

寻找中国创客：但是现在的 VR 教育离落地还有一段距离吧？

汪丛青：我不认同这种观点，我们正在努力地做，也已经启动了很多相关项目。如果我们不去做，这会是我们的失职。

十年后 VR 硬件会趋于同质化

寻找中国创客：HTC 的 VR 业务为什么要从 PC 端切入，而不是选择代表未来趋势的移动端？

汪丛青：因为 PC 端的体验要比移动端好很多。一个现实的问题是，移动 VR 在电池容量、跟踪系统处理能力远不如 PC，不能满足优秀 VR 设备的操作。要想实现 VR 的沉浸体验交互感，目前只能在 PC 端。

寻找中国创客：那你对 HTC Vive 的第一代产品满意吗？

汪丛青：作为首款消费者版的产品，我还是很满意的，而且在业界也受到了广泛认可，如果打个分的话，80 分没问题，未来的产品还可以更好。

寻找中国创客：你认同移动端是 VR 的发展趋势吗？

汪丛青：当然，技术在进步，VR 会慢慢脱离 PC 端，长期来看，移动 VR 未来的总量会超过 PC VR，HTC 移动端 VR 设备的研发也正在进行中。

寻找中国创客：内容缺乏一直是制约 VR 行业的瓶颈，HTC 自己也做了 VIVEPORT™，这在 HTC 的 VR 战略中处于什么位置？

汪丛青：Viveport 其实是"应用商店＋用户界面"。它是我们 VR 布局中非常重要的一环，未来它很有可能超越我们在硬件上的布局。因为硬件在后期会走向同质化，就跟现在市场上的手机一样，硬件差别不大，毕竟最为关键的竞争是内容上的应用。

寻找中国创客：是不是所有的硬件都要经历这种同质化的发展轨迹？

汪丛青：从手机、电脑的发展轨迹来看，基本上是这样的。一个新技术，在初期的发展会存在差异化，但谁也不能保证10-20年后会一直处于领先地位。

寻找中国创客：那你觉得VR硬件在多少年后会走向同质化？

汪丛青：十年左右，那时的VR技术能实现的敏感度与人相似，人类可感知到的VR技术将达到极限。

寻找中国创客：HTC、Sony、Oculus被业界称之为VR行业的三巨头，在宏观战略上，三家有什么区别？

汪丛青：HTC在对待VR态度上有很大的不同。HTC认为VR是一个新的领域，而不只是一个新的配件来服务原来的产品，或者只是将VR当作一个更好玩的游戏机。VR是需要不断开发新的技术来发展的，我们相信它能够改变人与人的沟通、生活、工作的方式。Oculus的产品跟HTC的产品是比较接近的，HTC Vive就像是特斯拉Model X，强调多功能使用；Oculus Rift是家用型雪佛兰，这两种车都并非竞争关系，而是针对于不同的领域来服务。

寻找中国创客：那你觉得HTC在VR业务上的最核心的竞争优势是什么？

汪丛青：对VR业务的专注度。Vive是在HTC之外独立运转的，包括人员、技术。HTC在Vive上倾注了很多心血，HTC CEO王雪红每天通过电话会议参与到Vive产品的探讨，她参与的细节远远超过大家的想象。

VR一定会颠覆人类生活方式

寻找中国创客：自从Facebook收购Oculus后，扎克伯格也频繁为VR行业站台，你觉得你和他对VR的看法一致吗？

汪丛青：行业认知大致是相同的，不过我们的时间表会更快一点。

Oculus 的 CTO 约翰·卡马克最近说，VR 头显的主流分辨率要 5 年后才能实现 2k 到 4k，但我觉得 2—3 年就可以实现；另外，Oculus 说 2 年内无法解决"有线"的问题，这块 HTC 还是比较有信心的，会更快解决这个问题。

寻找中国创客：你真的相信 VR 未来可以颠覆人类的生活方式吗？

汪丛青：一定会。我很有把握地讲，未来五年以内，VR 会取代现在大量的电子设备屏幕。智能手机 5 年就超过了 PC 的数量，但目前手机行业也到了一个顶峰，现在需要下一个新的行业去代替它们。

寻找中国创客：那你有没有想过，未来的 VR 载体会以什么样的形态呈现？

汪丛青：毫不保留地讲，未来 5—10 年以内，VR 的发展就会和人的眼镜差不多；而 10—20 年内，可能会发展成隐形眼镜，20 年以后，可能就是一个芯片。

寻找中国创客：全力押注 VR 业务，是不是因为 HTC 在手机业务上遇到瓶颈？

汪丛青：不可否认，手机行业目前是一个成熟行业，手机硬件厂商除 Apple，其他都不太赚钱。在这样的背景下，HTC 将专注度放在 Vive 是一个明智的选择。HTC 的 DNA 就是创新，HTC 做智能手机曾是全球领先的厂商，现在我们做 VR，也是世界领先的厂商。

寻找中国创客：这次做 VR 业务和上一次做手机业务，有什么不同？

汪丛青：这次做 VR 确实有新的特点，我们从一开始就把 VR 整个生态圈和平台做出来了，我们不止做硬件，我们有自己的技术厂商、人员布局、应用商店、加速器、产业联盟、风投联盟等，是一个非常完整的开发者生态圈，这是之前手机业务没有做的，现在做了。

寻找中国创客：业内很多投资人看好 VR 手机的未来，HTC 会做 VR 手机吗？

汪丛青：这是我们重要关注的领域，也是我们手机部门发展的一个方向。

垂直硬件还有很多投资机会

寻找中国创客： VR 行业很多投资人现在都不投硬件了，你觉得硬件还有机会吗？

汪丛青： 在垂直行业的硬件方面，机会很多，未来要解决的问题还有 99% 尚未解决，比如医疗、户外娱乐等硬件设备需求很多。

寻找中国创客： 那在 VR 内容投资上，哪些方向是重点？

汪丛青： 对于 VR 内容，大家都可以做，因为每一个团队都会有不同的创新。但是最为关键的投资应该是在行业应用和消费应用层面，目前在手机上的工具类产品，未来在 VR 上也会出现，比如 VR QQ 音乐、VR 美图秀秀，行业估值应该都在几亿美金的级别。

寻找中国创客： 部分投资人认为现在投 VR 行业过早，你赞同吗？

汪丛青： 我们可以从之前的三个科技浪潮中发现，每一次发展 5—10 年后，行业里面发展较好的巨头，都是在行业刚起步前两年成立的。除非你不想投未来的百度、腾讯、Facebook。当然，风险与回报是成正比的，如果你只想要 10% 的回报，那没关系，也可以等等再投资。

寻找中国创客： 现在整个 VR 行业最大的瓶颈是什么？

汪丛青： VR 内容缺乏爆款，因为目前还没有一个普及性的爆款内容让全世界都注意到 VR，让整个行业爆发。但是我有信心，2017 年将有 VR 的杀手级内容出现。

文 / 王鹏

项目：VR寒冬中，谁在继续前行？

如暴风影音CEO冯鑫曾预言的一样，未来大部分互联网内容都会以VR的形式呈现，VR会是一个新的计算中心。巨头跑马圈地，资本疯狂注入，创业者也抓住机会涌入掘金，不到两年时间，VR创业潮席卷了房地产、零售、教育、军事、工程设计、医疗健康、娱乐等各个领域。

风口之下，资本摇旗助威，创业者高歌猛进。不过有的人选择了一边造血一边探索，有的人则选择了快速扩展，跑马圈地。这两条道路难说孰优孰劣，如何成功还需要时间的检验。

appMagics 迈吉客科技

业务领域： 移动互联网 – VR/AR 混合现实

主要产品： FaceMagic SDK；FaceMagic Avatar

创始人： 伏英娜

融资轮次： A+轮

入围原因： appMagics成立于2014年，是一家专注于计算机视觉混合现实领域的高速成长型公司，它将智能手机用户与虚拟现实／混合现实内容的生产和消费相连接，跨平台提供给多种智能硬件设备，构建虚拟元素和现实场景的实时交互体验。appMagics通过在虚拟和现实的仿真融合、表情／动作捕捉与交互控制方面的技术创新，开创VR/AR融合体验（混合现实）的全新实时互动模式。通过与现有的社交／直播平台、IP 合作伙伴在 FaceMagic SDK 和 AVATAR 方面的技术授权合作，数十亿人将得以通过面部表情捕捉和控制的能力，突破虚拟和现实间的次元壁，使用丰富逼真的 3D 元素充分表达自我和感受超现实的互动体验。

米粒 VR

主要产品：VR 乐园、VR 游戏、VR 电影、VR 商业一体机、VR 玩具以及 VR 行业应用解决方案

创始人：张青

融资轮次：A 轮

项目介绍：米粒 VR 成立于 2015 年，是一家集合 VR 内容、软件、硬件的行业领先产业链公司，建立了中国第一个星核 VR 乐园、中国第一个 VR 影院、中国第一部 VR 电影长片（20 分钟），形成 5 项专利、16 项软注，成为了一家ＶＲ科技＋内容的公司。两年来，依托米粒影业集团 30 个电影 IP 的强大支持，形成了 VR 一体机、VR 游戏、VR 影视、VR 行业应用（教育、展览展示、房地产）、ＶＲ玩具等一系列产品，在ＶＲ产业中成为一个收入快速增长（7000 万以上收入）、技术全面、高品质内容高速产出的优质公司。

微景天下

业务领域：互联网＋旅游

主要产品：智慧旅游移动应用

创始人：宁永强

融资轮次：A 轮

项目介绍：微景天下专注于为传统旅游行业产业链上的参与者提供向移

动互联网转型的解决方案，提升其智慧化程度，帮助解决行业痛点。公司在360度全景、三维重建、地图、导航以及大数据应用等方面具有国内领先的技术优势。公司的产品以轻应用为主要形式，已为众多景区、酒店、城市等进行了服务。

文 / 王鹏

七　移动直播：流量解药还是毒药

亿用户 200 家平台，直播真是流量变现的解药？

2016 年 8 月 10 日，"洪荒少女"傅园慧在映客及应用宝上的直播首秀，短短一个小时左右时间，累计观看人数达 1055 万，涨粉 160 多万，吸金 32 万元。8 月 15 日，斗鱼直播宣布完成 15 亿元 C 轮融资，由凤凰资本、腾讯领投，这不仅刷新了直播界的融资纪录，也预示着中国的"直播之战"进入了深水区。

如此火爆的市场背后到底是什么在支撑？

现状：直播有多火？3 亿用户 200 家平台

体育直播、游戏直播和真人秀场直播平台发展得最为火爆，一个新的流量世界正在被瓜分。

2016 年被誉为很多产业的"元年"，其中就包括移动直播。

《中国互联网络发展状况统计报告》显示，截至 2016 年 6 月，网络直播用户规模达到 3.25 亿，占网民总体的 45.8%。而 Trustdata 数据统计也印证了直播市场的火爆，仅全民直播、秀场视频和游戏直播三类直播的日活跃用户就超过了 2400 万。

移动直播之所以火，在于为普通人提供了参与的可能性，只要一部智能手机和一个账号，人人都能对着镜头"现场直播"。

在创投圈许多新闻发布会的现场，都能看见几十位甚至上百位主播高举自拍杆，占据最黄金的位置进行个性化直播。例如魅族 MX6 发布会就邀请了 23 位主播到场直播，东风 6 月的新车发布会更是动用了 100 位高颜值美女主播，一直想找到"爆点"和"噱头"的中国发布会似乎找到了新的"伟哥"。

据不完全统计，中国在线直播平台已超 200 家。更令人意外的是，在直播行业，中国的互联网巨头无一缺席，在巨头的商业版图中，如此一致的布局实属少见。

从去年到今年，阿里巴巴、腾讯、百度、奇虎 360、新浪、网易、搜狐、小米纷纷入局。从 2013 年开始，腾讯布局九家直播平台；阿里除了投资直播平台外，还在电商直播上发力，先后推出淘宝直播和天猫直播两大直播平台；小米除了参与投资外，还自己做了小米直播。

按照直播内容划分，目前市面上的体育直播、游戏直播和真人秀场直播平台发展得最为火爆。在体育直播中，诞生了诸如直播吧、风云直播、乐视体育、章鱼 TV 等平台；在游戏直播领域，则诞生了斗鱼、熊猫、虎牙、全民、战旗、龙珠等一大批优秀的直播平台；真人秀场的直播厮杀最为惨烈，YY LIVE、映客、花椒、小米、一直播等平台先后涌入，一个新的流量世界正在被瓜分。

巨头动向不仅是行业的风向标，往往也会给行业带来洗牌。

以"淘宝直播"为例，今年 5 月正式上线，涵盖母婴、美妆、潮搭、美食、运动健身等多个范畴的直播，一经上线受到淘宝店主的热捧，卡赛科技创始人金双双透露，"目前淘宝直播已经成为广告主投放意愿最大的平台"。

产业：创业者掘金——云服务、网红孵化

直播对上游的云、网络传输与加速服务等产业促进作用明显，成为投资人眼中的趋势性投资机会。

观众眼中的直播,也许只是一个个直播应用,但在资本眼中,直播却是一个完整的产业链。

链条上的每一个节点都有不错的盈利前景,其中就包含技术研发商、云服务商、游戏运营商、"网红孵化器"等周边产业。

"直播的产业链更像游戏的产业链,可以容纳更多的草根团队,没有那么强的技术门槛,内容的多样化导致流量的多样化,最终完成渠道多样化的重构。"YY娱乐总经理周剑说。

无论是独立直播平台,还是行业链条中嵌入的直播功能,都是对流量、带宽、存储等消耗极大的产品,自然也面临技术门槛高、成本高、卡顿延时率高等痛点。所以直播对上游的相关云、网络传输与加速服务等产业的促进作用十分明显,成为了投资人眼中的"趋势性的投资机会"。

首当其冲的是云服务商,金山云、阿里云、七牛云、Ucloud这些原本以云服务为主营业务的厂商都盯上直播云这块"肥肉"。金山云总裁王育林透露,金山云目前服务300多家提供直播服务的商家,其中包括小米、今日头条等大平台,"超过50%的直播平台或多或少都使用了金山云的视频云服务"。

除了云服务,在直播产业链的上游,视频解决方案服务商、宽带服务商、网红孵化器等公司也大有收获。

保利威视是一个第三方视频技术服务商,其联合创始人白剑透露,资金雄厚的直播平台多拥有自己的视频解决方案,如斗鱼直播、熊猫TV都是自己的直播技术,而小一点的直播平台则多采用第三方的解决方案。

另外,值得一提的是备受瞩目的"网红孵化器",第一财经商业数据中心发布报告显示,与直播息息相关的"网红产业"预计在2016年产值接近580亿元。

今日排行榜就是一家想要孵化1000个魅力人格体的"网红孵化器",其联合创始人何伊凡透露,当主播和今日排行榜签约之后,今日排行榜就会选择性地和1—2个直播平台合作,协调一个较好的资源位,帮助其策划直播场景。

在直播产业链的下游，自然也少不了撮合交易的人，卡赛科技就是一家自媒体、网红广告交易撮合平台。卡赛科技创始人金双双介绍称，目前入驻平台的KOL（关键意见领袖）共有19万，其中开通直播平台的大约有1万，通过在网红主播和广告主之间撮合交易，平台今年的交易流水在1.5亿元左右。

发展：百播大战——新技术+垂直化开启"直播+"

从秀场直播、游戏直播发展到移动直播，竞争格局和行业规则也在不断重写。

虽然到了今年，大家才真正感受到"全民直播"的热浪，但直播却并非"新物种"，早在PC时代，直播也发展得如火如荼。

2004年，中国出现了最早的视频聊天社区9158，这算是中国最早PC端秀场直播，后来YY、六间房等公司也开始进入秀场直播领域，一度点燃了秀场直播市场，造就了直播1.0时代的辉煌，签约主播、礼物打赏等形式成为商业模式核心。2012年，YY登陆纳斯达克。

紧随其后的是游戏直播的兴起，2014年左右，国内出现了大量游戏直播平台，比如斗鱼、战旗、龙珠、虎牙等，在这个直播2.0时代，游戏主播是其重要资源，平台经常豪掷千金挖来当红游戏主播，而商业模式则以虚拟道具购买为主。

秀场直播、游戏直播都是直播早期的阶段，真正引爆"全民直播"这根导火索的还是2015年大规模兴起的移动直播软件，其中又以主打"素人直播"映客和花椒、一直播最为瞩目。这类"素人直播"，一方面发动普通人上平台直播，另一方面也让明星、运动员、投资大佬直播涨粉，但本质上都是一种"泛娱乐"直播形态。

从秀场直播、游戏直播发展到移动直播，竞争格局和行业规则也在不断重写。

YY 最近披露要在泛娱乐领域上发力，官方披露的信息是，目前 YY 有超过 2/3 的用户和超过一半以上的营收都是来自于移动端。周剑认为，在任何一项新技术出现后，都会相应地诞生很多新玩法，如果这个行业的延展性够宽、够大的话，在品类方式上就应该是不断翻新的，"从 PC 端到移动端，直播变更的是技术的方式，但未来的竞争点还是直播平台是否能供应可持续性的内容"。

从 2015 年下半年开始，创投圈的寒意有目共睹，但直播行业却有逆势上扬的势头。TalkingData《2016 年移动视频直播应用行业报告》显示，到了 2016 年上半年，视频直播领域融资金额已超过 10 亿，与前几个季度相比较，资本热度有增无减。近日斗鱼直播刚完成 15 亿元的 C 轮融资。

在资本的助力下，移动直播市场先后诞生超过 200 个直播应用，根据金山云服务的客户数量来看，直播平台可能远不止这个数量，金山云透露可能在 600 个以上，"百播大战"陆续上演，一个直播平台倒下，另一个直播平台崛起，直播行业也在这种旧去新来中快速洗牌。

2016 年下半年，直播领域出现了两大趋势，一是移动直播平台垂直化发展，主要的细分方向为社交、游戏、电商、商务直播等；二是直播新技术出现，全场景的沉浸式直播成为新方向，泛生活、场景化的直播更多地结合 VR 技术，开启新闻、旅游、教育、医疗等全场景的沉浸式直播＋新时代。

紫辉创投创始人郑刚认为，秀场直播是一个稳定的市场，不会有太大的市场增量，也不会突然衰落，"从资本市场对于秀场直播平台的估值就可以看出来"。

焦点：盈利模式——大流量商家的变现"解药"？

掌握大流量的商家仿佛找到了变现解药，纷纷推出直播业务，有投资人认为直播是流量最好的变现形式。

过去，我们常说流量为王，到了今年，很多人开始意识到，在商业的金字塔中，流量并不能主宰一切，流量的变现才是创客一直在寻找的答案。

随着直播的火爆，很多已经掌握了大流量的商家仿佛找到了解药，纷纷推出了直播业务。

全球最大的男同社交应用 Blued 就是典型代表，2016 年 1 月，手握全球 2700 万用户的 Blued 开始商业化探索，同时上线了直播和移动营销（广告），两块业务都收到了不错的市场反响。虽然广告的营收也在以 100% 的月增长率上涨，但直播的发展速度更为惊人，其中直播和广告带来的营收比例为 9∶1。从 2 月份开始，Blued 每月直播流水都达到数千万，公司也实现了盈利。

但与专注直播的直播平台不同，Blued 创始人耿乐认为，对于 Blued 而言，直播只是社交的一个维度，未来直播平台都会经历一轮洗牌，而直播的内容会由目前的 UGC(用户生产内容) 转向 PGC（专业生产内容），各个领域，比如综艺、教育、医疗行业会通过直播的形式进行用户的沉淀，增加用户的黏度和深度。

制作网络综艺节目起家的兰渡文化创始人陆婷婷认为"直播内容的未来是综艺化"。在她看来，PGC 与直播的关系是 PGC 解决了内容深度的问题，丰富并探索了直播的玩法和核心的互动性。

兰渡文化目前已经开始直播综艺节目的探索，他们与《QQ 炫舞》合作推出的直播综艺节目《拜托了，粉丝》在炫舞梦工厂、画家、龙珠三大平台播出后，累计播放量突破 1000 万，兰渡未来打算每月推出一期直播综艺节目，依靠广告赞助和打赏三种方式进行流量变现。

很多人认为直播已经成为最好的变现形式。

金山云总裁王育林就是其中代表，他认为直播同时具备了互联网世界的三种变现功能，而且已经得到了模式验证，"是流量变现的非常好的形式"。

作为映客和陌陌的投资人，郑刚对直播尤其看好，他也认为直播是最好的变现形式，"打赏简直是所有企业的终极梦想，收入即时到账，不需要商品转化"。

但是金双双却不以为然，他认为直播现在还不算是流量变现最好的形式，比不过微博上强的社会话题，和微信公号上的文章，"虽然直播在传播的有效性上比微信和微博好，但是直播的传播时间点有很明显的限制"。

金双双介绍，目前大部分直播平台，主播和平台的分成比例高达9∶1，淘宝是6∶4，而直播的技术成本和推广维护成本非常高，"一些母婴平台、众筹平台直播上线几个月，迫于成本压力又下线了"。

另外，数据造假问题也影响着变现转化率，对此，作为交易撮合商的金双双也颇为头疼，"很多数据都太假，前端显示看直播的人很多，但是打赏、电商转化率都很低"。

白剑也进行了吐槽，他认为现在手机平台的观众数量有较大的造假嫌疑，虽然从网络承载技术上，峰值承载客流可以超过1000万，但是其运营成本也就上去了，他以国内某知名游戏直播平台为例进行了分析，"它每月带宽花费在2000万左右，反推峰值承载客流也就在200万左右"。

未来：行业思考——大批直播应用将死去？

业内对直播的未来走向具有分歧，有人认为大批直播应用将死去，有人认为不会有绝对垄断。

直播走到今天，其实已经站在了一个岔路口，整个行业都在思考直播的下一步是什么。

根据直播内容的属性不同，金双双将直播平台简单地划分为娱乐性平台和功能性平台。他认为，未来这两种平台都会一直存在，在淘宝等功能性平台上，具备专业才能的达人会走出来，竞争门槛也会越来越高，"近两年很难洗出一个很大的平台，娱乐性和功能性都发展，可能在同一个平台都存在，但是平台还是会有差异性。"金双双说。

但是白剑对于泛娱乐化的直播并不看好，他偏爱企业内训、在线教育等严肃场景的直播，"秀场类直播有很大的政策风险，也没创造什么社会价值，会让我们的业务忽起忽落"。

根据投资9158秀场直播和抱抱社交直播的经验，华映的执行董事钱奕认为目前直播平台已经进入群雄纷争的阶段，之后会有两三家平台从数百家直播平台中杀出，但目前他更关注的是直播对其他行业产生的影响和未来融合的方式。

紫辉创投创始人郑刚也认为未来平台级直播和深度垂直的直播应用可能并存，但是双方都还面临着较大挑战，"平台级的直播也还在摸索极端，还要继续打造用户黏度和用户体验；垂直平台关键是找到用户，这个挑战很大"。

郑刚认为，算上嵌套直播功能的APP，目前提供直播服务的平台超过了500家，但是对于他们的未来，郑刚却十分担忧，"未来只有几家能走出来，这一大批直播应用，还会生存一段时间，但是不会太长久"。

"中国的竞争从来都是丛林法则，是十分残酷的竞争，大公司会越来越大，最终形成寡头格局。"郑刚说。

但是周剑却不这样认为，她认为未来直播平台会分化为四种类型，分别为内容属性、媒体属性、工具属性、社交属性的平台，"直播没有办法做到绝对的垄断状态，因为内容的形式多元化，未来会形成多头和细分状态"。

文/王鹏　刘丹如

监管层念响"紧箍咒",直播行业洗牌四大猜想

这次是针对正在疯狂生长的直播行业。9月9日,新闻出版广电总局下发《关于加强网络视听节目直播服务管理有关问题的通知》,重申相关规定,要求网络视听节目直播机构依法开展直播服务。

简言之,上述监管令主要有以下四个方面:

重点一:无论是个人秀场直播,还是新闻、综艺、体育、访谈、评论等视听节目直播,相关平台都要拿到《信息网络传播视听节目许可证》(以下简称"许可证"),否则不得开展视听节目直播服务。

重点二:未经批准,任何机构和个人不得在互联网上使用"电视台""广播电台""电台""TV"等广播电视专有名称开展业务。

重点三:开展网络视听节目直播服务的单位在开展直播活动前应将相关信息报属地省级以上新闻出版广电行政部门备案。

重点四:对直播节目内容,应坚持健康的格调品味,不得含有国家法律法规规定所禁止的内容,并自觉抵制内容低俗、过度娱乐化、宣扬拜金主义和崇尚奢华等问题。

简言之,今后所有开展直播业务的平台一律要"持证上岗",否则不得开展直播活动。这也意味着,《许可证》将成为掌握直播平台生死的"命门"。而内容方面,未来也将加强监管。

2016年被誉为移动直播的元年,直播行业被视为风口。根据艾瑞咨询的数据显示,目前中国在线直播平台数量接近200家,其中网络直播的市场规

模约为 90 亿。在监管层的介入下，直播行业势必将加速洗牌。对于直播行业的未来，我们大胆做出以下五方面猜想。

猜想一：部分主流直播平台面临"裸奔"

新闻出版广电总局监管令一出，多家涉及直播业务的平台"方"了。

公开信息显示，截至 2016 年 5 月 31 日，新闻出版广电总局共颁发了 588 张许可证。这些持证机构包括了新闻出版、企事业单位、网站以及优酷、乐视等老牌视频节目服务商。但是对于大部分直播平台而言并没有拿到《许可证》，对于这些平台而言，则可能意味着是一场"生死劫"。

目前共有近 200 家直播平台，"百团大战"早已厮杀正酣。进入 2016 年下半年，"直播+"趋势开始影响着各行各业的发展，除了主打直播的平台，综艺、新闻、娱乐、体育和电商等平台都开始开展了直播业务。

寻找中国创客记者查阅了排名靠前的十家直播平台官网，包括 YY、斗鱼、风云、虎牙、映客、战旗、花椒、熊猫、9158、一直播，其中挂出《许可证》的有 YY、虎牙、战旗几家平台，其余都没有显示《许可证》。而据传有证的映客创始人奉佑生在记者询问是否拿到《许可证》时，其表示不方便透露。

根据相关平台网站公布的信息，除了少数几家发展较早的直播平台已有《许可证》，大多数主流直播平台都处于无证运营状态。

而在新的要求之下，未来其他主流直播平台能否顺利获得《许可证》还未可知，"裸奔"或成为大概率事件，而那些有资源有背景的直播平台，或许会通过"抱大腿"的方式来获取运营姿势。

猜想二：中小直播平台将被"清洗"

在普遍无证的情况下，记者采访的众多直播平台最为关心的是如何获得新闻出版广电总局发布的《许可证》。

根据新闻出版广电总局公布的《信息网络传播视听节目许可证》审批事项服务指南，申请条件如下：

其中第一条就是：具备法人资格，为国有独资或国有控股单位，且在申请之日前三年内无违法违规记录。

仅这一条，绝大多数的直播平台就很难拿到《许可证》，尤其几家大平台，如斗鱼、虎牙直播、YY、熊猫TV、战旗TV、龙珠直播、六间房、9158此前都曾被文化部列入过违规名单，这些平台或许在《许可证》的获取上面遭遇"难产"。

还有一条让多数中小玩家感到紧张的是：注册资本应在1000万元以上。

对于已经获得《许可证》但是没有对应许可项目的机构，进一步申请对应许可项目难度相对较低。

在此背景下，包括熊猫TV等明星直播平台的命运将画上一个问号。而除去已经获得证件的直播平台，大多数平台都将面临"无证经营"的窘境。

业内人士表示，即使新闻出版广电总局开始对直播平台发放许可证，背靠雄厚资金和国有控股单位的大平台尚有喘息之机，而众多中小平台合法拿证的几率仍旧非常的小，"百团大战"遭此一劫，洗牌之日也会加快进程。

猜想三：综艺、电商直播将最受冲击

"百团大战"之中，为了增强竞争力，各家直播平台都开始在内容上进行新的尝试。

根据"监管令"，不符合条件的机构和个人，不得利用网络直播平台

（直播间）开办新闻、综艺、体育、访谈、评论等各类视听节目。

目前，熊猫、花椒、斗鱼纷纷开始综艺节目直播的尝试，一些大的视频网站也与制作综艺的公司进行合作，试水综艺直播。这些平台跳出秀场直播、游戏直播等传统直播形式，探索新的直播内容，但此次监管令将制作综艺的门槛拉高，一方面使得其他中小平台难以进入，另一方面也可能会迫使目前已经成型的直播综艺停播。

但目前看来，几家直播平台的综艺直播仍在正常播放，粉丝网的CEO刘超表示，会持续关注广电政策的动态和下一步，但目前节目仍旧会正常播放。

此外，为了导流，此前淘宝、蘑菇街、聚美优品纷纷涉足直播业务，开始进行电商直播，直播导流为电商注入了新的活力。但对于电商平台而言，获取《视听节目许可证》的可能性几乎为零，只能背靠已经拿证的直播平台进行导流，而自身无权开展直播活动。

另外，教育、社交、新闻等细分垂直领域的直播业务也将受到影响难以展开。

猜想四：直播变现方式将受影响

自直播成为风口以来，涉黄、涉暴、赌博、数据造假等负面新闻一直未远离整个行业，直播行业若想获得健康的发展确实需要相应的行业规范确立，另一方面，近几年国家对文化内容的监管力度不断增强，集"媒体""内容平台""社交平台"于一身的直播行业影响力巨大受到监管是迟早的事情。

由于打赏模式的巨大利益刺激，作为目前直播最为依赖的主播，为追求打赏屡屡触犯法律边界，在直播过程中做出出格行为曾多次发生，如"直播造人"成为舆论热点，直播软色情也偶有出现。

这也引发了监管部门的注意。此前文化部进行了多次直播平台查处活动，通告了若干违规平台的名单，网信办发布了要对直播平台进行安全评估的消息，公安部网络安全保卫局也曾展开网络直播专项整治活动。

而新闻出版广电总局一出手就直接从政策入手，为直播行业划定了合法与非法的明确边界。

此次"监管令"对直播节目内容，相关弹幕发布，直播活动中涉及的主持人、嘉宾、直播对象等作出了具体要求，直播节目应坚持健康的格调品味，不得含有国家法律法规规定所禁止的内容，并自觉抵制内容低俗、过度娱乐化、宣扬拜金主义和崇尚奢华等问题。

这也被视为监管层对直播内容，尤其是秀场直播打赏模式监管的信号。规定中所倡导的抵制拜金主义和崇尚奢华本身就是对打赏模式的一种否定，比如在直播间出现的打赏豪车送飞机等行为。

对于主要依靠打赏模式盈利的秀场直播而言，这一规定虽直接未伤及直播平台的根本，但也表现出新闻出版广电总局对目前直播平台变现模式所导致的内容导向不满意。

但由于此次新政主要是限制直播内容，暂时对直播的变现模式不构成影响，但以广电此前曾干涉电视剧中不许插广告的律令来看，如果打赏模式所导致的拜金主义等内容导向一直未得到改善，新闻出版广电总局极有可能采取措施进行干涉，届时一定会直播以打赏维生的直播平台产生根本性的冲击。

不打赏，直播怎么活？参考欧美的变现模式，恐怕只能回到广告变现的老路上。

业界声音：监管"因地制宜"才有效

新闻出版广电总局下发的《关于加强网络视听节目直播服务管理有关问题的通知》到今天不过三天，直播行业仍旧表现的风平浪静，人们仍旧在观望广电的态度和下一步措施。

如果此次新闻出版广电总局严格执行此前发布的监管令，整个直播行业必然受到震荡，风口之下创业者和相关从业者们也必然受到影响。

有消息称，2016年年底以前，新规将会对直播平台进行处理，而这中间留给了直播行业创业者们了一个政策适应的缓冲期。

对于大平台而言，尽管新政的出台会暂时阻碍大平台对直播内容的探索，但依靠自身资金和实力和投资机构的帮助，持证上岗不过是时间问题。最终受损的仍旧是对于众多的中小平台而言，选择合并或者转型也许是最终无奈之下的出路。

多位受访业内人士表示，对于整个直播行业而言，更希望新闻出版广电总局和文化部之间能明确权责范围，针对直播的新政能留有商讨的余地，比如放宽许可证申请的条件，在节目播出后严格审核，严厉打击违规内容和平台。但由于直播即时和互动性强的特点，这对监管部门实施对直播内容监管也造成无比巨大的挑战。

Blued的创始人耿乐认为直播作为作为新的互联网业态，期待政策的扶持和健康引导宽进但严管的健康的监管更有利于解决就业和创造税收。

微吼直播的创始人林彦宏则认为，直播行业必然需要相关部门的监管，但针对这种新兴的互联网现象，新闻出版广电总局也许应当根据当前的实际情况制定管理条例，目前实行的《互联网视听节目管理办法》已经是2007年出台的政策，有必要针对直播行业制定新的管理政策，引导这种新兴产业更健康的进行发展。

互联网行业的变化日新月异，相关部门的法规政策必然会落后市场变化，但毫无疑问任何行业都需要国家的监管和健康引导才能获得健康的发展，监管是为了行业更有质量的发展，只是如何平衡行业发展与政策监管之间的关系，才能不影响"双创"的进行，这也是需要政府和创业者共同探讨和磨合才能解决的问题。

文／刘丹如

直播的打赏模式不代表未来

《新京报》"寻找中国创客""直播的格局与陷阱"主题峰会在北京举行，360公司创始人、董事长兼CEO、知名天使投资人周鸿祎出席峰会并发表主题演讲。

周鸿祎认为直播行业才刚刚开始，将来会成为各行各业的标配。去中心化，以主播为核心的分众社群会成为未来的一种方向。未来，直播的商业模式还有很大的想象空间。

当直播成为表达自我的基本方式，未来将有无限可能

我们看到刚才数据说有两千家直播平台，好像前一段刚听说有200家，没准儿过几天就两万家了，因为这个行业刚刚开始。

我经常打比喻，像跑马拉松，刚跑了一千米，有人就说我终于找到马拉松的规律了，有人说我领先了200米，我就可以号称自己成功了。

我觉得都为时过早，所以我决定还是以一个大主播的身份来说一说直播。

为什么呢？大家知道，在花椒平台上，我那么努力地直播，甚至连我的车烧着了，我跳下去以后没有第一时间找灭火器，我拿出手机给它直播，我都这么努力了，刚才打开手机看了看，一共才挣了不到50万个花椒豆，大概合人民币5万块钱。

平台上有很多主播，胸比我大，脸比我尖，一晚上都不止挣这么多花椒

豆。所以我应该不算网红，只能算是一个在努力成长的大主播。

互动、参与是直播最大的魅力，不应过于追求观众数量

我觉得直播最大的魅力是两个，一个是互动，一个是参与感。

真正直播的魅力是镜头非常近。手机不仅仅降低了直播的难度和门槛，可以让你随时随地直播。过去我们直播先需要布置个闺房，把墙都搞成暧昧的粉红色，还得买一套声卡，但后来太麻烦，老婆也不太同意。

直播最重要的是，它拉近了主播和观众之间的距离。我觉得主播跟观众之间的互动和近距离的参与感是历史上从来没有过的。

我自己做过主播，我也每天很勤奋地当观众，所以我自己感觉手机直播跟其他直播最大的不一样，是它能够拉近观众和主播之间的距离。

我的第二个感觉是，直播未来很有可能是一种分众和社区的组成形式，而不是一个广播媒体。也许每个人都可以成为直播的主角，以每个主播为核心，形成一个非常分众的社群。

我们现在有很多直播网站，数据大家也都姑且听之吧，这些数据加起来，中国15亿人天天看直播，人数都不够。

但是我们也在想一个问题，别说一个直播间有50万人，当一个直播间真正挤进来5000人的时候，你发现已经很难去互动了。我认为如果直播仅仅是靠少数明星，那么它和传统媒体、传统电视台做的直播，本质上并不会有任何差别，只是观看方式、观看工具的不同。

我们讲直播之所以成为一个颠覆性的行业，未来它对传统视频网站、对传统电视台、对传统媒体真正的颠覆力在哪里呢？我其实觉得也许就是每个人都可以成为直播的主角，也许每个人在你的直播间里，你的用户并不见得一定要追求很多，但是他会以每个主播为核心，形成一个非常分众的社群。比如一个房间可能在50到150人的范围内，跟主播才能形成良好的互动。

如果你过于追求说观众数量，那么它一定是以损失交流和互动作为前提的。这也是需要大家去思考的一个问题。

第三，我们觉得直播可能是未来互联网最丰富，也是最强有力的表达方式。

你去跟一个主播近距离交流，你会发现十分钟的交流，胜过千言万语，可能胜过一万张图片。但与此同时，直播这种表达方式的门槛又是最高的，非常考验主播在手机镜头前面的镜头感、表现感。

未来，短视频、图片和直播这几种方式，可能会在不同场景下来并行。

直播内容平台不是对传统娱乐业的颠覆

我有一个疑惑提给大家，今天很多人要把直播平台做成一个内容平台，但是未来直播平台真的就是一个新兴的视频网站吗？

比如说像马东的《奇葩说》，或者像高晓松的《晓说》这种节目，你会发现它既能够在视频网站上播放，也能够拿到电视台去播放，从某种角度来说，对传统娱乐业不是颠覆，还是传统娱乐业在互联网上的延长。

但是如果同样的节目，我们仅仅是把它放到直播平台上，用直播的形式播出，这就不能算是直播对传统娱乐业的真正颠覆。

目前为止，我们还没有看到哪一家直播网站真正探索出来一种模式，换句话说在一个直播平台上直播了娱乐综艺节目，无法把它的回放拿到视频网站去播出，也无法拿到电视上去播出。直到那一天，我们才可以说，直播行业真正开始对娱乐业产生了真正的冲击，真正产生了一种巨大的变革。

直播的商业模式绝不仅仅是打赏

所以，对未来直播的格局问题，我有两个不成熟的想法。未来直播一定会分化，一部分直播网站可能会走向媒体化的方向，另外一个方向，就是走向社群，走向社交。

在某些直播网站上，极少数大主播基本上决定了这个网站巨大的流量。

但是众多的普通人能够成为主播，能够聚集社群，一个真正社交化的、分布式的或者去中心化的，像微博一样的社交方向，是我们正在努力的方向。

关于直播的商业模式。严格来说，以打赏为核心的商业模式，我认为并不代表未来。

未来随着越来越多的普通人成为主播，在直播间里不仅仅是靠颜值吃饭，而是生活的方方面面。当直播变成年轻人自我表达的一种基本方式，里边的商业模式可以有很多，广告、直接向用户付费等模式，都有很大的增长空间。

直播的很多收入主要是靠打赏和分账，我提出让主播拿大头，很多人觉得我们破坏了行业规则。

但如果一个网站把你的收入寄托在去剥削主播，未来非常危险。

因为你会特别重视吸金能力特别强的主播，而他们，就会主导你整个网站的基调甚至内容。这样，最后你可能还是回到了传统的秀场经济，不论规模做了多大，我认为它仅仅是一个赚钱的工具，不可能成为改变互联网表达方式的一种颠覆性的力量。

直播肯定会成为标配，有机会产生大的互联网公司

我认为未来直播肯定会成为标配，换句话说，各行各业都可以把直播作为一种表达方式。比如说《新京报》可以用直播做新闻，途牛网可以用直播做旅游，也可能美团网有一天会拿直播来演示预定餐馆怎么做出一顿饭。

在这个前提下，最后有没有网站能够通过直播变成一个真正的全民直播平台？

我大概投资做了一年直播，我非常有信心地说，我认为还是非常有机会的。

文 / 周鸿祎

直播不太可能成为百亿公司

中国移动互联网现在是在一个转型阶段，我称之为移动互联网的蒸汽机时代，或者互联网的蒸汽机时代。

为什么这么说呢？我觉得互联网的意义不亚于人类开始使用火。人类从开始使用火以后，真正的开始进化跟走上了现代人类的智能道路，而不是继续跟穴居人或者其他动物混在一起。互联网的发展，也是真正给了我们一个全新的完全不一样的沟通平台。

移动互联网相当于蒸汽机革命

但是 PC 时代的互联网，如果说满分 100 分的话，PC 时代的互联网是从 0 到 10 分的进展。

PC 互联网时代，其实完全没有把互联网的场景特点给体现出来，所以"场景"这个词实际上是在无线互联网出现以后，大家才开始频繁的谈。

到无线互联网阶段，整个人的生活被随时随地伴随，一开始是极其柴米油盐的，团购、O2O、打车，现在可能到了一个内容时代，也就是精神层次的应用，开始在无线互联网上体现。

这个被我称为从 PC 互联网的 10 分到了 60 分，就是今天的互联网在我们看来及格了，当你持有一部智能手机以后，它对你生活的改变如此重大，所以我认为它是一个及格的改变。

至于下一步会到什么，我们不知道。所以今天我认为到今天其实相当于我们开始使用蒸汽机了，人类开始使用火，是第一个进化的步骤。第二步是我们使用蒸汽机，我们终于开始使用非自然的动力来推动任何人类的进展。所以现在智能机给我们这样一个程度，到了这样一个水准，到达了60分。至于到90分是什么样的形式，我们并不知道。

直播不会成为独立存在的平台

这是我们一直在自己内部讨论的问题，移动互联网的下一步是什么？直播会不会是福特车呢？蒸汽机发明以后，真正的生产是从福特汽车开始，它做到了每个美国家庭都能买到一辆车改变日常出行。

直播有点像福特车对于当年蒸汽机时代以后，当发明蒸汽机以后，到福特车的产生，和我们移动互联网发展到今天直播的产生，对我们生活的改变。

从2013年下半年开始，我们开始对无线互联网内容平台开始做有系统的梳理，因为我们当时认为，内容平台的时代到了，所以我们选择了先投音频的平台——喜马拉雅，然后投资了视频的平台——秒拍。

我们当时在考虑视频的时候，我的感觉是，首先视频未来的终极形态到底是什么样子，我们都不知道。就像当时微博一开始跟Twitter是一模一样的，但是每过一两个月就有改版，每过一两个月就有改版，过去一年大家感觉微博除了视频的爆发以外，它似乎没有特别大的变动。我称之为这个产品已经可以满足99%用户的99%的需求，这个产品基本固化了。就可以进入很好的盈利期、收获期了。

视频未来的产品到底是什么样呢？当时我们的想象是，视频会有不同的表现形式，但是移动短视频绝对不会是PC长视频公司仅仅把内容搬到短视频上来，是完全不一样的东西。而且短视频本身具有个体创造比较容易，所以我们认为它应该是大众创造或者UGC这样的平台。

但同时我们也认为，视频是一个多维的产品，要有讲故事的能力，剧本的能力，要有剪辑能力，要有表演能力，还要有颜值，没有颜值的话，就算丑也要丑得很特别，所以要有特点。

在这种情况下，创作相当难，要非常有经验，而不是一个人就能完全完成的。所以当 papi 酱红了以后，会发现她身后有一个团队在运作。

我们的认同是，短视频未来还是以相对专业创作的工作室为主来创作短视频的内容。

直播当时我们也看到了，我们认为直播会是什么呢？直播会是非常有利的一个短视频内容渠道，但是我们的判断是，它可能是未来的一个标配的功能，在任何一个视频平台都有。并且它不太会成为独立存在的一个垂直渠道。

我这个论调可能在直播行业，因为我们也投了秒拍一直播，并不是非常受欢迎的观点。但是都认为直播本身可以单独成为上百亿美金估值的公司，我对此仍然持保留看法。

直播会成为视频大一统产品的一部分

我认为就像微博的进展、微信的进展一样，未来视频应该就像电视机一样，会是一个大一统的产品。你买的是一个内容包、频道包，这里面有你想看的所有东西，真人秀、体育节目、电视剧、电影、直播，但是是不是直播单独需要一个电视包或者电视机呢？

我个人认为可能性偏低。

手机的特点在于，它上面的 APP 可能你经常用的只有十几个，每一个 APP 都在抢夺你仅有的那么一点点注意力，我不太容易想象，未来会有两到三个 APP 会分别体现不同的功能。

所以从这点来说，我跟很多同行有不同的观点，我认为基于视频未来的探讨，人们最喜欢的仍然是高质量的视频内容，就像是今天大家看电视的时候，我想你也不会一直把你的电视机定格在新闻直播频道上，你需要各种内容。

而高质量的内容，直播本身很难制作那么高密度、高质量的内容，以及高效的表演形式，你不可能重新演一遍，不可能。

我的判断，直播是猎奇、猎艳、猎热点的平台，这三个内容是最符合直播需求的。目前直播产品在这方面表现得还是相当淋漓尽致的。

归根结底，我的认知或者我们团队的认知是，直播非常有价值，甚至于会是短视频里最重要的一个模块。但是我仍然看好一个大一统的产品，这个产品应该是提供移动视频的大一统产品，会是最终的赢家。

直播最终很可能会成为一个陷阱

总的来说，直播是相当烧钱的一件事，我觉得可能也不会太长。在一定的时候，我估计在半年到大半年以内，基本大格局是可以看到的，是可以有清晰的结论的。

第一，直播是不是可以独立成为一个产品形？我的回答是"I dont think so"，我不认为它是独立成为一个产品形态，可以和其他结合在一起。

第二，目前直播面临的很大问题，是直播内容的单一，我认为应该多元化。

我们不能整天只看锥子脸，总有看厌的时候。那怎么办？其实最适合直播的产品，反而是社会现象的追踪。

但是这个在我们目前的状况下，是不太现实的。所以我们大家只有娱乐至死，每个人都拼命娱乐，在这种情况下，内容的单一化相当难避免，猎奇、猎艳、猎热点，只能猎奇、猎艳，热点不太方便猎，尤其是社会热点不太方便猎的话，就少了相当大的一块内容贡献。

在这种情况下，怎么样让内容多元化能够实现，这是一个难题，我认为这是陷阱其中之一。内容的单一会是未来的一个致命伤。

第三，调性问题。不管怎么直播，仍然是一个社区，社区必须有一个自己的调性。直播目前我们看到都觉得差不多，很多锥子脸、很多大胸，逐渐的我觉得有些可能会更追求明星直播以及越来越多的把内容加到体育直播、教育直播里面前，有些更倾向于扶持网红，让网红红到底。

不停的分工以后，我觉得会出现一些非常明显的确定人群的不同的直播垂直，他们可以共存。

每个垂直直播都应该有自己的调性、都有自己的定位，如果做到这一点，当年千团大战的做法，可能在直播领域就不会那么残酷，当年五千家，现在剩下一家。也许在直播领域，现在200家，最后能剩下10家、20家，都是有可能的，这是根据社区调性决定的，而调性是由你的引导、你鼓励的头部用户来塑造的，所以每家直播平台要专注于把自己的调性定好，用运营的方式来引导调性。如果没有运行来引导的话，最终走到哪里也不知道。

第四，与其他社交媒体的互动相结合，是大家都在做的，但是如何做到更强烈的结合，让"病毒"传播效应更大？

视频本身是一个相对的产品，形态上是弱社交的形态，直播社交成分相对比较重，可以跟主播互动，其他大部分产品只能转发、评论。这种情况下，如何让你的产品社交性更强，如何让它能够跟更多的社交平台结合，这可能是目前直播平台必须要考虑的另外一个问题。

而我认为，这些问题如果处理不好，直播最终有可能会变成一个陷阱。

文 / 周炜

项目：全民直播时代来临，创客掘金

直播是 2016 年最引人注目的风口。从 2005 年开始发展，到 2015 年下半年移动直播引爆市场，先后诞生了超过两百个直播平台，网络直播平台用户数量已经达到 2 亿，巨头也纷纷入局跑马圈地，目前的直播行业已经真正进入了"百播大战"和"全民直播"时代。

令人意外的是，在直播行业，中国的互联网巨头无一缺席，在巨头的商业版图中，如此一致的布局实属少见。

移动直播之所以火，在于为普通人提供了参与的可能性，只要一部智能手机和一个账号，人人都能对着镜头"现场直播"，因为人群的多样性，许多细分领域也诞生了不少直播平台，一条围绕直播平台延展开来的掘金产业链也逐渐形成。

寻找中国创客在直播行业深入观察，撰写了多篇直播专题的深度报道，同时也对 YY LIVE、映客直播、Blued 这三个代表不同类型的直播平台进行了专访。

映客直播

直播类型：娱乐直播

融资轮次：2016 年 9 月，映客完成 2.1 亿元 Pre-B 轮融资，投资方为光信资本。

移动直播风口上，映客是一颗引人瞩目的明星。

创始人 CEO 奉佑生以前深耕在音乐领域多年，2015 年 3 月决定做视频直播类产品，简单极致的功能追求让映客脱颖而出，多次登上社交应用榜首的位置。目前，不管是用户量还是活跃度，映客都已经成为移动直播行业的领头羊。

Blued

直播类型：同志社交直播

融资轮次：2016 年 6 月，Blued 完成 C 轮和 C+ 轮数亿元融资，C 轮由 Ventech China 领投，香港新世界集团、BAI 和 DCM 跟投，C+ 轮由嘉御资本领投，中手游跟投。

男同性恋是一个垂直人群，Blued 通过 16 年的努力，网络了全球 2700 万用户，覆盖 190 个国家和地区，2016 年初，Blued 上线直播功能，重度垂直在 LGBT 群体，直播功能上线的第二天，就带来了几十万的收入，从 2 月份开始，Blued 每月直播流水都达到数千万，公司也实现了盈利。

在直播平台中，Blued 算不上主流，但却是一股不容忽视的力量，它的成功掘金彰显了一个趋势：细分领域的直播机会正在快速发酵。

花椒直播

直播类型：娱乐直播

融资轮次：2016 年 9 月完成 3 亿元 A 轮融资，奇虎 360 投资。在娱乐直播领域，花椒直播算是另一颗璀璨的明珠。奇虎 360 董事长周鸿祎亲自掌舵，亲自站台无数次，现如今，花椒直播也成为了娱乐直播领域的领跑者。

区别于映客等素人直播的概念，自创立以来，花椒直播便十分重视明星属性和社交属性，打造的是一款涵括明星、主播和普通用户三大族群的直播产品。

花椒设有明星栏目，让用户看到明星接地气的一面，目前，已有范冰冰、张继科等上千名明星入驻。据花椒直播副总裁郭鹤介绍，截止到 2016 年 9 月，花椒直播累积下载量已达 1.3 亿，花椒直播的 MAU 为 3500 万。在移动直播行业，这算是一份不错的成绩单。

一下科技

直播类型： 社交娱乐

融资轮次： E 轮

项目介绍： 2011 年 8 月成立于北京，领先的移动互联网基础服务提供商，先后获得晨兴、红点、红杉资本、Star VC、新浪微博、东方卫视等投资，2016 年 11 月 21 日宣布已完成 E 轮 5 亿美金融资。

公司创立以来，以技术为驱动，致力于为用户提供便捷的移动多媒体服务，构建开放一站式的移动互联网服务。目前公司员工 400 人，是一群来自于暴风影音、酷 6 网、新浪等富有激情、勇于创新、专注技术、执着梦想的年轻人，拥有多年的业内一流的视频编解码经验以及多年的视频多媒体运营能力。旗下拥有新浪视频、新浪微博独家战略合作产品秒拍、业内首款领先的移动多媒体视频框架 Vitamio 及移动端视频全能播放器 VPlayer。截至目前多媒体视频框架 Vitamio 拥有 800 多名开发者，全球 1000 多款应用在使用，总下载量 2 亿。

粉丝网

业务领域： 文化娱乐

主要产品： 网站和 APP

创始人： 刘超

融资轮次： B 轮

项目介绍： 粉丝网是一家拥有 PC、APP 和线下全渠道的社群媒体，深度运营粉丝群体，以数据为驱动贯穿产业上下游，形成 C 端的会员分级、虚拟增值、衍生品商城和 B 端的品牌广告、品牌植入、屏幕运营等具有长期成长价值的商业模式，有步骤地切入粉丝经济，以连接明星、粉丝和品牌的独特定位，形成有鲜明态度的内容和产品矩阵以及具备长远竞争力的战略规划。

文 / 王鹏

八　人工智能：机器人何时超越人类？

为什么说家庭机器人还是伪需求？

拉着小男孩在一家机器人的展位前，一位中年妇女试图奋力推开拥挤的人群，但小男孩却嘟着嘴，不愿加入队伍，"这不是我要的机器人"。

8月中旬，深圳的人工智能与机器人论坛上，一个小男孩戳破了成年人的好奇。

过去几年里，中国突然被形形色色的机器人占领了。尤其是随着人们生活水平的提高，消费观念的升级，关于家庭概念的机器人市场这两年也是一片大火。

带着孩子来论坛体验最新机器人的家长们，很多时候都要面临孩子们的诘问。

"儿子从小就着迷机器人，可是这里的机器人和家里的基本一样，儿子有些失望。"拉着小男孩的母亲说。

谈论家庭机器人时，他们在说些什么？

要回答为什么孩子不满意的话题，我们得先来看看国内的家庭机器人创业者们都在做些什么。

儿童教育陪护

7月底，周鸿祎在接受陈鲁豫的直播采访时，正式把360公司打造的一款机器人带到公众视野。

不过，在直播周鸿祎热情高涨的给陈鲁豫演示时，这款机器人却不给力，比如在问到"陈鲁豫是谁？"时候，机器人连续好几遍都说问题太难听不懂，让老周嘴里不停念叨"之前演示的时候一直是没有问题的啊"，气氛显得有些尴尬。

随后，公司又单独为这款机器人召开了一场声势浩大的产品发布会，宣布以999元的价格进入市场销售。主打陪伴概念的360儿童机器人，推出了语音聊天问答、亲子视频沟通、爸妈K故事、AR画画学英语等主要功能，希望解决陪伴孩子的问题。

深圳路波科技有限公司推出的一款名叫Loobot的机器人，目标是主打培养儿童创造力和沟通能力的教育机器人，通过动作、情感、表情和语音等交互方式达到教育陪伴的目的。

主打儿童教育陪伴的机器人是目前国内机器人市场的主流，腾讯、360和国内多家创业公司也都是选择以儿童作为突破口。他们的教育功能相对比较低级，针对学龄前儿童。功能上没有大的区别，基本上都是视频沟通、讲故事、学英语等。

生活娱乐

深圳狗尾草智能科技有限公司推出的一款名为公子小白的机器人主打年轻人，推出的有情侣功能、声控拍照、故事有声书等解闷功能，也有音乐、闹钟、提醒这样的助手功能，通过交互、影像进行数据分析，来满足年轻人的需求。

狗尾草市场负责人告诉"寻找中国创客"记者，公司的机器人是定位在18—45岁的人群，一方面是因为这部分人群对互联网、科技产品的兴趣更高，愿意尝试新鲜事物，另一方面，这部分人群有经济实力为自己的喜好买单。

在深圳的人工智能与机器人论坛上，搜狗公司带来的一款机器人引来了很多成年人的围观，而吸引大家的是一项名为挑战机器人读绕口令的项目。在唤醒机器人之后选择要挑战的题库编号，大屏幕上面会跳转出对应的题目，读错的字实时显示，当全部读对了机器人会进行语音夸赞并奖励一瓶饮料。

主打生活娱乐的机器人，目前推出的功能主要有拍照、音乐、视频等年轻人群常用的应用，但基本在手机、平板电脑等上面也可以做到。

安防监控与办公市场

另一家深圳的机器人公司深圳市优必选科技有限公司，因为登上2015年的春晚舞台表演舞蹈一炮走红。公司的一款被命名为阿尔法2的人形机器人，有20个仿人类动作的关节，可以跟着人们做相同的动作，不仅有讲故事等娱乐功能，还可以同声翻译、接打电话、收发邮件、切入工作场景。

从最初远程监控陪伴切入的小鱼在家，不仅陆续推出了幼教功能的新一代产品，在今年初还推出了小鱼办公。创始人宋晨枫称，小鱼办公会主打视频会议、大屏投放、会议直播、会议培训、大型会议管理等功能，面向中小企业用户，希望利用硬件+SaaS的模式攻占办公场景。

360曾经推出小水滴主打家庭和办公场景的安防，现在越来越多的SaaS厂商也在陆续推出视频会议、培训等功能，机器人厂商要跟这些专业机构正面竞争。

为什么说这些都是伪需求？

360人工智能研究院院长颜水成介绍说，360儿童机器人的定位是10岁以下的儿童，希望帮助这些孩子通过语音等相对简单的方式帮助孩子学习和成长，但从目前发布的这些功能来看，更像是一款升级版的点读机。

如果仅仅是依靠外形原因，因为是"机器人版点读机"，那目前定位在儿童教育陪伴的机器人，显然是不能满足消费者的期待和需求的。

像搜狗公司推出绕口令的形式尽管看起来是一个有趣的功能，但真正需要用这个功能的人群显然不会太多，换个角度来说，这样的绕口令识别在一款APP上就可以做到。

不论是针对年轻人的休闲娱乐，还是针对白领人群的商务工作，这些功能通过手机都可以完成，虽然大家想做的都是取代手机或者连接手机后而不用再频繁地打开手机，但目前的这些机器人体型比手机大，能接入的应用程序也很少，用户体验非常初级。

机器人的定位在哪儿？在这些需求里，什么样的刚需才是机器人不可替代的，从目前的情况看，没有人有答案。

"目前家用机器人市场处于刚刚起步的阶段，市场上的产品跟大家的期待是不对等的，想要让机器人走入人们的家庭，还需要5—10年的发展。"北京航空航天大学机器人研究所王田苗这样告诉"寻找中国创客"记者。

因为现在机器人的可能是刚需，但并不一定要通过机器人来实现。一部智能手机或平板电脑、一套监控设备等，完全可以更好地满足需要。

按照机器人的交互方式，基本可以分为问答式机器人和对话式机器人，而目前市场上的机器人产品尽管都想走情感交互路线，但受限于技术原因，只是做到了基本的问答式。

目前市场上问答式的机器人基本都是复制了像点读机、音响、手机等硬件产品的功能，用户体验也很一般，即使是在相对简单的问答处理上，像360这样有技术积淀的公司还是会出现无法识别的局面。

尽管市场上涌现了一大批大大小小的公司、资本入局机器人市场，但现在的机器人产品呈现出来的更多的是机器功能，跟人工智能相去甚远。

机器人创业的出路是什么？

"我认为人工智能的未来是：AI+软件+硬件+服务=机器人，机器人是中国制造的机会。"傅盛说。

在今年4月底猎豹的全球媒体开放日上，傅盛宣布猎豹和他本人准备投入5000万美元约合人民币3.3亿成立机器人公司，正式进军机器人领域。据了解，这3.3亿元只是首期资金投入，后续猎豹还将持续投入资金，甚至对外开放吸引社会资本进来。

随着周鸿祎、傅盛两个在国内都极具话题性和号召力的大佬再聚集同一个领域，关于二人的恩怨情仇也再次被提及，不论二位和背后的公司是处于哪方面的考虑，可以看到的是围绕机器人的创业和创新已经成为国内商业江湖的新趋势。

但如果家庭机器人是伪需求，那么，创业的真正机会在哪？

技术的研发和融合是核心

机器人一般是由执行机构、驱动装置、检测装置、控制系统和复杂机械等部分组成，想要打造出一款智能机器人，这里面涉及到语音、语义、图片、视觉乃至对周边事物的感知能力等等，这每一部分业务目前都有公司在发力做，但目前仍然处于起步阶段。

AI、软件、硬件、服务这里面的每一项业务都是机器人发展的关键，但是想要做好都没那么容易，如何把这些功能很好的融合成一款机器人，也是不小的挑战。

但这些技术研发和融合，才是家庭机器人能够创造刚需的关键。家庭机器人作为机器人产业的分支，更需要在技术研发前夜就对应需求来进行核心技术研发。

硬件之前，先做好软件等配套产品

"如果用手机类比的话，可能现在的机器人还处在诺基亚称霸时代，那就是功能机阶段。"图灵机器人创始人兼 CEO 俞志晨这样向寻找中国创客记者说道。

图灵机器人是在打造中文语境下智能度高的机器人大脑，在 2015 年 11 月发布 Turing OS 的机器人操作系统，已经在哆啦 A 梦、超级小飞侠乐迪等 IP 机器人上使用。2016 年 7 月发布 Turing OS 1.5，志在把机器人市场从功能机器人时代跨入智能机器人时代，已经免费为超过 23 万家企业和开发者提供服务。

想要把机器人带入智能时代，最应该花费精力做的事情，应该是开发一个稳定又领先时代的系统，而目前的系统基本都是安卓生态的再开发，未来能否出现颠覆式的系统等软件产品，也成为了创客们的一个巨大机会。

做实用、不可取代的机器人

扫地机器人已经得到了市场的检验。从外国市场看，飞利浦、LG、松下、三星等公司推出扫地机器人已经多年，而且受到了全世界用户的认可，而来自国内的北京利而浦电器有限责任公司推出的福玛特扫地机器人、科沃斯机器人科技（苏州）有限公司推出的科沃斯机器人正在陆续走进千家万户。

在科沃斯的天猫官方店，仅一款科沃斯地宝叮叮扫地机器人销量就接近 20 万台，而这个量足以让很多家庭机器人公司望而生叹。

王田苗告诉寻找中国创客记者，现在困扰机器人市场发展的另一个原因是大家想做得太多，总是赋予机器人太多的功能和场景设定，因为技术发展还没有跟上，而做垂直应用型的机器人是机器人创业目前比较接地气的机会。

文 / 赵雷

商用机器人离爆发还有多远？

在最近大热的美剧《西部世界》中，高科技乐园中的机器人接待员不仅具备超高仿真外形，还拥有自身情感，甚至自主意识和思维判断。这也最终引发了人类和机器人之间的一系列故事。

抛开虚构的科幻剧情，人工智能和机器人已经成为科技浪潮中的一股洪流，并席卷全球。

从全球市场来看，机器人行业目前还处于产业发展初期。随着全球人工智能正在步入第三次高潮期，智能机器人作为人工智能的一大应用领域未来想象空间巨大。

纵观当前机器人的多个细分市场，商用服务机器人的势头远远超过看起来热闹的家庭陪伴机器人和工业机器人，也有不少公司抓住机遇做出了不错的成绩。不过，伴随着各种机会的同时，商用机器人行业也遇到了不少问题。

市场：商用机器人成为市场风口

根据易观智库的预测，2015 年，国内包括商用机器人在内的服务机器人市场规模大约在 82 亿元左右，2016 年将增长至 140 亿元左右，而 2017 年市场规模将突破 200 亿元。

清科数据显示，从 2014 年到 2016 年 10 月底，国内机器人领域的投融资事件共计有 147 起。除此之外，还有像 360、搜狗这样的国内知名公司也陆续加入到机器人的赛道。

尽管越来越多的创业公司和巨头加入智能机器人领域的市场争夺，但大家选择的领域、方向和切入点也不尽相同。

寻找中国创客导师李开复在接受《新京报》记者采访时表示，机器人行业基本还是处在工厂使用的阶段，也诞生了不少工业机器人的巨头，这是机器人发展的第一个阶段。

李开复认为，接下来第二个阶段机器人市场争夺的焦点将会集中在商用机器人领域，现在的机器人技术和市场环境已经可以做到满足商用；第三个阶段才会在家用上面普及，因为家庭的需求不是很强烈，解决的问题不多，还需要时间培养。

目前，机器人领域的划分，市场仍然没有统一的标准。"如果按照用途来划分可以分为四类，第一类是工业机器人，如传统的机械手臂；第二类是商用机器人，像安保巡逻、商场导购、银行大堂、餐厅传菜等，也可以称作服务型机器人；第三类是专业机器人，在高精尖领域的专业应用，比如医疗机器人；第四类叫做家庭机器人。"松和资本合伙人汪洋对机器人领域做了这样的划分。

这四类里面门槛较高的是专业机器人和工业机器人。目前最被消费者熟知的是家庭机器人，但家庭服务机器人受限于目前的交互体验、价格等原因，这个市场仍然处于不温不火的状态。

汪洋说："相比之下，商用服务机器人面对的场景相对是简单可控的，比如银行的大堂服务，客户要解决的痛点基本差不多，在机器人中嵌入相关的问题，就可以取代部分大堂经理的工作；再比如餐厅进行传菜，商用机器人编好程序设置完成路线，能识别并避开障碍就可以。这样的机器人，不论是软件技术还是硬件设备都可以很好满足需求。"

今年10月21日至25日，在北京亦庄亦创国际会展中心举办的2016世界机器人大会，成为机器人界的一次盛会，吸引了近150家中外机器人企业的新产品亮相。

从今年世界机器人大会上的参展商数量也可以看出，消费服务机器人的展厅内，超过三分之二的企业都是针对2B的商用机器人，安防、餐厅、银行、仓库等都有完整的产品和解决方案。记者了解到，这些商用机器人公司此前大都推出过家庭机器人，但已经不是公司的主要业务。

一位业内人士告诉《新京报》记者，2014年进入机器人领域的公司，产品重心普遍还在家庭概念的机器人上，但是砸了很多钱之后发现家庭市场消费者根本不买账导致做不下去，而定制开发一些商用机器人能实现变现难题，所以纷纷把目光转向商用机器人。

应用：机器人能解决什么问题？

机器人应用于商业领域，根据行业需求开发功能，并为银行、餐厅、企业、大型卖场、专卖店等商户提供商用系统服务是人们对商用机器人的普遍认知。如今，商用机器人已经渐渐走入了商业端，取代了部分劳动力，有效节省了成本。

虚拟客户助理（Virtual Customer Assistants）就是机器人产生商业价值的重要尝试，并在许多领域实现了快速落地。

小 i 机器人就是一个例子。该公司总裁兼CTO朱频频告诉《新京报》记者，从2006年起涉足智能客服领域，如今已经与招商银行、平安银行、建设银行等银行及中国联通、移动等近千家公司达成合作。小 i 机器人最初没有实体，只是网站、APP包括微信端的线上智能客服回复平台，帮助用户完成查询检索等服务。当打开银行在线服务的各个端口，回复你的已经不再是普通的工作人员，而是机器人。

小 i 机器人在银行等B端市场大规模应用的原因就是解决了银行咨询较多但问题又较为简单重复的痛点。此类商用机器人需要具备自然语言理解功能，协助银行、通信公司的工作人员进行基本的客户服务。

目前在机器人市场中，小i这种切入B端市场的商业模式，是让人工智能落地的最有价值的方法。不必面面俱到，只需要针对某一痛点进行完善开发，起到协助人类工作、取代部分人力的价值，商用机器人似乎比其他类别的机器人更容易找到一条商业成功路径。

以地产行业作为应用场景的商用服务机器人也在进入市场，例如，机器人保安。天廪机器人公司的产品拥有人体感应功能、自动避障功能，激光扫描底座和360度轮动转向设计可以让它自由行走。在普通小区中，天廪会承担起保护居民的责任，日夜承担巡逻任务，天廪每次工作8小时，并能代替2名以上人工满负荷工作，大大地节省人力资源。

除了替代性工作，协助工作人员提供更系统化的服务也是商用机器人的一个应用方向。

不久前，木爷机器人发布了专门针对营业厅、政府大厅、贵宾室、医院VIP病房等场景推出的行业解决方案平台"计算机视觉心理分析平台"，希望能更真实地了解顾客或潜在消费者的心理状态，进而可以帮助营业员、销售等工作人员提供更系统化的服务。

木爷机器人632实验室人工智能技术负责人徐浩明表示："木爷机器人的核心功能是针对各个行业、政府销售和服务的工作需要提供一个辅助工具。帮助销售和服务人员更好去服务客户，提高服务水平。"

从市场状况来看，目前虽然不存在机器人大规模替代人力的情况，但机器人已经很大程度协助了人类的工作，并且未来的需求缺口将越来越大。大部分简单重复又拖延进度的工作可以交给机器人完成，除却减轻工作量外，还有一个重要的原因是节省了成本。

问题：市场爆发仍有待挖掘

"中国制造2025"中提出了在2025年迈入制造强国的战略目标，作为智能制造的重要一环，机器人在"十三五"期间被提升到国家战略高度。这也引领了创业者和资本的大举进入，而商用机器人又成为当下最热的细分领域。

但是由于价格等因素制约，商用机器人距离爆发似乎还有一段路要走。

来自北京餐厅的经营者张先生，他希望采购一些机器人在高峰期承担一些传菜的工作，但是看了一圈下来，他放弃了这个打算。

张先生告诉《新京报》记者，他咨询了很多商用机器人的公司，基本都表示了可以定做这个产品给餐厅使用，但价格最少也是在5万元以上，而店内的传菜员每个月工资是3000元到3500元之间，基本一台机器的价格超过了一名传菜员一年的工资，再考虑到机器人的使用时间、发生故障维修成本等问题，张先生决定放弃机器人进入餐厅的想法，"太贵了，心里也没底"。

一位不愿具名的业内人士这样告诉《新京报》记者，目前市场上的商用机器人的价格普遍较高。"只有你能找到有钱的大客户做一些订制化的机器人，才能赚到钱。但是更大的市场还有待进一步挖掘。"

华登国际投资总监苏东告诉《新京报》记者，商用机器人的使用场景基本分为两类，第一类是企业或者门店通过安装一台机器人来达到吸引人流、宣传品牌的作用；第二类是刚需，就是需要切实的替代部分劳动力甚至在某些领域全面替代人力，这也是商用机器人未来的方向。

目前来看，商用机器人打开局面的第一个瓶颈是价格。

"三宝机器人是开放的系统平台，当前在市场销售的机器人的价格就是78000元，基本可以满足一般场景需求，如果需要另行开发会根据客户需求定制，价格可能就会上涨。"三宝机器人公司的负责人这样告诉记者。

北京康力优蓝机器人公司创始人刘雪楠告诉记者，公司目前推出的商用机器人的标准版售价为18.8万,如果是行业细分的用户会有部分定制,像海关政府政务大厅可能会想在机器人上安放大屏,商场、餐厅的需求也都不一样,定制的费用需要额外计算。

据了解,小i机器人的产品基本每台价格在几十万元,公司目前拥有了国内一批包括银行、电信在内等领域的大客户,这些客户也是这些年在智能客服领域的积累。

很显然,如果是吸引人流做品牌宣传的话,不能形成对机器人的持续购买行为;而想要让行业持续健康地发展下去,就需要用户从心底认识到能给企业带来成本的下降以及利润的上升,那就是需要机器人解决用户刚需,通过机器人对用户工作场景的设定来帮助解决实际问题,降低成本。

汪洋认为,商用机器人处于刚刚起步的阶段。如何通过降低商用机器人的成本,进而提升用户的购买和尝试热情,是所有商用机器人从业者共同需要面对和解决的问题。

趋势:下一步将和人工智能深度融合

除了价格因素,商用机器人市场的培育,究其根本还得依托企业自身的研发实力与技术创新。

目前市场上商用机器人外观与功能同质化现象较为严重,其一是缺乏核心技术,产品仅仅依靠东拼西凑的概念叠加;其二是偏离了市场导向,没有从用户体验、应用场景出发来做设计规划。

"商用机器人不仅仅是智能硬件,更是综合性技术解决方案。它需要针对行业客户的不同消费场景开放更多的定制自由度,承载部分企业价值观层面的东西。为传统的政、企行业解决实际问题,创造更多价值甚至带来革命性的用户体验。"木爷机器人联合创始人刘金权这样告诉《新京报》记者。

在采访的过程中,业内一致认为,目前这个市场存在一些企业缺乏核心技术,而是通过极其低廉的价格混淆市场认知,将高端产业低端化,但这样下去就会伤害到用户对于机器人的认知，甚至对这个行业失望。

苏东说，因为市场刚刚起步，还属于摸索阶段，每个行业都有可能需要专属的商用机器人出现，所以做垂直领域的市场细分都是有机会的，但各个行业甚至每个商家的使用场景还是不尽相同，就需要机器人公司对细分行业有足够深入的了解，对专业人才的培养也成为机器人公司的一大挑战。

"如果能挖掘和定位清楚客户的需求，真正解决客户的应用痛点，从软件到硬件功能到外观都可以定制化生产，就不会出现也应该无惧同质竞争。"刘雪楠说。

现在商用机器人比家用机器人更容易被市场接受的一个关键点，是商用领域的需求相对简单，对智能化的要求不高，但随着未来的发展，任何一台机器人都需要承载更多的功能以及更加智能化地理解周边环境，只有这样才能跟上这个时代的发展。

随着人工智能和云计算应用的发展，商用机器人也会在人工智能和云计算方面加深应用。毫无疑问，人工智能的技术是任何机器人的"大脑"，也影响着机器人的智慧化程度，这也成为机器人大规模市场化的前提。

从全球市场来看，商用机器人也处于产业发展初期，谷歌相继收购Schaft、Redwood Robotics等9家机器人公司，在类人型机器人制造、人工智能、机器人协同等方面布局。谷歌研发了超快"量子计算机芯片"，使用亚原子粒子编码数据，为机器人提供"智慧大脑"。

在谈到关于未来机器人方向时，李开复说其实不必所有的机器非要做成人形才能叫机器人，只要能以更加智能化的方式帮助人们解决问题、提升效率，都可以称之为机器人，每个行业都可以根据自身的实际情况做外观，这样不会受到太多的局限。

李开复同时表示，不论是商用机器人还是其他领域的机器人，都将会和人工智能紧密结合，这是未来的趋势。

文／赵雷

有大数据的领域就有人工智能的机会

2016年9月21日,《新京报》"解码人工智能创业迷局"主题论坛走进深圳,寻找中国创客导师、创新工场创始人、董事长兼CEO李开复出席论坛并发表主题演讲。

在演讲中,李开复指出,人工智能能为人类创造更大的价值和财富,未来机会很多,而如今正是人工智能创业最好的时代。在任何有大数据的领域都可以做人工智能,例如金融领域蕴藏万亿级别机会。但与此同时人工智能也面临挑战。

以下是"寻找中国创客"整理的演讲干货,如何挖掘人工智能领域的创业机会,请往下看:

今天的互联网寒冬丝毫不影响人工智能在国内和行内的发展。机器人有很多未来,去创造更大的财富,为人类解放更多的时间,做人类应该做的事情。

其实人工智能是一个工具,是可以靠它来创造价值的,当然它会取代人类的部分工作,这些工作大多数都是重复性的工作。

为什么机器人这么厉害,机器人可能没有我们人脑构造那么微妙,但是你给它足够的数据,比如AlphaGo下一百万盘棋,然后它所能收集的数据,即便它的算法还不如人类的奥妙,是可以超越我们人类的。

生逢其时非常重要

人工智能是模仿人智慧的功能。我们会归类不同的人工智能,有些真的能听能看能懂,有些是告诉你今天晚上你想吃什么,告诉淘宝今天该推荐什么商品给你,告诉百度把广告结果排在最高等等。

人工智能从各种方向来看,我们可以看到过去五年可能进步最多。可以分成博弈方面、游戏方面、感知方面、决策方面、反馈方面,这些是重要的里程碑。

生逢其时各种天时地利人和是非常重要的,但是很不幸,我做人工智能的时候无论是语音识别、自然语言还是下棋基本没有人关注,为什么呢?当时机器太慢,算法不够,速度不够,只能做出一些论文来,没有做出更大贡献。

有一本书叫《异类》,作者描述的是什么事都要生逢其时,讲到 PC 时代,比尔盖茨等四位都是生于 1955、1956 年左右,那时候出生的人,他可能会学编程,他会悟出来 PC 时代可能来临了,人人可以去做 PC 上的软件和硬件。如果在 1955 年你要做人工智能那就没戏了。

可以看到无论在国内国外,无论是 PC 时代还是移动互联网时代,那些顶尖者可能都是生逢其时,如果你出生在 80 年代可能做移动互联网,在座的 90 后,甚至 95 后,如果你们学计算机科学,其实你的时代来临了,因为你在今天做人工智能其实可能做成,十年前是没有戏的,二十年前更是没有戏,所以你们今天是有希望的。

有大数据的领域就有创业机会

我们谈人工智能就需要谈到深度学习。简单来说,有足够的数据进去,可以学会概念,再快速判别新的没有看过的数据。

现在 AlphaGo 不是任何人都可以跟它竞争，因为它不断在进行学习，它过去可能需要靠棋谱来做一个启动，然后自己对弈，现在对弈越来越多可能会悟出特征，这就是深度学习特别厉害的功能。

深度学习到底有什么用呢？这一类系统能产生很大的社会价值。最简单的一个例子就是人脸识别超过人类之后，以人以识别脸为生的就被机器人所取代了，过去防恐要靠人来识别，而且没有一个人能记得 20 万张通缉犯的长相，但机器可以。除了人脸识别，语音识别，那些客服是不是不需要了，还有那些打电话给你推销的人是不是也被取代，当然，不止是被取代，还有很多新的生活是被产生的，很多细节在这里不多说了。

在任何有大数据的领域都可以做人工智能，都是创业的机会，尤其在国内。没有深度学习的时候，防欺诈或者判断要不要贷款给你，背后都有人工智能和非人工智能的方法，因为每做一个正确的贷款决策或者一个信用卡是否欺诈的时候都是可以赚钱的。美国这方面一直是在发展的，但国内一直落后，落后就对我们有好处，你可以用上这些技术，你可以给银行、保险等创造很多价值。

人工智能面临三大挑战

无人机领域同时有三件事情在改变人的出行：第一是电动车，第二是共享经济，第三是无人驾驶。这三件事情的发生，造车的公司、人才都看到这个机会，特别大的资本被注入，特别多的人才涌入。

最大的被识别的领域是无人驾驶，我觉得机会很大，还会有很多万亿级别的领域，比如银行业，保险领域、炒股领域。

我过去没有投资任何钱给个人了，全部都是机器人或者量化 +AI 的项目，但是如果说要非常快地进入一个领域去改变它也不是那么容易。

举一个简单例子，世界最先进的 AI 公司就是谷歌，谷歌最早做平行式的 AI，然后做了搜索，变现还有广告，在做这些业务过程中，它总结出一个所谓的谷歌大脑，它可以用在别的领域，用在围棋可能就是 AlphaGo，用在医学可能就是癌症甄别或者疾病咨询，甚至有人说谷歌是不是可以解决"死亡"这件事情，谷歌已经把 AI 总结为大脑，它的机会是巨大的。

在谷歌内部，深度学习的使用并不是最开始就有的，也是 2012、2013 年才看到这样机会的产生，一直到今年都是在应用深度学习，从先驱的角度来说是不会错的，我们跟着它的脚步走是不会错的。

AI 这么好，还有什么挑战呢？第一，要有闭环的、大量的、自我标注的数据库，别人没有的数据。很多人说我去网上扒很多数据、照片，那些都没有价值，因为人人可以扒到，你要在你的商业闭环里面能够自我标注才有价值，比如淘宝会知道谁买了一个产品谁没有。最好的数据在 BAT，BAT 也不会跟我们合作，哪怕是奇虎也不会跟你合作，我们去找其他机会吧，还不如去找银行等等。第二，你需要很多机器，传感器太贵了，不过这个问题不用太担心，只要量产就会便宜。第三，深度学习的专家还是非常稀缺的，不是说有一个平台，钱就来了，而是要有真正的专家，这些专家不是很多，顶尖的专家尤其少。

文／李开复

项目：AI 来到爆发前夜

寻找中国创客导师李开复在深圳论坛上说，当人工智能的某个功能超越人类的时候，就是人类被取代的时候。人脸识别超过人类后，任何靠识别人脸为生的职业都会被机器取代，比如反恐，过去是靠人识别，但没有人记得 20 万个通缉犯的长相，机器却可以。还有语音识别，机器超过人类的时候，客服、推销员就不需要了。

AI 一直被视为未来颠覆人类生存方式的科技发明，因而，AI 能够实现突破的机会很大，进入任何一个领域都是百亿、千亿，甚至万亿的空间。

现阶段，已经有一些技术创客从大数据和语音识别、自动化等方向上实现突破，他们的努力方向，或许代表着未来。

第四范式

业务领域：AI 数据学习

主要产品：行业解决方案

创始人：戴文渊

融资轮次：天使轮

项目介绍：第四范式成立于 2014 年底，是国际领先的人工智能技术与服务提供商、数据科技驱动行业应用的创新者。由第四范式创始团队开创的"迁移学习"被业界认为是"下一代的人工智能技术"。第四范式利用人工智能技术对数据进行精准预测与挖掘、揭示出数据背后的规律，从而帮助企业提升效率、降低风险，获得更大的商业价值。

云天励飞

业务领域：智能视觉

主要产品：云天励飞视觉智能和机器学习处理器产业化技术

创始人：陈宁

融资轮次：A 轮

项目介绍：公司专注于视觉智能领域，通过机器学习和新型处理器芯片设计的跨界创新，突破人工智能大规模产业化的瓶颈，让智能无处不在。为平安城市、智慧商业、无人机船车、机器人与智能制造等行业的 1000 家企业提供视觉芯片和智能解决方案，"视界智能、用芯实现"。

驭势科技

业务领域：无人驾驶

主要产品：暂无

创始人：吴甘沙

融资轮次：Pre-A 轮

项目介绍：公司希望用外企管理经验和先进系统技术、创业公司企业家精神和人工智能顶尖水平以及高校最前沿的自动驾驶研究，三剑合一，形成国际领先、国内独一无二的智能驾驶研发团队。驭势科技，引领未来出行，用人工智能和大数据重构人和物的交通，用无人驾驶解决十亿级别人群的交通和物流问题。

易瓦特

业务领域：无人机

主要产品：易瓦特无人机

创始人：赵国成

项目介绍：易瓦特是一家专业从事工业级无人机系统研发、生产、销售、培训、技术与飞行服务的高新技术企业。专注于为不同行业用户提供专业的应用解决方案，现已形成了完整的产业链，营销网络覆盖全国。公司无人机产品及服务已广泛应用于电力巡检、警用消防、物流配送、新闻影视、农林植保、国土测绘、婚庆旅游、海事巡查等 10 多个领域，并不断融入新的行业应用。

八爪鱼

业务领域：数据分析平台

主要产品：八爪鱼大数据

创始人：刘宝强

融资轮次：暂无

项目介绍：八爪鱼大数据是一家以大数据技术与服务为核心的高新技术型企业。多年来致力于企业级数据整合、数据采集、清洗、分析及挖掘，在大数据领域拥有多项国际领先的知识产权和专利。旗下的"八爪鱼"大数据采集平台、"数多多"数据资源交易平台均处于行业领先地位，企业用户数超过 30 万。

海致科技

业务领域：数据分析平台

主要产品：海致 BDP

创始人：胡嵩

融资轮次：C 轮

项目介绍：核心团队成员来自百度、微软、IBM、EMC、硅谷等地的资深互联网与 IT 专家。海致是一家大数据创业公司，公司致力于利用云计算、大数据及人工智能为企业提供先进的商业数据平台解决方案,帮助企业更简单高效地利用数据驱动管理,洞察商业价值。

文/赵雷

九

教育创业

融资额"跳水"在线教育转入持久战

2016年是个大限,在线教育资本市场突然遇冷。

除却大资本环境,更大的原因则是在线教育陷入了迟迟无法盈利的困局之中。2015年全年,盈利公司只占到了总数的5%,名气之大如51talk,也得在亏损之中"流血上市"。

营销成本过高、师资压力过大,教育投资周期过长,这些都成了制约在线教育盈利的障碍。

然而教育却也有自己独特的优势——就是持久和必须。作为一个刚需市场,不是没有金子,而是需要从多种方向"淘金"。

在细分领域,遥遥领先的K12、稳步发展的职业培训、资金逐渐回流的外语培训及悄然兴起的儿童早教都渐渐打开了在线教育的盈利切口。而新兴的科技手段如直播、VR和大数据,也给产品体验的进一步完善提供了无限可能。

在线教育资本的寒夜里,远处透出了黎明将至的曙光。

现状:寒冬来袭,融资额同比下降近一半

2014年被称为在线教育市场的元年,彼时,国内在线教育机构以每天平均2.6家的速度快速萌发。资本市场也随之竞相追逐。这一热潮一直持续到了2015年。

然而，迈入 2016 年的关口后，在线教育的资本市场却渐渐低迷。清科私募通统计的数据显示，2015 年全年国内在线教育融资额达到了 19.15 亿美元，仅上半年就达到了 8.65 亿美元。而 2016 年上半年融资额只有 4.68 亿美元，比去年同期下降了 45.89%。2015 年获得融资的在线教育公司总数为 338 家，今年 1 到 8 月则为 125 家。

突然的爆发后却又走入了刹车般的骤停。资本市场为何突然对在线教育开始踌躇？一位投资人介绍，上半年的在线教育的遇冷与迟迟无法盈利不无关系。除整体资本环境外，在线教育似乎走入了盈利困顿的怪圈。长期无法回血，投资方难免对项目进行更多的周期性考量。

盈利问题是如今在线教育公司的普遍问题。2016 年 6 月 10 日，在线教育机构 51talk 正式赴美 IPO。因为仍处于大幅亏损状态，被媒体称为"流血上市"。

51talk 成立不过短短五年，但从成立之初就一直亏损。公司招股说明书显示，在 2013 年、2014 年、2015 年、2016 年第一季度，51Talk 营收分别为 2170 万元、5220 万元、1.547 亿元、7220 万元，持续稳步增长；但是亏损缺口也越来越大，有增无减，2013、2014、2015 年、2016 年第一季度的净亏损分别为 1780 万元、1.117 亿元、3.271 亿元以及 9930 万元。

由于亏损额度过高，这次 IPO 也被业内解读为获取现金流、解决资金压力的手段。

探因：获客成本占客单价六成

经纬中国的投资经理牛立雄向《新京报》记者介绍称，在线教育盈利困难，首先要考虑的就是营销成本、获客成本高。

数据显示，51talk 在 2016 年第一季度的市场营销费用为 9424 万元，其中电话营销费用 3180 万元、互联网和移动互联网营销费用 2790 万元以及品牌费用、试听课费用、助教费用等等。均摊来算，平均获客成本约为3570元，占客单价5900元的60%。

从营销花费来看，在线教育营销大都依赖于电话及互联网，手段较为单一。现在似乎仍未找到适合在线教育的营销渠道。

几千年来，教育一直与学校紧密相连。在线教育似乎很难如同电商一样纯粹依赖互联网思路来获取用户。虽然在线教育公司纷纷"烧钱"，但盈利仍然有限。

蓝驰创投投资总监黄静净认为，对于K12阶段（即从小学到高中的12年）的学生而言，学习的主战场仍在校园。但如今大部分的营销手段借助互联网或电话上的广告、软文，受众群体很难接触得到，即使看到了，也未见得能使用。

除学生外，师资也是教育的核心资源。"大部分优秀的师资还是在校园中，这与学生的状况基本相同。"黄静净介绍。

与电商不同，在现有情况下，互联网批量复制优质的教育资源几乎无法实现。从多家在线教育机构的反馈来看，起初推进的录播网课效果并不好。以师资为主的在线教育平台如今都在进行直播、小班教学甚至一对一教学的尝试。这在师资数量和师资成本两方面增大了在线教育机构的压力。

事实上，在开放了小班、一对一教学后，只是将传统教育流程的一部分搬到了线上，并没有完成互联网复制资源的优势，而且对老师的数量、水平要求也很高。之前一家在线英语一对一培训公司的公关总监甚至提到，如今并不想做太多的宣传动作，就是担心供不应求，教师资源无法及时匹配。

反响：家长买单谨慎

丰厚资本的创始合伙人吴智勇认为，在线教育平台很大程度上会受到师资能力的限制。不单是线上，即使复制能力之强如线下的新东方，在各个城市都有培训机构，但由于教师水平不一，各地的声誉也是有褒有贬。

家长们普遍认为，如果在线上找到的教师水平不如本地的老师，那不如直接让孩子在线下机构上课。但教师的数量和水平会直接影响成本，挖掘人才和留住人才都需要高额的资金。这在一定程度上也影响了在线教育的盈利。

教育与其他品类不同的一点就是，大部分用户并非直接购买人，尤其是K12类别的教育。家长在整个盈利模式中占据到极为重要的一环。

教育投入的不仅仅是资金成本，更大一部分则是试错成本和机会成本。如果在一家在线教育机构报名学习一段时间后，学习成绩没有提升，最让家长心疼的不是金钱，而是时间。这也是不论线上还是线下，"名师"始终被追逐的原因。

黄静净表示，教育有自己独特的属性，譬如周期长，见效慢，重结果。一家刚刚兴起的在线培训机构鼓吹得再好，家长也大多会采取观望的态度。如果其他同学经过了半学期甚至一学期的学习，学习成绩得到了提升，家长才会纷纷入市。

但这段周期也给了在线教育公司很大压力。所以一开始很多机构都在打免费试听牌。但这反过来又增加了获客成本。而家长等到线上教育有一定口碑后再采取投资，且等待周期至少为半学期，这相当于也拖后了盈利周期。

因此，很多公司也在努力让家长从单纯的付款方变成在线教育中参与的一环，以便尽快获得家长的认可，同时也起到一定的监督作用。

分析：在线教育进入商业模式验证期

"每个行业兴起的前期，不赚钱都很正常。这不光是在线教育一个行业的情况。"牛立雄表示。

互联网教育研究院院长吕森林认为，现在的在线教育进入了商业模式的验证阶段。按照常规投资逻辑，任何行业都要经过这个阶段，在线教育也不例外。证明可以产生收入和盈利，才会被投资人继续认可。这期间资本遇冷是正常现象。

同时，现有情况也并不悲观，前期烧钱获取用户很正常。从财报数据来看，51talk 现在盈利仍为负，但现金流尚充沛，而且营销的费用占据学费的比例在逐年下降，续单率也有所提升。

"教育不是一个突然兴起的朝阳产业，也不是一个火爆过后就会沉寂的行业。这与教育自身的定位有关。"吴智勇说。

吴智勇表示，教育陪伴人的一生，升学、求职、各种兴趣爱好都离不开教育。这个产业不可能衰落。而在互联网时代，教育走到线上也很自然，只是现在仍处于探索期，这其中包括教学内容，也包括教学方式。

多位从业人士认为，除却内容、学习方式的评价外，在线教育带来最大的优势就是解决教育资源不均衡的问题。《新京报》记者从一家在线教育公司后台获取的用户数据显示，大部分学生来自二、三、四线城市，比例远高于一线城市。

借力科技在线教育寻突围

尽管融资的热度和额度均在下降，但不论是投资人还是创业者都认为，在线教育市场依然很广阔。

对于未来的突破点，从业者们认为主要在两方面，一是大领域中的细分场景，找寻最先有可能盈利的渠道；二是借力科技手段，完善产品，提供线下教育没有的服务，以此引流用户。

市场："领路者" K12 期待变现

从 2015 年至今，涵盖从小学到高中的 "K12" 教育累计获得 9.38 亿美元的融资，在融资额度方面遥遥领先于其他几大类。此外，职业培训、儿童早教等也是目前在线教育融资的热点。

在细分区域中，涵盖从小学到高中的"K12"教育仍然是在线教育的"领军"人物。

K12：跑得最快，盈利待考

清科私募通将在线教育划分为 10 个品类，分别是 K12 教育、出国留学、大学生教育、儿童早教、语言学习、职业培训、兴趣教育、教育信息化、教育综合服务和其他类别教育。从 2014 年至今，清科私募通共收录 690 起在线教育融资事件，其中排名前 4 位的分别是 K12 教育、儿童早教、语言学习、职业培训；这四类的融资数量共占据了在线教育融资总数的 67%。

融资额度方面上，2015 年以来，这 4 类教育融资占到融资总额的 85.7%，其中 K12 教育以 9.38 亿美元的融资额遥遥领先于其他几大类。在 C 轮及以后的在线教育产业中，这 4 类公司的数量占到了 C 轮及以后在线教育公司总数的 63%。

K12 教育是狭窄认知中的受教育阶段，涵盖 6 年小学、6 年中学的全学科。知识衔接扎实、密集、范围广、周期长。在这个年龄段里，学生的唯一目的就是学习，更直接来说是为了分数。且直接与高考紧密相关，非常受到家长及用户的重视。这也是长久以来"补课"非常流行的原因。无数投资人看好这个领域也是如此。

《新京报》记者根据公开资料梳理，在如今的 K12 教育产品中，主要包含了题库模式、在线课程模式和家教模式。题库模式中典型的案例就是猿题库和学霸君，前者根据学生的错误情况进行做题报告和评估，后者则主要针对于搜题答疑。在线课程模式中典型的案例是微课网，主打名师录制的 10 分钟短视频学习社区。而在家教模式中，比较典型的是疯狂老师，一开始进行 O2O 的家教对接，如今也开始进行直播领域的尝试。

在从业人士看来，K12因为潜力很大，竞争公司多，也存在很多问题。如内容产品的同质化，题库做不出风格，授课老师讲授内容大同小异等。黄静净认为，这也是和学校联系最为紧密的教育领域，单一在线上疯狂运营可能不是解决办法。从目前来看，虽然K12是教育领域中跑得最快的，但盈利状况并不占优势。

职业培训："刚需"拉动融资

除K12之外，职业培训和语言培训也都有强烈的需求，对于有学习意愿的人来说都称得上是"刚需"。今年上半年，职业培训的融资达到了25件，而在2015年全年也仅有38件。

邢帅教育在职业培训教育中比较典型，在今年4月刚刚拿到了C轮4500万美元的融资，其借助YY平台、QQ群将用户群体发展壮大，后逐渐转型为付费教学模式，平台覆盖平面设计、网页制作、影视后期、三维动画等20多种职业技能课程。目前拥有800万用户、超过80万付费用户，年营收数亿元。

儿童早教：明年有望突破2000亿

儿童早教是由经济水平提高、二胎放开后逐渐走入市场。前段时间由北商研究院、北京大学孕婴童产业课题组、互联网教育研究院、未来工场联合发布的《2016在线教育趋势报告》中预测，2017年早教市场规模将有望突破两千亿元。

报告认为，由于如今民办幼儿园增速较慢，扩大辐射面是幼儿园市场和早教机构的大趋势。并且，儿童早教中将有一批由线下拓展为线上。

技术：搭上直播 VR 在线教育的"转型捷径"？

多家在线教育公司也在借科技的力量谋求转型，方向则对准了直播、VR 和大数据。分析人士认为，未来在线教育一定会由科技来颠覆，但具体的算法、硬件的使用还在摸索之中。

黄静净认为，教育和医疗本质是相似的，最大的难题就是无法将全产业链的场景完全搬到线上。

传统线下教育的传道、授业、解惑到线上时，发现要么是环节缺失，要么是互动效果太差。即使在线一对一，也要时刻面临网络不稳定、延迟的挑战。产品如果做不好，盈利更无可能。

如今多家在线教育公司也在借科技力量谋求转型，方向则对准了直播、VR 和大数据。

直播：复制线下教学

疯狂老师的 K12 直播平台在 7 月正式上线，并与腾讯达成排他型战略合作，试图通过直播打造 100 位网红名师。为了直播，疯狂老师还专门搭建了演播厅，以一对多模式授课，在直播过程中加强师生互动。随着时间的推移、科技的发展，直播录播课用户习惯一旦培养完成，将会对传统的线下教学呈碾轧式的压力。

据悉，疯狂老师还属于试水较晚的一家。好未来、学而思等平台也纷纷在直播领域发力。

VR：沉浸式场景丰富线上教学

对于在线教育来说，VR 技术提供的沉浸式场景可以让线上教育场景更丰富生动，接受全方位的信息，不仅能和老师很好地互动，还能随学习内容调整所处场景，譬如在医疗手术、模拟驾驶中给学员提供实操的机会。百度教育事业部总经理张高曾认为，如果 VR 能做到人性化的设计，体验甚至将超过线下。

目前，新东方联合乐视开始了 VR 全景式教学。新东方的第一批全景英语学习课程已登上乐视全景平台，乐视也发布了匹配的终端硬件产品——手机式 VR 头盔 LEVR COOL1，目的就是打造 VR 课堂的在线体验感。但现如今来看，仍受科技发展很大的限制，存在硬件设备昂贵、内容制作成本过高、很多 VR 硬件佩戴时间过久会晕眩等诸多问题。

大数据：蓄力个性化推送

大数据也是近两年来的热词。在教育领域，大数据的概念则来自于用户数据的长期积累，积累一定数据后可以实现个性化推送。

作业盒子上线一年有余，已有 500 万用户，65 万日活量和 65 亿答题数据。9 月份作业盒子也将推出一款个性化学习产品。学生每做错一道题，都会在知识点、题型、解题思路、考察能力等多维属性进行标记，还原学生知识画像，再在智能推送的过程中引导学生了解并补全知识短板。其他在线教育机构如 boxfish 也在利用数据记录推送学习内容。

但黄静净却认为，教育，尤其是 K12 教育，结果不在于学生自己个人数据的记录，而在于比较。这种大数据带来的个性推送可能效果依旧有限。

"未来在线教育一定会由科技来颠覆，这是毋庸置疑的。但具体的算法、硬件的使用，都还在摸索中。"牛立雄说。

文 / 张皓月

"嫁接"直播在线教育拉开"变现"大幕

2016年，直播已然不是泛娱乐行业的独宠，被嫁接到了多个垂直领域，其中教育领域也成为了"直播+"的重要场景。教育O2O转型直播、学习工具类APP转型直播，线下培训机构迁移到线上直播……试水的背后则是长期无法盈利的在线教育期待破冰。

除却资本方的考量和技术成本的降低等因素，教育直播的确最贴近传统的线下辅导，是最直接的变现切口。它提供了服务，这是在线教育获得收入的关键点。在变现模式中，除了传统的课程售卖，创业者们也在向打赏模式尝试。通过梳理已入局在线教育的企业，如今市场中敢于尝试直播的公司都或多或少实现了变现。

虽然教育直播仍处在初期阶段，未开始大规模盈利，但也为陷入盈利困局的在线教育行业带来了希望。作为在线教育的新风口，它已然开启了变现的大幕。

探因：资本寒冬催生"直播变现"

70%在线直播企业"亏损中维持"，直播具有可变现、成本低、技术成熟等优势。

2016年被称为"中国网络直播元年"。除了被直播催热的娱乐领域外，各个行业垂直领域也在瞄准直播。"直播+行业"模式是促使直播行业转型、向外延展的重要方向。多位业内人士认为,在线教育直播的开启是对变现模式的重要尝试。

据清科私募通数据,2016年上半年在线教育融资额只有4.68亿美元,比去年同期下降了45.89%。而资本入冬的一大原因就是该行业迟迟无法实现盈利。根据互联网教育研究院的报告,目前在整个中国在线教育企业中,70%的企业都在亏损中维持。

资本的冷眼考量意味着商业模式亟待验证。疯狂老师的创始人张浩曾提出在线教育的南北坡理论:南坡的创业者来自互联网公司,从工具类型产品切入;北坡的创业者则是来自传统培训机构,从O2O领域切入。但无论起点在哪里,大家都终将在辅导的环节相遇。

长此以往的尝试证明,工具类和O2O类大都无法直接触及用户的付费痛点。辅导看似传统,但却是最直接的变现切口。

作业帮的联合创始人陈恭明则向《新京报》记者表示,直播是在线教育辅导的必经之路。在线教育想要盈利,很大程度需要融合线下教育的变现模式。既然辅导是线下变现最直接的途径,那直播辅导也就自然成了在线教育最值得探索的变现方式。

未来工场高级投资经理姜敏长期关注直播网校创业,在他看来,直播形式是在线教育公司获得收入的关键点。因为相比于录播的教材教辅角色,直播为老师对学生的服务创造条件。

除了模仿线下传统的盈利模式,蓝驰创投的投资总监黄静净介绍,在互动娱乐直播方面,网红等模式证明了极强的变现能力。而直播又满足了教育所必需的初步交互性,以直播来尝试在线教育变现模式顺理成章。

除此之外,陈恭明还提到了线下成本问题。如今,诸如学而思、新东方等传统线下培训机构也都在试水直播,很大一部分原因在于一、二线城市房租水涨船高,而线上直播最首要的就是节省物理空间。利用品牌效力吸引用户上直播课,如果能达到与线下辅导相同的效果,即使相对降低客单价,省下的成本费用也可算作额外的"收入"。

与此同时，不断进步的互联网技术也提供了方便，直播成本在逐渐降低。市场上除了自建平台进行直播外，也存在与直播平台合作、入驻2B平台如能力天空等便捷模式。

在线教育直播并非2016年刚兴起的名词。早在2010年，进行职业技能培训的邢帅教育已入局直播，如今年收入破亿，他的变现之快，也为在线教育试水直播鼓舞了士气。

不论是从资本角度、技术成本角度还是教育本身的行业发展属性考量，直播，已经成为了在线教育尝试变现的重要入口。

分析：售卖和打赏，哪种变现更靠谱？

打赏相对课程售卖的硬性要求而言，是锦上添花，而非雪中送炭

目前教育直播领域已有的收费模式有两种，一靠课程售卖，二靠打赏。

课程售卖模式显然最符合用户习惯。课程售卖也是传统线下一直以来主要的收费模式。叮当课堂联合创始人王学先介绍，这也是目前在线教育直播比较成熟的收费模式。不过，在娱乐直播中广受欢迎的打赏模式能否成为教育直播的主流呢？

姜敏表示，预收款能为在线教育提供充足的资金，保证资金流稳定。与网红的直播平台不同，在线教育直播从技术到教研都需要付出很大的心血，这是保证在线教育质量和留存用户的关键。因此就意味着成本很高，不能接受过高的收入波动。因此，打赏相对课程售卖的硬性要求而言，是锦上添花，而非雪中送炭。

姜敏认为，总体而言，教育是个"逆人性"的过程，学习需要主动吸纳知识，需要系统的训练，甚至需要反复归纳纠错，本质与泛娱乐完全不同。极强的系统性也就要求收费模式的严谨。如果在线教育直播的变现模式与泛

娱乐直播的模式完全相同，只依靠打赏，那就无法培养用户的长期稳定的注意力，不仅会降低用户吸纳知识的效率，也为在线教育直播平添风险。

打赏更多的则是对老师讲课水平的肯定。既是对变现的锦上添花，又同时在增强师生的互动效果。后者或许是在线教育中设置打赏的重要原因。

同时，打赏本身更适合号召力较强、人气较旺的"网红老师"，而如今直播市场中模式多样，既存在一对一，也存在小班、大班，打赏模式仅适合于参与用户众多的大班模式。

如今在市场上，大部分仍采用传统的课程售卖模式，少部分在线教育公司开始了打赏模式的探索。邢帅教育在今年6月开放了打赏功能，成为行业内第一家拥有直播打赏功能的企业。据悉，有讲师单日领取到的红包打赏金额高达3000元。邢帅内部人员表示，这其实直接反映了老师的授课水平。而老师其实是直播授课中最主要的角色，未来打赏金额也可以成为衡量老师的一个标准。

除此之外，在线教育直播变现的方式还包括周边教辅资料的销售等。但综合而言，课程售卖仍是最主要的方式。打赏只是交互延展的一种途径。

观察：在线教育掀起"百播大战"

跟谁学、疯狂老师、老师好、作业帮、猿辅导、学霸君纷纷开设直播课堂。

2016年，说在线教育领域掀起了"百播大战"并不为过，不论何种领域、不论线上线下的教育机构都开始纷纷入局直播。

在O2O领域，跟谁学、疯狂老师、老师好纷纷开设直播课堂，疯狂老师的创始人张浩更是直言今年的业务重点不再是O2O，而是在线直播；在工具领域，作业帮、猿辅导、学霸君等也将从工具端积累的用户直接导流到直播辅导平台，开设直播课程。

另一边，一开始就从直播入手的51Talk、VIPKID今年势头依旧很猛，

51Talk 在今年 6 月已赴美上市，而 VIPKID 则拿到了 1 亿美元的 C 轮融资，这也是迄今为止全球少儿英语教育最大的一笔融资；传统线下的新东方在线也开始深耕直播领域，好未来（学而思）旗下的海边教育更是主打直播互动，提供教育服务。

据王学先介绍，疯狂老师是从今年 3 月份左右开始计划入手直播领域，不久后就获得了由景林资本领头的 1.2 亿元 C 轮融资，并宣布将利用此轮融资发力多屏互动直播以及演播室实景直播领域，并高薪聘请全职老师。

疯狂老师战略调整的大背景是 2015 年末 O2O 全领域都遭到棒杀。以往的补贴模式证明走不通，整个 O2O 领域都亟待转型。直播的兴起也是恰逢其时。

叮当课堂用 3 个月不到的时间正式上线，并提出打造

网红教师战略，形式上以大班教学为主，目前已签约了 20 余位老师，覆盖了 k12 领域的全科。

作业帮的创始团队在 2015 年初已经做出直播辅导的整体战略规划。2016 年初，作业帮正式推出了直播产品。作业帮是个以技术驱动的团队，但无论是题库搜索、一对一在线答疑还是直播课都是典型的技术和内容双驱动型项目，优秀的老师是稀缺的资源。目前作业帮一对一在线答疑的兼职教师已有 5000 人，负责专题课和班课的大班直播的老师约 60 人。通过一对一在线答疑方式参与辅导的学生累计超过 16 万，参与学生每天接受在线辅导的平均时长为 38 分钟。对于直播课的用户数量，作业帮暂未对外透露。

三好网则是一开始就明确了一对一直播辅导的战略。三好网的创始人兼 CEO 何强介绍，三好网从 2014 年 6 月成立时开始入手在线教育直播，用了一年左右的时间自主研发配套的硬件及软件，保证多屏交互感，在 2015 年 7 月公测版正式上线。

发现：一对一直播是教育变现最稳方式

三家类别不一的在线教育辅导都通过直播实现了变现，但也遇到了不同的困境。

如今，教育直播变现的情况到底如何了？

疯狂老师的直播上线后，王学先表示变现得到了直接的提升。疯狂老师从 O2O 的补贴时代走入了用户的付费时代，以往教育领域的 O2O 尝试总算走出了烧钱的模式。

作业帮则比疯狂老师要早试水在线直播。目前，作业帮的总用户数量为 1.75 亿，作为工具，最重要的是可以引流用户，未来作业帮仍旧会将搜题当做流量的入口。

作业帮的联合创始人陈恭明介绍，用户更深层次的痛点在于直接的教育服务。如今积累了大量用户后，一对一在线答疑和直播辅导为其提供了变现的机会。这也是作业帮尝试变现的开始。

三好网的在线一对一教育服务，对教师数量、质量本身有很高的要求。目前通过审核的老师有 2000 人，通过比为 26∶1。拥有活跃学生两万余人，单个获客成本约为 400 元，客单价约为 15000 元。目前已在今年 8 月单月实现盈利。

总体来看，三家类别不一的在线教育辅导都通过直播实现了变现。虽然一开始也有试听、降价等优惠，仍旧搭建了直接的付费渠道。行业初期，大班等网红模式还需烧钱，一对一的变现看起来是目前直播辅导中最稳妥的。

但姜敏也表示，虽然直播提供了变现的机会，但各家遇到的困境不尽相同。譬如网红老师可能面临老师出走带走生源的窘境；一对一的客单价虽然高昂，但是老师的数量与质量是否能同时满足也是问题。

如今市场情况是，尝试在线直播的机构或多或少都可以变现，因为毕竟切入了辅导的层次，这是直接付费的痛点；但盈利，仍需要考量成本的各个方面。

焦点：教育直播变现如何实现弯道超车？

在线教育直播变现能力的强弱根本在于用户体验效果。用户体验好，才能形成付费的良性循环。内容及平台模式、上课人数及细分领域都能或多或少影响变现情况。

构建内容及模式壁垒是王道

如今，做直播的在线教育平台都很注重教学内容的研发，而并非老师个人的独角戏。即使叮当课堂要打造"网红名师"模式，也仍旧搭建中央教研团队，以中央教研的形式研发系统课程。作业帮也根据"人教版""冀教版"等不同版本的课本开发教辅资料，并以学期为单位进行更新迭代。

注重内容的最重要原因就是保障平台直播辅导水平的一致，避免参差不齐的情况。即使学生上不同老师的课程，也能收到大致相同的教学效果。同时平台也可以构建自己的内容壁垒。

统一教研可以增强老师对平台的依附性。网红老师极易带动大批学员出走，在没有统一教研内容、纯粹依靠老师个人水平时这种情况就更容易出现。而平台提供教学内容，则会让老师与平台的关系更紧密。

王学先表示，优质的课程内容加上良好的用户体验是决定教育直播好坏的关键。他认为，即使是当下火热的泛娱乐直播，用户也更青睐于高品质的直播内容，教育直播更是如此。

同时在基于优质的直播内容的基础上，还需要强大的直播技术来做支撑，以保证用户良好的观看体验。这就提到了不同的平台模式。早期的网络直播有YY语音、学而思网校等平台，当前业内常见的大多是三分屏模式，PPT课件占屏幕三分之二，剩下三分之一则由老师头像和留言讨论区组成。

长期以来，场景单一、互动形式单一都成为了教育直播难以突破的瓶颈。如今，多屏切换模式、师生对话模式及演播厅模式纷纷出现，多方尝试都在进一步提升用户的学习交互体验。

未来小班模式最利于变现

在线教育直播中，从人数划分主要为三类：一对一、小班和大班。姜敏认为，按照长期的观察，小班其实是最适合在线教育变现的模式。

他认为，影响变现最核心的两点在于授课体验和利润率。一对一的授课体验必然最好，但是毛利较低，老师赚钱也很有限，因为学生的数量只有一个。工资低就意味着无法吸引最优秀的老师，所以形成良性循环的可能不大。

而大班的授课体验其实最差，但是毛利率最高，交到老师手中的钱不到10%。但鉴于学生数量多，所以教师的收入远超一对一模式。这种也极易出现网红老师。但网红老师容易凭借自己的能力出走到其他平台或者单独创业。

而小班模式则是最合适的。一是体验较为合理，二是对老师有一定的控制能力。姜敏认为，未来小班模式的变现情况可能是最好的。其他两种都不利于形成良性循环。

语言、职业培训类有先天优势

参看之前的在线教育直播的情况，可以发现语言类培训、职业培训是跑得最快的。譬如51Talk、VIPKID、邢帅教育等等。姜敏认为，这与学习本身有直接关系。

学习本身是传递信息的过程，而口语等培训最先体现了在线的优势。因为口语包含的信息最简单，密度较低，易于传递。他们的先发优势证明了在线教育直播的可能性。职业培训也是同理。

所以按照这个逻辑，信息越单纯简单的领域越容易在在线教育中跑到前列。

据清科私募通的不完全统计，34家在线教育直播的公司中，语言类培训和职业培训的企业共有16家，占到了47%。而k12本身因为占据份额就很大，虽然仍未出现巨头，份额也不容忽视，占到了38%。未来在线教育直播各领域的变现速度也会从信息传递的简单到复杂层层递进。

科技决定大规模变现空间

姜敏认为，当直播的科技和交互发展到一定程度，能达到与线下同等的水平时，客单价甚至都不需要降低。一方面，在线教育直播能为三四线城市提供更好的教育，譬如可以直接对接清华北大的老师；另一方面，则打破了传统线下培训机构受限制的一大原因：人口密度。这意味着教育直播带来了很强的复制性，将更利于大规模变现。

同时，教育本身是机会成本较高的行业。也正因为机会成本较高，所以用户并不倾向于讨价还价，只要效果好，大家都愿意买单。

黄静净认为直播虽然是双向互动，但是对用户方的互动要求很低，而教学效果是需要学生强互动反馈的。

在时间节点方面，王学先则表示，直播＋教育需要尊重教育产业的规律，而教育产业本身的一个特点就是慢，教育产业的成熟至少需要6—9年的时间，进入这个赛道的企业都需要有足够的耐心来打磨。

教育直播可能仍不会快速实现盈利，但是从已出现的营收可以预知，教育直播作为在线教育辅导的风口，已然开启了变现的大幕。

文／张皓月

俞敏洪：互联网教育和传统教育终将融合

《新京报》"寻找中国创客""资本驱动下，互联网教育新路径"主题峰会在北京举行，新东方教育科技集团董事长、洪泰基金创始合伙人俞敏洪出席峰会并发表演讲。

在演讲中，俞敏洪指出，互联网教育和传统教育最终将走向融合。陈述了以移动互联网为主的教育体系的发展方向，和新东方自身的定位和布局。

十年前的今天，新东方在美国纽交所上市。这件事情可以说是导致了中国教育领域现在风生水起的状态。资本家们、投资者们发现，原来做一个培训机构也可以上市。所以在那一两年中间，大量的资本就涌入了中国的教育系统。

这是第一波，是上千家公司，但是起来的没几家。都后来是互联网教育带来的革命性变革，我认为只完成了1/3，真正到最后完成，并且基于移动互联网为主体的真正大公司的教育体系，最终可能还需要四到五年的时间。

互联网教育仍需回归教育本质

而且对于我来说，今天还是比较好的消息，因为昨天晚上的收盘价是新东方历史最高点。我也不知道美国人吃错了什么药，因为我现在自己看新东方里一团乱七八糟，地面教育和互联网教育没有接上，互联网教育和互联网教育也没有接上，怎么看怎么不顺眼，但美国人可能是觉得我可怜，给一个好的价格。当初我们新东方去上市的时候,每股4块钱都不到,现在44块钱多一点,新东方刚好翻了十倍。

而新东方股价的增长,跟互联网有一定的关系,但是没有必然的关系。

最重要的原因是,新东方的考核机制的改变。原来的考核机制是只考核校长的收入和利润和奖金挂钩。为了收入和利润,校长们就拼命把收入往下压,下面的人为了完成任务,就拼命开教学点。但最重要的是教学的产品、教学的内容和教学的质量以及老师素质这件事情,谁都不去抓了。最后的结果是新东方教学点是多了,收入也多了,但都是不健康的指标。

直接导致的结果是,新东方过了两年之后增长乏力,利润大幅度被吃掉。大家讨论半天,觉得这可能是跟新东方远离互联网有关系,我说我们先不讲互联网,我们来讲的是,是不是我们要考虑教育最本质的改变,就是我们现在教学质量越来越差,老师素质越来越差,我们用什么办法把它变得更好。

于是我强行要求把对收入利润的考核,全部改成对于教学产品、教学质量、老师素质、客户推荐率以及内部文化氛围的考核。从2015年初到现在,这一个改变就让新东方收入和利润都增长了20%以上。

教学产品、教学服务,有很大一部分可以通过互联网来完成,但这些在做的时候,还是要围绕提高教学质量、教学服务、客户家长孩子们的满意度,才是有效的。

所以我在新东方做了重点分配,与此无关的都不投入。对于地面教育和线上教育O2O,我的方法是,利用新东方这样的大平台,把地面的O和线上的O,联系起来,以及通过地面的O支持新东方的线上的O。

移动互联网的到来并不会让线上成为主导

移动互联网对中国各个领域都产生了天翻地覆的影响,教育领域只是被改变的内容之一。面向教育领域我们要思考，未来很多新东方是自己做不出来的，做不出来的怎么办，这个链条怎么延伸出去。

我做的第二件事情就比较简单，就是新东方作为投资参与者，选择投资的时候非常明确。我一直坚持新东方的战略：建立健康的跟新东方相关的产业链和生态链，把中国教育通过新东方这个平台聚集起来，为中国教育未来的发展做出更大的贡献。

我做新东方本身不是为了赚钱，我投资也不是，我要的是建立一片中国教育的森林，以新东方为首，把产业链、生态链结合起来。只要跟新东方形成教育产业链互补的，都会投资。这是第一条战略。

第二条战略是怎么样把新东方地面教育服务好。新东方的地面服务O2O已经做到了能够在任何一个教室和教育系统中间植入，基本上是以互联网为首的。互联网带来的一个是运营效率的提高，一个是内容效率的提高，一个是个性化效率的提高，这些东西都是最重要的，因为新东方没有必要做平台，因为新东方本身就是平台，跟谁学要做平台？因为跟谁学如果不做平台的话就嫁接不起来。

第三个就是新东方内部创业，有些东西只能是新东方百分之百拥有，因为那是新东方业务链最密切的一部分。而其他业务，如果是新东方整体服务的一部分，更不可能股权化。

以移动互联网为主的教育体系最终的发展，从类型来说，可以是平台型的，可以是服务型的，可以是内容型的，可以是垂直型的。从分类来说，我觉得比较重要的，是要去区分哪些是可以纯粹做线上的，哪些东西是线上线下结合的，哪些东西是要以线下为主的。我不认为移动互联网来到，一定会把线下变成不能为主导的。

家教上门是伪需求

这其中也存在一个真伪需求的问题。当各种家教上门这样的服务在中国风起云涌的时候,新东方内部也反复讨论过,要不要建立一个家教上门服务平台,跟外面的家教服务来抗衡。我记得当时讨论,我的观点是,上门家教服务这件事情一定有需求,但是这个需求并没有真正打到家长、学生、老师的痛点。家长、学生、老师的痛点有几个。

第一,家长希望把自己的孩子能够交给某一个老师还是机构,他们能百分之百地把这个孩子的责任给负起来,而且是必须高质量地负起来。

第二,家长并不在乎我付了多少钱,他在乎的是孩子受到的教育是放心的。而老师当然会在意。家长面对上门服务,会考虑安全问题,也会考虑时长问题。老师上门服务在路上消耗的时间多少,也是个问题。

第三,如果在通过平台老师和家长接触以后,双方都满意,从平台上跳单的可能性多大。当然我还要考虑,这样的系统建立起来,对新东方地面冲击到底多大。

当然这种冲击是有的,我们也相应提高了老师个人的待遇,但是最后我还是下定决心,新东方不做这个平台,就坚持做班级教育,坚持用互联网的方式来提高教学质量、教学效率、教学内容的分发以及对学生的个性化辅导,同时为学生提供更好的教学环境。

没必要再冲在一线

新东方大概就是做了这几点布局。第一是以地面教育为主的互联网的介入。第二是用互联网的方式建新东方的生态链和产业链。第三是以互联网的方式通过自己的研发来弥补新东方内容、产品各方面的不足。

三天前我刚刚从 CEO 的位置上退下来,不再当首席执行官了,当然还在当董事长。

原因非常简单，一个是我觉得我现在到了50多岁了，其实没有必要冲在一线了，让更年轻的人、更有创意的人冲在一线，我把握大方向，教学质量、教育服务、教育内容一百年不变，如果违反一条的就下去，没有违反的就牢牢做下去，发展。

我个人做的事情很简单，我要利用新东方研发的成果，为中国贫困地区和边远地区的孩子们服务。每年我们会深入到中国农村边远地区，因为中国信息化的结果是，农村地区宽带接入，教育平台优质资源放上去，老师却根本不知道怎么用。所以我希望借着国家本身已有互联网的力量，把新东方优质的教育资源联系起来。

在这个方面汤敏已经做了好几年了，而我觉得我们新东方做非常有效，因为我们执行能力非常强。我个人的责任和使命，一个核心点是如何解决中国教育不均衡的问题，尤其是城乡之间、核心城市、边远地区之间教育资源不均衡的问题。新东方的责任和使命，我只做到一点，把握新东方正确的方向，如果做好了就继续做下去，做不好，新东方没了也没关系，努力一下就行了。

文 / 贾鹏　林其玲

项目：在线教育在融资寒冬中"开疆"

2016年，在线教育的融资骤然入冬。但有些在线教育项目却逆流而上。这其中，既有稳扎稳打的英语培训、K12教育辅导，也有看起来并不是刚需的兴趣培训。

据清科私募通统计数据显示，优质项目并未受到整体在线教育资本市场遇冷的影响。今年1—8月前20名的融资金额甚至达到了2016年总额的96%。

在亟待破冰的实验期，在线教育需要探寻的则是如何盈利。深耕细分领域，依托科技手段完善产品，降低获客成本，从线下引流用户，都是如今在线教育的困局，却也是杀出盈利血路的唯一方法。

跟谁学

业务领域：互联网+教育

主要产品：跟谁学

创始人：陈向东

融资轮次：A轮

入围原因：跟谁学致力于打造人人乐用的学习服务平台，为老师和机构提供了互联网+教育升级的平台。高效、智能、精准地帮助学生与家长连接老师与机构，让学习变得更加平等、便捷和高效。

三好网

业务领域：在线教育

主要产品：三好网

创始人：何强

融资轮次：A 轮

入围原因：三好网是一家专注于为中小学生提供在线 1 对 1 教育的个性化服务平台。三好网致力于打破教育资源垄断，实现名师资源共享。通过专利产品好学宝，还原线下面对面"动手写"的教学场景，帮助孩子迅速提分。

三好网的特色首先是名师多，在"教师帮"30 万名师中层层筛选入驻三好。其次提分快，根据孩子基础定制化课程，通过好学宝还原教学场景，确保学习效果；第三可旁听，家长可参与旁听，及时了解上课动态。三好网通过高效的课外辅导资源，足不出户就能沟通天下名师，让教育真正回归家庭。

作业帮

业务领域：K12 在线教育

主要产品：作业帮 APP

创始人：侯建彬

融资轮次：B 轮

入围原因：作业帮是国内最早关注和从事 K12 作业解疑应用的教育科技公司，产品于 2014 年 1 月上线。经过 2 年的发展，作业帮总激活用户数已突破 1.75 亿，业务范围涵盖拍照搜题、一对一在线答疑、直播课、同步练习等教、学、测、练、评的各个环节。过去两年，作业帮始终占据同类市场第一名的位置，并正逐步扩大其领先优势。据 QuestMobile 数据显示，在该领域，作业帮日活已经领先第二名高达 113%，月活领先第二名 76%。作业帮致力于运用信息技术的力量来促进教育公平，实现优质教育资源的广泛共享，打造可信赖的、以学习为信仰的教育科技公司。

英语流利说

业务领域：在线教育

主要产品：英语流利说 APP

创始人：王翌

融资轮次：B 轮

项目介绍：英语流利说把世界领先的语音识别和自适应学习技术与极致的产品体验相结合，走出了一条独特的以技术和产品为核心的在线教育之路——为超过 3000 万用户提供基于移动端的个性化、高效率的智能学习体验。目标市场既覆盖普通学习者，还可以为机构、学校、企业提供智能化解决方案。相较传统的中介模式和高获客成本的行业现状，流利说在商业模式上开创的 B2C+C2C 创新模式：通过产品口碑和社区的自然高速增长，使获客成本大大降低；而产品的规模化意味着更高毛利和更大的目标市场，真正使流量效率最大化。庞大的用户基数和高活跃度使流利说在盈利模式的前景上更为多元、开放，平台化、国际化潜力巨大。

趣学车

业务领域：互联网 + 驾校

主要产品：趣学车 App+ 线下实体驾校

创始人：刘老木

融资轮次：Pre-A+ 轮

项目介绍：趣学车是一个全国性互联网驾校连锁品牌，既有线上 APP 和微信服务端，又有完整的线下服务体系。趣学车通过高质量的自营培训服务，有效解决了学员学车练车、教练职业收入和驾校品牌化等多方痛点，树立了驾培行业的服务标杆。成立一年时间，在全国 30 座城市开通了服务，并完成了三轮融资。

文／贾鹏　林其玲

十　出行：万亿市场的诱惑

分时租车的风口,会借单车共享重启吗?

2016 年的共享出行市场异常火爆,不仅网约车新政触发了新一轮的"打车大战",ofo 与摩拜更是 70 天完成了 8 次融资,"单车之战"也硝烟弥漫。

面对万亿级的出行市场,任何一种新的模式跑出一点成绩,都容易成为资本围猎的对象。如果按照出行距离划分,单车解决了 3 公里的问题,滴滴解决了 30 公里的问题,而 20 公里到 100 公里之间,被很多分时租车的创业者视为自己的机会。

分时租车模式,是化整为零,以分钟、小时来计费的租车模式,而传统租车模式,则是以天数计费。

分时租车并不是一个新概念,几乎和打车大战同步,市场上也悄然出现了分时租车的玩家。在出行市场的厮杀过后,分时租车的先驱者不少已成先烈。

而共享单车热的到来,很多人开始思考,汽车共享能不能像单车一样自由取还?于是,即行 car2go、PP 租车、凹凸租车、苏打出行、北汽绿狗、壹壹租车等一大批分时租车的创业项目也涌现出来,成为了出行市场的最新玩家。

背景:分时租车的理论市场规模超过千亿元?

出行市场中,分时租赁被称为独立于单车、出租车、网约车和传统租车之外的"第五极"。

按照出行距离划分,业内一般认为,3 公里内是单车市场,30 公里以内是打车市场，而 20 公里—100 公里是分时租车市场，50 公里以上则是传统长租市场。

之所以将分时租赁称之为"第五极"，是因为市场潜力巨大。业内普遍认为，10 公里 -100 公里里程是用户需求最大、利润最丰厚的出行场景，这也决定该领域能容纳多个层次的玩家。而分时租车不仅渗透到了汽车产业链的上下游，也打开了一个规模超过 2 亿人的"有本无车"增量市场，理论上市场规模应该超过了千亿元。

智研数据中心统计显示，中国的短期汽车租赁市场拥有巨大的增长潜力。按租赁收入计，中国短期自驾汽车租赁市场的规模由 2009 年的 25 亿元人民币增至 2015 年的 99 亿元人民币，远超美国、巴西、日本及德国等较成熟市场的增长率。

作为该领域的创业者之一，凹凸租车 CEO 陈韦予认为分时租车的机会空间很大，中国汽车租赁市场高度分散，排名前五的传统租赁公司的市场占有率约为 14%，而美国、德国及巴西则分别为 95%、91% 及 58%，潜在增长空间可见一斑。

而从需求端来看，中国"有本无车"的人日益增多，中国公安部交管局数据显示，截至 2016 年 9 月，中国私家车保有量为 1.4 亿辆，但机动车驾照持有人数高达 3.5 亿人，意味着有超过 2 亿的驾照持有人有自驾需求却没有车开。

据中国汽车工业协会预测，十年后中国驾照持有人会达到 10 亿人，而中国眼下的道路和相关基础设施对汽车保有的最大容量仅为 3 亿辆，"有本无车"一族将达到 7 亿。

苏打出行 CEO 余涛据此分析说，分时租车解决的是 2—10 小时的路程，且多目地的行程的市场痛点，在时间维度、体验维度、可达性维度方面，是一个刚性、高密度的需求。苏打出行，是一家专注于汽车共享和智能出行 SaaS 服务平台的科技公司。

虽然市场需求和应用场景都存在，但是具体到分时租车的创业现状中，平台方却面临极大的成本压力，如果以单纯的经济性去和打车出行做比较，分时租车很难占到优势。PP租车CEO张丙军认为："就短租市场本身而言，短租需求比较低，时间越短打车越划算，时间越长租车越划算。"

张丙军介绍，从市场反馈来看，3—5天的长租需求是最高的，原因在于短租和打车市场形成了竞争对比，短租的需求就相对比较低。受制于消费场景的制约、用户租车习惯的影响，以天为时间单位租赁的用户需求最大。

2016年，出行市场的共享经济模式逐渐走向纵深。在出行市场的蛋糕上，单车分享了3公里以内，滴滴占领了30公里以内的市场，而介于传统租车和打车出行之间的100公里以内的市场是否会重新回暖？

困境：成本难覆盖，当年的先驱成了先烈

2011年，安飞士在华正式推出了"分时租车"业务，这也是国内汽车租赁公司首次推出分时租车业务。

但是在微租车创始人兼CEO杨洋看来，2011年，分时租赁还停留在概念上，很少有企业把它作为一种商业模式去经营，2012—2014年，国内才出现了真正着手分时租赁的玩家。当进入2014年时，市场涌现出大批分时租车的玩家，但因为市场环境的不成熟，很多玩家从先驱玩成了先烈，几轮洗牌之后，留存下来的屈指可数。

2015年7月1日，一直备受瞩目的CoCar成为了P2P租车行业的首例死亡案例；2015年12月，宝驾租车对外宣布，将在广告、营销、运营等部门减员300人；2016年6月，e享天开与上海国际汽车城旗下的电动车租赁公司EVCARD整合。此外，记者在查询IT桔子数据库时发现，友车、车车易行、流帮租车等分时租车平台均显示为已倒闭。

虽然我们常说"成功的要素大都相同，失败的原因却各不相同"。但细

数这些被迫转型或关停的分时租车平台，大都遭遇了一个难题：车辆的运转效率不足以覆盖平台运营的成本。当然，这其实也是市场上几乎所有的分时租车平台都面临的困境。

以太资本投资经理寿灵超坦言，目前整个分时租赁行业都是亏损的，区别只是亏得多与少的问题。事实上，根据专业机构测算，对于分时租赁平台而言，一辆车每天必须要租出去 4 次，每次时长要 45 分钟以上，才有可能盈利，"市场上的租车平台目前的使用率只有标准使用率的 50%，甚至还不到"。

作为分时租车领域的创业者，杨洋的观点从另外一个角度佐证了盈利之难，据他测算，一辆八万元左右的汽车，加上系统开发、设备、人员维护运营等成本，单日成本约为 240 元，结合每天每车的出租频次，租价要以 65 元/时才能收回成本，这对于消费者而言，显然压力不小。"所以，分时租赁的盈利点不在于工具服务，在于汽车工具服务产业链价值的打拼。"

"分时租赁是一个极其强调落地性的服务模式，对服务主体的运营能力、资源掌控的能力要求很高，如果采用纯互联网的方式比较危险，而且到了后期，运营成本会越来越高。"杨洋说。

从国外的经验来看，分时租赁的回报周期也很长，2013 年起步的 Autolib 电动汽车分时租赁项目，目前有 3000 多台电动汽车在巴黎等地运营，该公司给出的盈利预测也要到 2017 年。

车辆的运转效率是一个最大的难题，另一挑战则是市场环境的不成熟。

从 2011 年到 2014 年间，共享经济的土壤还在孕育之中，用户租车出行的习惯还远远没有达到，同时，加上移动支付的普及率不够、分时租车系统不先进等因素，使得这个市场上没有足够资金支持的玩家大多被淘汰。

回头来看，最终顽强地存活下来的公司，大抵是两类：一类是 PP 租车、微租车、凹凸租车这一类获得了雄厚资本支持的平台；另一类则是依托整车厂商和产业链上游玩家的企业，本身实力雄厚。

近况：新能源和汽车厂商密集入局

2015 年，新能源汽车的兴起，小小刺激了分时租车行业一次。

新能源汽车成为分时租赁行业的"新宠"，不仅享受着国家购车补贴、税费减免、牌照支持以及不限行等路权，也受到了很多地方政策的明确鼓励。

2015 年 10 月，友友租车品牌升级为友友用车，专注新能源车分时租赁；2016 年 1 月，嗒嗒用车成立；2016 年 3 月，易开租车成立；2016 年 5 月，乐视汽车发布"零派乐享"，推出了电动汽车共享出行生态系统，这些都是新能源汽车分时租赁平台。

新能源汽车的崛起，伴随着的是国家在汽车能源环保的政策倾斜。以上海为例，2016 年上海就发布了《关于本市促进新能源汽车分时租赁业发展的指导意见》，明确鼓励汽车分时租赁。

但新能源汽车事实上有传统弊端。需要充电限制了分时租赁的使用场景，在充电桩等基础设施不普及的情况下，新能源汽车只能在城市内和滴滴角逐短途市场。

因此，今年开始，很多分时租车公司的创始人发现，自己的竞争对手变了。

2015 年 10 月，北汽与富士康组建电动汽车分时租赁公司北京恒誉，推出 GreenGo 绿狗租车品牌。随后，越来越多的汽车厂商直接进入租车服务市场，2016 年 1 月，通用汽车推出了全新的汽车分时共享服务平台 Maven，2016 年 4 月，德国戴姆勒集团的"Car2Go"项目在重庆正式运营；2016 年 11 月，宝马在成都与中国本土的分时租赁 EVCARD 签约，推动宝马 i3 电动汽车在中国市场的汽车共享计划。

凹凸租车提供的平台数据显示，从租车需求的分布看，50% 为自驾游，20% 是试驾体验，仅有 20% 是传统刚需代步。正是这 20% 的试驾体验用户需求，被汽车厂商所发现并利用。

整车厂商之所以也偏爱新能源汽车的分时租赁，主要有三个原因，一是汽车闲置正在成为国际化的特征，汽车制造商面临着日益增大的销售压力；二是，国家政策十分支持，新能源汽车享受国家如购车补贴、税费减免、牌照支持以及不限行等路权；三是公务用车改革，促使分时租赁成为它的服务模式之一。

当单纯的分时租车平台很难盈利时，越来越多的整车厂商却开始自建分时租赁平台，主推新能源汽车和小众车型，想通过"试驾"和"租赁"的形式，打开销售市场。熊猫资本联合创始人梁维弘认为整车厂商大多是抱着"战略目的"去做分时租车的，"他们并不关心租车业务能不能赚到钱，他们更关心的未来能不能通过这个方式卖更多的车。"

模式：B2C 还是 C2C，这是一个问题

按照运营逻辑，市场上的分时租车平台主要有两种：B2C 模式和 C2C 模式。前者是自有车辆，后者是共享私家车。

在国外的分时租车市场，这两种模式都曾涌现过不少玩家，创立于 2000 年的 Zipcar 和创立于 2008 年的 RelayRides 分别是 B2C 和 C2C 的典型代表，不过令人遗憾的是，最后这两家都没能走到最后，Zipcar 在 2013 年公司被租车巨头 AvisBudget 收购，而 RelayRides 则改名而 TURO，放弃了时租业务，转向日租市场。

就目前中国的市场环境来看，B2C 模式和 C2C 模式各有优劣，在服务体验、管理难度等方面，B2C 模式表现更优，而在车辆规模、车型种类、价格等方面，C2C 模式表现更优。

PP 租车和凹凸租车是目前市场上跑在前面的 C2C 租车平台。凹凸租车 CEO 陈韦予介绍，B2C 模式车型相对单一，车辆租金也相对较高。"B2C 模式重资产运作模式，以及北京、上海等城市对车辆的限购政策，导致它们扩张难度大。"

"而 C2C 模式是一种轻资产的商业模式,并不拥有实体车辆,整合和利用闲置的私家车资源,车型更加丰富,同时租金也比传统租车低 30%-50%。"陈韦予说。

事实上,B2C 模式的分时租车平台在中国方兴未艾,尤其在新能源汽车的助力下,又涌现了不少新的 B2C 平台,典型代表有即行 Car2Go、北汽绿狗、首汽 Gofun 出行等。

总体来看,B2C 模式目前以新能源汽车居多,且多是定点取还;而 C2C 模式则以传统的燃油车为主,模式通常为就近取车或者协商取还。

以太资本投资经理寿灵超认为,前者的优势在于服务更系统、更具体,通常在写字楼、大型商场、学校的停车场设立有服务站点,还可以提供上门服务,每个站点 2—3 个人力成本,成本相对较低,汽车清洁、停车等系列服务会有所保障;而 C2C 模式,则涉及到较多撞伤、刮伤等矛盾纠纷,在协调时会牵涉多方的人力物力。

关于取还车的方式,寿灵超认为,未来只有 B2C 模式能做到类似摩拜和 ofo 那样的随地取还,"因为只有车型统一的情况下,才便于人力的收拢和管理,但是现在的 B2C 模式大部分都是电动车,又会面临充电桩缺乏的难题,所以还难以做到随地取还"。

但关于未来这两种模式的发展轨迹,也许 B2C 还是 C2C 模式本身并没有那么重要,当一种模式跑通,做到一定规模时,就会自然地向另外一个版图扩张,就像滴滴出行和神州优车集团也正在变得越来越像。

熊猫资本联合创始人梁维弘认为,现在是一个体验经济的时代,不管它是 B2C 模式还是 C2C 模式,如果有运营商能让用户更加方便地租到车,使用流程更便捷,就有机会走出来,如果最终效率能达到一个平衡点的话,两种模式都是可以活下来的,也可以共存。

趋势：未来，分时租车会是承载服务的工具

当创业者下定决心要在分时租车领域分一杯羹时，就无法回避两个选择，一个是商业模式的选择，也就是到底是 B2C 还是 C2C 的问题；另一个则是运营城市的选择，这也至关重要。

区别于滴滴、Uber 在城市之间的自由扩张，分时租车在一线城市和二三线城市面临的环境大不相同。当分时租车在一线城市运营普遍遭遇困局时，小城市的垂直场景也许是一个不错的选择，目前在二三线城市，也涌现了例如壹壹租车、绿能租车等专注于旅游城市的分时租车业务的平台。

寿灵超剖析了不同的城市做分时租车的逻辑，"大城市的成本高于小城市，以挪车为例，大城市从 A 到 B 的成本距离比小城市高，调配、管控相对要麻烦很多"。

基于此，很多 B2C 模式主要集中在重庆、芜湖、成都等二三线城市，投入一千辆车就能满足市场了，而大城市主要是以 C2C 为主，以北上广为主，但它的运转效率很低，量也是一定的。

当然在旅游城市，分时租车的 B2C 模式也面临着和神州租车、一嗨租车等传统租车巨头的竞争。神州租车、一嗨租车今年也加速了在旅游城市的布局，分时租车平台将要面临门店、品牌等方面的市场打拼，这也不是一条轻松的道路。

目前市场上分时租赁的玩家约有 250 家，竞争显然不小。而微租车创始人兼 CEO 杨洋认为未来这个数量会持续高速增长，未来也会经过一个过渡淘汰期，2017—2018 年将达到巅峰。"在激烈竞争下，只有部分企业能存活下来，留下的企业会进行规模化扩张，进入充分发展阶段，然后进入二次竞争和淘汰，最后整个分时租车市场会被某几家企业垄断。"

杨洋认为，未来的分时租车其实是基于用户出行，通过服务来获取增值收益，分时租车将会渗透整个出行场景，变成一个承载服务的工具。"用户

不会对工具买单，而是对工具所带来的服务买单"。

熊猫资本联合创始人梁维弘则认为分时租车未来竞争的关键还是在于产品服务体验是否足够好，运营效率是否足够高，"如果整车厂商如果能制造一种更适合分时租赁的汽车，和普通的汽车不一样，更容易停车、更容易找到车，这也是不错的思路"。而这，正是如今正火热的摩拜模式。

文 / 王鹏

网约车新政正在扼杀共享经济的创新土壤

国庆假期刚结束，从祖国各地返回北上广深工作岗位的 Michael 和 Mary 们瞬间傻眼了：以后打网约车可能又双叒叕要涨价了。

10月8日下午，北京、上海、深圳、广州相继发布了网约车新规细则草案：上海网约车需沪籍、沪牌；北京网约车需京人京车；深圳有本市户籍或居住证方可申请当司机；广州网约车新规则拟规定驾驶员具初中毕业以上文化程度……以上城市同时还对车辆本身的条件提出了硬指标要求，以后 QQ 这类车将被排除在网约车范围之外。

今天下午，一位滴滴快车司机向"寻找中国创客"记者吐槽道："这样搞就没意思了，这不就是塑造一个新的出租车公司嘛！很多人的饭碗可能要砸了！"

网友对此也有些着急，有网友评论称"要求北京户籍有点过了，比买房门槛还高，我住着8万一平米的房子会去跑出租？"更有网友讽刺道："当不了北京上海人，连伺候北京上海人都不行了。在这个互联网时代，你永远不知道你的对手在哪儿。"

不过此时内心更加慌乱的应该是出行共享领域的创业者们，博弈多年，等来的却是如此残酷的现实。

让我们来看看网约车新政细则，对于现在的网约车平台将带来哪些影响。

外地车辆及司机被拒

以北京为例,网约车实施细则征求意见稿中,对外地车以及外地驾驶员在北京从事网约车运营说"不",对本地网约车的车辆也提出条件限制。

网约车驾驶员的具体要求是:北京市户籍,取得本市核发的相应准驾车型机动车驾驶证并具有 3 年以上驾驶经历;男年龄在 60 岁、女年龄在 55 岁以下,身体健康。

对车辆的要求是,北京市号牌车辆,满足北京市公布实施的最新机动车排放标准。北京市交通主管部门对网约车的准入条件也做了明确限制,要求是五座三厢小客车排气量不小于 2.0L 或 1.8T、车辆轴距不小于 2700 毫米;新能源车轴距不小于 2650 毫米;7 座乘用车排气量不小于 2.0L、轴距不小于 3000 毫米、车长大于 5100 毫米。

需要注意的是,从事网约车的车辆性质要改变登记为"预约出租客运",网约车行驶里程达到 60 万千米时强制报废。行驶里程未达到 60 万千米但使用年限达到 8 年时,退出网约车运营。

仅从车辆和驾驶员这两个维度的限制来看,网约车的门槛将被大大提高,现有的网约车主力驾驶员、汽车都将被排除在外。

滴滴出行急了,发回应称:北京、上海、深圳等地公布的网约车经营服务管理办法征求意见稿,将在很大程度上影响数亿网约车用户和千万网约车司机。该细则将直接导致车辆供给骤减,司机大幅度减少。以上海为例,据滴滴平台统计,目前从事网约车的车辆符合新轴距要求的,不足 1/5,而在上海已激活的 41 万余司机中,仅有不到 1 万名司机具有上海本地户籍。

滴滴称,新政细则将导致网约车车费翻倍,出行效率大幅降低。粗略估算,等待时长将从目前平均 5 分钟延长到 15 分钟以上,同时因为供不应求,可能会再现司机挑乘客的情况。

拼车商业模式将改变

同时公布的还有《北京市私人小客车合乘出行指导意见》的征求意见稿，要求拼车、"顺风车"也必须是北京号牌，且为驾驶员本人所有。

提供合乘的车辆须是驾驶员本人所有的、具有本市号牌且经检验合格的7座以下小客车。

合乘不能以盈利为目的，合乘双方应合理分摊成本。值得注意的是，合乘车辆需要是北京本地号牌车辆，驾驶员需要提供身份证等有效证件实名认证。此外，运营企业提供下载的合乘软件应当独立设置，不应与巡游车、网约车软件合并；合乘软件应当为合乘双方提供协议文本。

同时，注册驾驶员的合乘频次每车每天不得超过两次。

交通领域专家表示，合乘指导意见给合乘提供了合法有效的实现途径。其中，要求合乘平台单独设立，是为了打击运营企业以顺风车、拼车等名义从事运营。

不难看出，该《指导意见》的出台，也几乎从根本上改变现在的拼车商业模式。

出行领域竞争格局会被改写吗？

对于市场来说，网约车实施细则征求意见稿的发布，对于轻资产运营的滴滴优步而言，杀伤力最大。

不过合并后的滴滴优步，庞大的体量和充足的资金保障很难"一击即溃"。相信一向努力攻克政府关系的滴滴早有准备。

而对于一直主打专车服务的神州优车集团而言，已然劣势变优势。在接受"寻找中国创客"的采访中，神州优车集团副总裁臧中堂回应称，细则对于神州优车的影响主要集中在司机的招聘环节，同时，他也坦言，新政近乎"苛刻"，有些"过于严格"，但影响最大的还是对于C2C平台，对于B2C平台影响没有那么大。

但在汽车方面，因为神州专车所配车辆都是自有车辆，规格较高，都达到了细则的排量和车轴距要求。

如此一来，专车的竞争才是平台发展的关键所在，而一直深耕在专车领域的神州优车可能还有机会逆转。

有网友调侃，这回神州脸都该笑肿了吧？

易到则在回应中表示，"网约车作为共享经济的代表性行业之一，在盘活存量车辆资源、满足市民多样化个性化出行需求、增加社会就业等方面发挥了重要作用。'新经济、新动能'，新行业的健康发展既需要政策规范，也需要给予发展空间"。

回到乘客端，以前共享出行的红利则将彻底烟消云散，打车难、打车贵的旧况将重新上演。

另外，从相关部门大到商业模式，小到车的排量、车轴距离的管控来看，滴滴优步、神州专车等出行领域的网约车平台，也正在一步步丧失对于模式创新的控制权和话语权，或者，他们从来就没有拥有过。

兜兜转转，资本、创业者、乘客一起玩了这么久的游戏，最终还是回到了"出租车"上，也许最终真正干掉出租车的既不是快车司机，也不是专车司机，而是一个新的"出租车"集团。

对，一个新的、庞大的出租车系统正在被塑造。

命运多舛的网约车行业

4年前，网约车在中国诞生那一刻起，就因"司机进入门槛低、平台监管不严"而带来的安全隐患被诟病，随之而来的是，网约车乘客遭不法侵害的个别事件不时成为网络热点。不过，最为关键的是，网约车在中国一度遭到出租车司机的群体抗议。

网约车从一开始就跳到了各地区出租车行业管理之外，并且同的哥群体发生利益冲突。传统出租车行业利用法律击溃它似乎志在必得，以至于出租车司机一提到网约车，总有我是合法，它不合法的自豪感。

然而网约车却逆着"法理"和"商规"一步步做大，正所谓"野火烧不尽"。

事实上，中国各地政府对网约车一直采取复杂态度，他们在很长时间里不表态支持网约车，"抓黑车"行动常把网约车一起打击，但各地政府总体上对网约车采取了宽容的姿态。近四年来中国没有一个城市宣布全面禁止网约车，而这期间以法令或法官判决形式禁止网约车的城市不断在世界各国出现。

2015年6月以来，以北京、深圳、杭州等地的交管部门共同约谈"滴滴快的""优步"平台负责人，明确指出其组织私家车、租赁车从事客运服务的行为，涉嫌违法组织客运经营、逃漏税、违规发送商业性短信息（垃圾短信）和发布广告等。各部门要求其停止发送商业性短信息（垃圾短信）等行为并限期整改，严格遵守《中华人民共和国价格法》相关规定，依法合规经营。

这期间，"滴滴快的""优步"负责人表示，将按照相关部门的要求进行自查整改，开展合法业务，接受政府部门的日常监管。

2015年10月10日，交通运输部发布了《关于深化改革进一步推进出租汽车行业健康发展的指导意见（征求意见稿）》和《网络预约出租汽车经营服务管理暂行办法（征求意见稿）》，并向社会公开征求意见。

不过，2016年4月底，交通部传来的风声并不乐观，以至于当时有媒体报道称网络约车的前景不甚乐观。

出乎意料的是，3个月后，经过近一年的修改，出租车改革的新规定终于落地，网约车迎来了合法身份，中国成为世界上首个正式承认网约车合法的国家。2016年7月28日下午，国务院新闻办公室就深化出租车改革召开了发布会，正式发布了《关于深化改革推进出租汽车行业健康发展的指导意见》(以下简称《指导意见》)与《网络预约出租汽车经营服务管理暂行办法》(以下简称《暂行办法》),两份文件将于11月1日正式实施。

从7月底到11月初采纳意见,这中间的三个月,济南、兰州、菏泽、江苏等各省市都先后出台了地方管理细则,各地细则层出不穷,以至于有网络媒体以"各地管理细则谁最奇葩"的由头来作文章。

而引起争议最大的,是今日北上广深四个一线城市相约出台的网约车管理细则。

而当新的"无形之手"伸向移动出行、分享经济这一创新领域时,带来的争议或许也值得相关部门思考。

正如滴滴在回应中提到的,数百万网约车司机或将失去目前的工作机会与收入,这也意味着数百万的家庭将失去重要的收入来源。大量的网约车司机将面对失业打击,成为社会闲散人员,重新寻找工作,或将造成群体性危机和社会不稳定因素。

网约车和移动出行是新生事物,新业态需要良好的发展环境与市场。

文 / 王鹏

杨浩涌：C2C二手车电商一定能做成

一年的时间，二次创业者杨浩涌将他的瓜子二手车直卖网带入了10亿美金俱乐部。如今的互联网创业环境，和10年前他创办赶集时发生了天翻地覆的变化。

"两次创业，我遭遇了三次资本寒冬。"杨浩涌说，只有时间和经历能让一个创业者获得成长。"因为你得知道，这一次有多火爆，下一次寒冬就会有多冷。"

商业模式、公司估值、融资、上市，面对这些很多创业公司都在追求的指标时，杨浩涌显得更冷静。他说，"比起上市，我觉得能验证瓜子模式走通的过程，是我更大的愿望"。

再造一个1000万辆的二手车市场

新京报：到今年9月，瓜子二手车直卖网（简称"瓜子"）成立一周年，这一年，你怎么评价瓜子的成绩？

杨浩涌：从今年上半年开始，瓜子已经排到了二手车电商的领先地位了，今年比去年增长了六七倍。这个行业有个鼻祖是美国的Carmax，在美国的地位相当于苏宁在中国电器行业的地位。他们做了25年，一年做到100万辆，平均每月交易8万辆。瓜子的目标是明年年底每月10万辆。我们希望用两年的时间，让瓜子成为全球最大的二手车电商公司。

新京报：与美国相比，中国的二手车市场有很大的不同，瓜子与 Carmax 的成长环境不同，你何来信心可以完成这样的挑战？

杨浩涌：我们有一个比他们创新的模式，他们开线下店。我们是纯线上的，不开任何线下店，用更高效的 C2C 模式进入这个市场。

新京报：很多人都对二手车 C2C 模式在中国的发展有质疑，原因之一是第一个 C 端的量有没有那么大，一年百万辆可能吗？

杨浩涌：有人说美国新车交易量是 2000 万辆，二手车是 4000 万辆；中国的新车交易量已经有 2500 多万辆，二手车今年才 1000 多万辆，大家共同预测，到 2020 年，二手车交易能达到 2000 万辆。都说中国二手车市场的风口来了，进入后发现，这风口好像也没来。

更悲观的看法是目前的 1000 万辆里面还有重复交易，同一辆车倒了好几手，真实的数据可能是六七百万辆。

瓜子希望在传统二手车交易市场内，再造一个 1000 万辆的市场。中国目前有 1.8 亿车主，五六年后达到 3 亿，这么多车主为什么只有千万辆的交易量？肯定是哪儿出了问题。其中不单单是政策问题，行业本身需要被重塑或改变。

在任何一个国家，二手车都比新车的交易量大，必然会形成一个比新车大的产业。

用 C2C 模式解决二手车用户痛点

新京报：重塑这个市场，瓜子面临的最大挑战是什么？

杨浩涌：传统的交易场景是你去花乡买车，就跟你在鼎好买电脑一样，哗啦一下被车商、黄牛围住。看上去挺新的一辆车，你也不知道这车是否浸过水、有事故，你 10 万元交易了。没准这车就是 2 万元收的事故车。

原有的商业模式中，用户跑这么远，见的车有限，不知道车的状况，买了以后还有风险。买新车有贷款，二手车贷款无门或者利率高。所有的这些都在阻碍这个行业发展。行业信息不对称是最大的特点，也是用户的痛点，正是瓜子希望用新的模式去改变的。

新京报：瓜子在这方面怎么作为？

杨浩涌：对于质量方面，作为平台，瓜子可以出检测报告；和4S店对接保养记录等数据（目前在瓜子的平台上80%的车能查到保养记录），以判断是否改了里程；用成交量的大数据建模，推算出一辆车的评估价，给买卖双方在价格上有个参考；瓜子不吃差价，只收3%的佣金，包括同意成交后，帮忙过户；现在也有正规的贷款服务。

通过这个过程，瓜子解决用户痛点，传导"买卖二手车像嗑瓜子一样简单"这样的消费理念。

新京报：有人说，相比B2C模式，二手车电商的C2C模式，由于C端的专业性差、平台的权威性有待提高，交易周期会不会长一些？

杨浩涌：任何一个商业模式都有优点和缺点。线下车商平均交易时间是3个月，我们是7天。一个黄牛可能只有10辆、20辆车，命中率不高，瓜子同时在线十几万辆车，匹配效率更高，最快的是当天成交，成交的速度取决于价格，讨价还价的过程才会拖慢流程。

瓜子也不指望C2C模式把市场全部吃光，还有很多B2C模式，但瓜子对用户还是有很多吸引力的。

给用户带来价值的模式一定走得通

新京报：现在行业里有很多公司做二手车线下体验店，一是买卖双方对接效率高，二是也体现出对网络平台权威性持一个怀疑态度，你怎么看待这个现象？瓜子会不会开体验店？

杨浩涌：内部也会有这样的辩论，我们一个大区总提出要开线下店，理由是用户对我们表示出不太信任，特别是卖豪车的人，说你连个门脸都没有，我怎么相信你。

我和团队说，先别急，我们广告才打了一年。很多品牌的建立，都需要五到十年。以前买冰箱，必须得看一看，摸一摸，现在也接受了在网上买。用户对品牌的接受需要时间。

我不认为线下店必要，占地面积高，成本也高。一旦开线下店，瓜子的3%佣金模式就不成立了。你会发现，不吃那20%差价你就挣不了钱，这样又落入传统模式中。瓜子不会通过线下店的方式获取用户，只会通过互联网的方式吸引。

新京报：对于外界对C2C二手车电商模式的质疑，你怎么看？

杨浩涌：我去广州、合肥等各地的二手车交易中心去看，卖车人不知道怎么到交易大厅过户，买卖双方就"先给车还是先给钱"担忧，合同要怎么签，车出了问题要找谁。我看完用户这个痛苦的交易场景，我就坚信，这个模式一定能做成。

任何一个商业模式，一定要从用户的立场想问题。瓜子没有局限于C2C，但一定要从C的体验出发，看能否给用户带来好处，提供价值。一个能给用户带来价值的模式，一定会走得通。

新京报：作为一个新生模式和品牌的瓜子，上来就给老百姓一顿广告轰炸。这让人们想起你在赶集时和58的广告大战。这是基于第一次创业时的经验吗？是先抢占市场的战略？

杨浩涌：瓜子在铺一张网，有线上、线下的服务，广告可以最大范围的让人们知道瓜子可以为你解决什么问题。瓜子广告呈现时表演的成分低一些，不再像赶集网当年那种骑个小毛驴。瓜子的两条广告语，直接把用户的诉求用大字打出来，不赚差价，个人多卖钱、买家少花钱。

在赶集网时代，我们已经证明了"直达用户诉求"的这种方式是有效的，是互联网快速获取用户的好方法，这对瓜子来说就是个优势。

对上市没那么渴望

新京报：当年赶集融资那么难，现在瓜子两年内融到了 2.5 亿美金，你觉得造成这种区别的原因是什么？

杨浩涌：A 轮融资应该处在刷脸阶段，这么快融资，主客观因素占五五开。投资人主观上觉得团队不错，我又是第二次创业，对我比较了解，如果我是第一次创业，投资人可能不会这么坚决。

新京报：和十年前的创业环境相比，有人会觉得现在整个互联网创业环境非常浮躁。

杨浩涌：那是因为太快了。赶集 2005 年成立，2009 年才第一轮融资，中间 4 年没有人知道我们。这和大环境有关，互联网创业变成主流，对速度的要求会越来越快。

时间会磨平你很多东西，两次创业，我经历了三次寒冬，每个寒冬后都有一个高峰。第三次面对寒冬的时候，你会冷静很多。

经历过三次之后，再遇到寒冬，我会更敬畏一些，高峰到来时，反而更冷静。

2009 年之后，有一堆人过来说，你去上市吧，做团购吧，最后没钱了，高峰之后又掉下来了。现在的创始人，可能缺乏一些沉淀，因为一切都太快了。

新京报：第一次的创业经验，给你再做瓜子最大的收获是什么？

杨浩涌：节奏感会好一点，比如瓜子融 2 亿就够了，但我们还是多融了一些，无非就是多穿件衣服。因为你得知道，这一次有多火爆，下一次寒冬就会有多冷。

第一次上战场，拼杀时，眼睛是红的，手都会抖。现在也在打仗，我会冷静很多，在把控瓜子的整体发展时更从容。

新京报： 对上市这事儿怎么想的？上市会是瓜子的一个目标吗？

杨浩涌： 这次更没感觉了，我自己看得挺开。

2014年、2015年在赶集的时候，董事会内部会说我们早点上，投行都准备好了。但当时我坚持不上，我在底下打得挺好的，一上市，上一个季度的数都知道了。我当时觉得自己是游击队，打它（58）感觉特别爽，可以随机应变。

真要上市，瓜子明年也可以做，收入、交易额都符合了，但真的这个窗口向你打开时，就没那么渴望了。

我还是希望把瓜子先做成一个能给整个行业、给每个买卖二手车的人带来价值的公司，这件事情目前对瓜子来说更重要。

文 / 刘珍妮

项目：移动出行市场进入盈利模式升级期

陈旧的传统出租车营运被移动出行逐渐取代后，我国人民在短途出行方面得到了更优化的体验。数据显示，2015年仅滴滴就产生了14.3亿个订单，相当于每个中国人都体验了一次出行服务。今年新政的颁发，意味着移动出行在我国正式确立了合法地位，同时行业开始朝着规范化发展，并且开始在赢利模式上、未来交通的探索上着手突破。

根据《2016年移动互联网蓝皮书》中数据显示，去年移动出行市场仅占整体打车市场的13.6%，而截止到今年年底，移动出行市场已经占据了整体打车市场的50%，未来占比将会进一步扩大，将主要在三四线城市逐渐普及。

凹凸租车

业务领域： 移动出行

主要产品： 凹凸租车APP

创始人： 张文剑、陈韦予

融资轮次： B轮

项目介绍：2014年，凹凸租车率先将"车共享"的理念带入中国。2014年5月，凹凸租车正式上线，为出租双方建立了一个安全保障的信息平台，私家车主通过共享闲置车辆获取额外收入，租客则以更经济的价格租到心仪车辆。作为中国共享租车的领导品牌，凹凸租车以颠覆性的创新商业模式，倡导以"租赁"代替"购买"，通过利用闲置的私家车资源，提高汽车使用效率，改善道路交通压力，助力空气污染和雾霾的治理，减轻地球环境负荷。

摩拜单车

业务领域：移动出行

主要产品：摩拜单车

创始人：王晓峰、胡玮玮

项目介绍：摩拜单车是一家互联网短途出行解决方案，是无桩借还车模式的智能硬件，旨在让用户无需办卡，只需下载摩拜单车 App 完成注册、扫码解锁、支付、还车的全过程服务。

途虎养车

项目类型：O2O 养车平台

融资轮次：7 月 12 日，完成 D 轮首笔 1 亿元融资，上市公司亚夏汽车投资，估值近 50 亿。

汽车后市场向来是出行市场最难啃的骨头，却是万亿级规模。途虎养车网作为一个汽车后服务市场的 B2C 电商平台，以低频次、高客单价的轮胎切入，主营轮胎、机油、汽车保养、汽车美容等，目前有 12000 多家合作安装门店，服务能力覆盖 395 个城市，并在主要城市自建物流车队，提供配送服务，目前已经成长为 O2O 养车平台的领头羊。

悟空租车

业务领域：汽车交通

创始人：胡显河

融资轮次：A 轮

项目介绍：悟空租车是一家基于移动互联网的 B2P 全时共享租车平台，提供时租、短租、长租、以租代购等多样化的出行服务。悟空致力于打造全流程移动互联网租车体验、7×24小时自助取还车、全城送车上门、车辆押金及违章押金双免信用租车的极致便捷租车服务。2015年12月发力全国加盟业务，截至目前，覆盖全国200+城市，2000+网点，10000+车辆，意向加盟商数千家。悟空租车立志凝聚全国中小租赁公司，成就一个共同的品牌。

车到加油

业务领域： 成品油零售行业

主要产品： FalconCRM 车到加油 APP

创始人： 于畅、肖广

融资轮次： A＋轮

项目介绍： 车到加油依靠技术创新＋深度油企运营管理的双轮驱动，为油企量身定制互联网＋营销系统，并为全国车主提供极致的加油体验及汽车后市场服务。

文 / 王鹏

十一

创伤：倒在2016年的创业公司

拓词死亡之后：一个创业公司的重生和温情

连续创业，是决绝而绵延着冷酷的生活方式。

新的 APP 涌入，旧的在死去，用户们追逐着新鲜的潮流，舍弃昔日的流行。从 APP 的快速迭代来说，我们确实生活在一个薄情寡义的年代。

我们一直好奇，当一款 APP 停止更新，当创始人离开曾为之奋斗的事业，用户们以被驱逐的方式离开一款产品，曾经把他们拴在一起的那根细线，是否还会在风中飘荡？

拓词宣布停服的消息传来，我们意外发现，还有一些用户以热情找回了早已离开的创始人，一起为拓词的重生而奔忙。

这故事让人觉得温情。

拒绝遗忘和草率的死亡是江湖道义，某种程度上，也是创业的意义。

2016 年 7 月 20 日下午 3 点，18 岁的张亚楠准时打开了拓词官网。

屏幕上只有"403 Forbidden"和大片的空白。

15 天前，高三学生张亚楠成为了拓词的新用户。拓词如此欢迎新朋友：拓词是一个魔鬼教官，你俩约定目标，6 月 4 日，黑带高手。

七年前的 6 月 4 日，拓词诞生在北邮南门的烤串店里。

往事还在眼前，黑带还很遥远，新用户张亚楠成了最后一批用户。

问询声开始在豆瓣和知乎上出现：拓词怎么了？

拓词的四年用户谢为星在知乎里找到了薛淡潜水的账户，邀请他回答问题："拓词"是否已于 2016 年 7 月 20 日倒闭？是否存在被救活的可能？

原拓词 CEO 薛淡的手机响了起来，私信涌入。

他关掉了手机。

"拓词下架了，那种感觉就像身边人一夜之间变成了前男友。"用户 Vicky 咩咩咩说。

> "其实这不怪你，谁让词汇表的第一个总是 Abandon 呢。"
>
> ——拓词

6 月底，薛淡就知道，拓词停服是早晚的事。

这是拓词生命的倒数第二个月。

月初，李欣欣给薛淡打来电话："你现在已经再创业了，我觉得你有能力接手拓词，资方同意的话，起码拓词能活下去。"

李欣欣和薛淡，都是拓词的创始人。2014 年，薛淡和另一个创始人左樵选择了离开，只剩下李欣欣一个人勉力维持。

拨通薛淡的电话前，李欣欣已经过了半年没有收入的日子，靠着账面上的两万块钱，带着拓词的服务器不停在托管机房之间腾挪。

李欣欣将运营成本降到了原来的一半，停止了软件的迭代开发，但哪怕最后和朋友借来三万块，拓词也还不上已经拖欠了数月的机房费用。压力之下，李欣欣也选择了和朋友开始新的项目。

"没有资金注入，拓词就真的只能关停了。"李欣欣和薛淡说。

薛淡开始与自己的股东一个个沟通。但事情没那么简单。

"任何一家公司都不是属于个人的。"拓词的最后关头，当初的创始 CEO 选择了放弃。

拓词死了。

虽然死亡的征兆早在两年前就已经来临。

2014 年底，准备考研的王明下载了付费版的拓词 pro，三四个月的使用时间里，拓词出现过闪退、进度丢失等多处 bug，一气之下，只能卸载，他说，这样的软件早就该死了。

王明没有注意到的是，2014 年 8 月 7 日，是拓词的最后一次迭代升级。

此时，拓词的资金链已然断裂了。薛淡和创始团队们没日没夜盯着 5 个产品的数据：几百万的用户基数下，他们的日活数从未超过十万，而在 APP 的同业竞争里，日活几十万才刚够合格。

南三环刘家窑的办公室里，一个疑问未消，下一个又冒了出来："留不住用户，怎么变现？"

"可是账上的钱又快没了……"

"要不先把产品迭代放一放？跑跑变现的路子？"

从 2014 年初，拓词开始尝试广告、付费、和线下的英语机构合作，但就是切不到用户的付费痛点。

这可能是拓词的基因缺陷。拓词是个算法技术驱动的团队，不精于设计，在英语听说读写等打包方面同样没有优势。产品线已经足够拥挤，再去拓展业务难上加难。

6 个月后，为了生存，拓词和另一家机构在形式上合并。但那家机构的创始人直接劝他们放弃：拓词已经死了，干点儿别的吧。

外面的潮水，此刻也已经悄然改变了方向。2014 年，一时间疯长的手机 APP 市场却进入了第一次困境。半年内，国内 APP 数量就增长了 10 万，但另一组数据是，400 万量级的应用中僵尸 APP 已占八成。

在同行和投资人的眼中，拓词只是下一具僵尸。

> "冥冥之中注定我们会放弃，这是天意。挑战天意？来到拓词，显然还是怀有一丝希望。"
>
> ——拓词

李欣欣出走了。

2014年底，薛淡从拓词原公司退出，无偿转让所有股份；而李欣欣则带着拓词、两万多块钱和未到账的广告收入出走，开始独自一人支撑拓词的运营。

李欣欣说，他从未想到，创业四年后，他会在冬天独自一人带着拓词出走，在轰鸣的机房里度过漫漫长夜。

因为拓词也曾意气风发。

2009年的夏天，智能手机开始普及，移动互联网的风吹了起来。北邮南门的大排档里，程序员李欣欣、网络工程师薛淡和中学教师左樵撸串喝着酒，说起外面的风声。

正在背单词的李欣欣和正在北邮读工程硕士的薛淡说，传统的英语培训学校在关门，可是他见到一份报告，说英语培训市场的市场总值相当于一个中等城市的年产值，未来前景不可限量。

此时的单词工具类APP还未破土而出，像谢为星一样刚毕业的年轻人只能依靠书和电子词典背单词。

拓词还被寄托着程序员的诗意。李欣欣说，当一个人发明了一项网络服务，虽然寿命短暂，但你创造的一切将会成为身体的一部分永远留在互联网上。

他们开始兼职，下班后熬夜写代码，以毅力维持着两周一次的产品迭代速度。转机出现在两年后。

2011年，大V刘瑜和"一毛不拔大师"在微博转发并且推荐了拓词，服务器瞬间被挤爆。

8月，李欣欣、薛淡和左樵先后离职，在鲍家街一个破落的大杂院中找到一间十平米的小平房，成为最早一批互联网创业者。

没暖气的小屋里，他们憋着一口气写代码、磨产品，捱过一个冬天后，徐小平拿出了150万。春天到了。

在《图穷对话录》的再版前言里，徐小平专门提到了薛淡和拓词，他说,"希望日后他事业的旭日可以跃出海面,照亮那些需要照亮的人。"

薛淡觉得离成功已经不远。

他们招兵买马,最多时员工达到 20 个;扩大产品线,iOS 版、Android 版、Windows Phone 版、桌面客户端不一而足,iOS 版还分了收费版和免费版……

作为回报,拓词曾连续两年盘踞苹果 Appstore 中国教育付费金榜第一名。

但今天薛淡回想起来,那个一拍即合的夏天,一开始就注定了后来的危险。

> "少壮不努力,老大背单词。"
>
> ——拓词

薛淡经常回想起那个夜晚。拓词创业伊始,三位合伙人股权均分,各占 30%,而看似公平的划分却牵动了后面的所有神经。大到产品迭代、融资计划、盈利目标;小到算法的改进,界面语的改写……意念不一,但却必须决策。

慢与妥协都是常态。决策慢而妥协,他们的野心却也在膨胀,融完天使轮,他们开始想着上市。然而臃肿的产品线却遍布着危险,Windows Phone 只发布了几个版本就不再更新,桌面客户端开发完成后就没能真正发布。

李欣欣后来反思说,创业初期应该让业务更加聚焦。

死亡的方式总是相同,但拓词的生与死,却又确实有些不同。

拓词死去的第四个夜晚,用户许旸谷说,拓词陪伴了我从大二一路到博士。陪伴我度过许多个阳台上的日出和黄昏。

最后一刻还在使用拓词的用户仍有上万人。他们多数是高中及以后的年轻人,喜欢简单,注重效率,愿意拥抱并改善自己的生活。

这也是过去 7 年中,原拓词 CEO 薛淡对近 50 家媒体强调的拓词基因。

"少壮不努力，长大背单词"，这句slogan，陪伴三百万用户从"少壮"走到了"老大背单词"的年纪。

某种意义上说，拓词的成功，是因为被赋予了与众不同的人格。这人格造就了拓词与用户与创始人的情感联系。

拓词的金句，迄今很多用户仍然能背得出来：

"背A时，还意气风发，背B时，开始牙关紧咬，背C时，已开始怀疑人生。"

"仿佛这个软件有它自己的性格，有毅力又负责，是个坚持激励其他人背单词的学霸！"拓词下线的当晚，谢为星开始查阅历史数据，一条条翻看网友留言。

一个月里，百度拓词吧出现了44个救援贴，置顶的帖子最醒目：作为用户，我困惑过他们到底如何盈利，但是我从来没收到过他们需要资金帮助的消息。如果你们需要钱，我们可以给啊。

知乎上有人说，想想也是惭愧，作为一个老用户，只提过意见，得到过回报，却并没有付出过任何金钱支援拓词。

最穷困时，薛淡他们却选择了沉默。

2014年，一家围棋教育机构找到拓词，让李欣欣和薛淡为他们重新打造一个单词产品。李欣欣解读出了对方的潜台词，要放弃拓词了。

和薛淡商量之后，李欣欣决定独力保护拓词，"保护的方法，是让我自己成为唯一的大股东"。李欣欣带着十万块钱和拓词出走。账户里，拓词每个月要亏损5000块。

每年圣诞节都要重温一遍英国电影《真爱至上》的李欣欣，不愿意看拓词这样悄无声息地死，"虽然无数人早就给拓词判了死刑，我怕如果这样死，最后连自己是谁都不知道了"。

"偏执的人不止我一个,今日拓词否?"

——拓词

拓词的官微从 2015 年 6 月 1 日起就开始沉默,如今仍与 42 万粉丝相顾无言。

7 月 20 号后,却有人不停地打破坚冰:66 位拓词用户在微博发表了缅怀的评论,拓词贴吧中顶起了 44 个救援帖。在创业公司寂静死去的暗夜里,为数不多用户的回声串联起微弱的星光。

谢为星 25 号在知乎就拓词停服一事提问,薛淡迟迟没有回答,所以他干脆直接发了私信。

"还在知乎吗?不好意思,交浅言深。很想问你些问题,不知道你方便么?你是拓词的老大吗?拓词还能运营下去吗?能众筹或开源吗?"(7 月 26 日 23 点 06 分)

薛淡秒回。

"运营不下去了。"

薛淡顿了顿,"你想参与众筹或开源?"

"是啊,我看一些同志觉得拓词很可惜。虽然很久没更新了,功能也相对落伍,但基础用户还在,有一部分愿意参与这个事情。你方便的话或许可以组织一下?"

薛淡没有再回复。

一直到 8 月 17 日。这时,薛淡各个渠道的用户反馈已经不下 500 条。甚至有人不依不饶地跑到他微博下评论:"快回来,欠我拓词 APP 使用费 30 块!"

薛淡找来数据,他发现,在拓词停掉服务的前一天,仍有几千的下载量和过万的活跃用户。

薛淡后悔了。"当拓词死了,才发现这是自己的另一个孩子。"

他在知乎上亮出了自己的微信,准备让拓词重新上线。

三天内,他见了之前所有的股东。

"嗯,想做就去做吧。"徐小平说。

生存比死亡更难。对于拓词来说,它已经不算独立的生命,只剩下一个备份的大脑。将近1000万用户的500G数据,需要先恢复数据库,再恢复服务架构。

"拓词浴火重生20160820"的微信群里,一开始商量出几个方案之后,现在71个用户开始陷入沉默。而拓词的贴吧里,有人在哀悼,也有人在发布其他背单词软件的广告。

谢为星明白其中道理,"我想,目前拓词应该是没有专人参与工作的,毕竟,没有钱嘛。"

薛淡和李欣欣都已有了新的事业,拓词的复活,如今只有两个薛淡公司的程序员和当年的拓词的老程序员在兼职负责。

"要么找到专业团队运营下去,要么找资本卖掉,要么找另一个创业团队卖掉。如果没有收益,没有良性循环,即使能够复活,也不过是另一次死亡的开始",谢为星叹了口气,"越拖越死,越活越好。"

薛淡却觉得,这次的重生不是为了一飞冲天,而是为了给拓词一个等待的机会。

"任何人都改变不了趋势,只能去等待趋势。工具迟早有一天会找到合适的点,问题就在于,它能不能活到那天。"薛淡说。

拓词的重生仍然不紧不慢,薛淡手里的技术日志在缓慢更新着:

9月14日9点03分,数据库已恢复,正在恢复后台程序。

9月23日19点57分,域名仍存问题,web测试版本上线。

9月24日早,服务器出现崩溃现象,至今已恢复3次。

10月10日，ISO客户端正在进行接口对接测试，即将重开测试版本。

如今，谢为星还会刷知乎里关于拓词的讨论。在开始的怀念之后，有人在喷拓词越来越难用，甚至对它死去冷嘲热讽。

一轮口水战后，谢为星期待中的一条回复出现了：

感谢拓词让我在2013年出国前每天可以充分利用一个小时地铁时间背单词，坚持了足足半年有余。到现在，虽然已经大学毕业，面临回国，但拓词永远在我手机里有一席之地，它纪念了我人生中最努力的那段时光。那句口号怎么说来着？偏执的人不止我一个，今日拓词否？对了，就是这句，哈哈。

谢为星突然不着急了。"我的手机里也还留着拓词，我等着它。"

文 / 张皓月　王鹏

品质外卖的路太长，大师之味倒在了中央厨房上

"一年以来欢笑、艰辛、卑劣、狗血……"

这是大师之味CEO范新红告别信中的一句话。

2016年4月29日大师之味倒掉了，这个因为告别信高调了一把的高端外卖品牌，像外卖超人、VC厨事等一样，在被大家谈论了一番后，弃之脑后。

创业失败的千千万，见怪不怪。旁人都是看客，笑笑、吵吵、评评后，冷暖只有自知。

很遗憾，我并没有品尝过大师之味的外卖，在看过介绍和图片之后，真心想来一份。想不通，追求品质、追求轻模式的大师之味，那么合乎情理，怎么会倒掉？

2015年5月上线的"大师之味"，是一家面向高端用户的餐饮外卖平台，通过共享经济模式将一批"五星级酒店大厨"整合起来，采用第三方配送，推出的"五星级外卖"，包括法式鹅肝、日式烧鳗鱼、海盐三文鱼、咖喱雪蟹钳龙套餐等，一天两款选择，售价均为39元。

可仅仅不到一年时间，大师之味难逃厄运。按范新红的总结是，"最终时间和资金没有站在我们这边。"

追求品质当然没错，可不想赚钱的外卖怎么会是好大师？

理想与盈利的对决

范新红在告别信之后还曾发表了一篇《创业者你到底要的是什么》的文章，文中坦诚，项目的始终他都未对盈利模式进行过思考。在经过冷静之后，他也意识到，在盈利和理想之间需要平衡，同时也很难平衡。

而作为一位创业者，一名"商人"，不仅仅是要对自己负责。空凭一腔热血和满腔赤诚，沉浸在自己的理想王国里，无疑是对投资方、团队以及用户的极不负责。

大师之味本可以再坚持得久一些，但最终因为过早地建立了自己的中央厨房，加速了灭亡。

我并不知道大师之味订单的具体增长率，但按常理来说应该不错。不然不会花一百多万的投入早早建立中央厨房，要知道它的天使轮也只有几百万，而范新红也搭上了自己的积蓄。

也许碍于面子，也许是便于融资，最初用"轻"模式省出来做品质的钱还是花在了光鲜的外表。事实上，中央厨房最大的功能是集约化生产，对于外卖来说，当达到一定规模效应时，是可以降低成本、标准化生产、提高用户体验的。

但大师之味采用的是和第三方厨师合作，加之所做的餐食都是鹅肝、鳗鱼、三文鱼这样"金贵"的实物，几乎不可能达到标准化生产的标准。要品质就难以要效率，合作的厨师曾集体罢工，要求"限量"。因此这个800平方米的中央厨房也就仅仅发挥了加工装配的作用，并不具备完全的生产功能。在没有钱的情况下，确实有点打肿脸充胖子的意味。

消耗，突如其来？

那如果再坚持得久一些呢？情况也许不同，但也许一样。

范新红说，"只要我们的产品组合再优化一下，再导入更多的流量，再拓展更多的众包配送站，我们就可以盈亏平衡，就可以盈利，就可以生存下去"。

真的是这样吗？

O2O项目走到今天，可以看到很多人都死在了互联网思维里，订单数量对最终盈利没有决定作用，也不存在边际成本递减和边际效用递增的规律。比如外卖，新增一个用户，你需要多一个配送人员去满足他，同时在原材料、包装、补贴方面成本都没有减少。如果订单的数量可以预计还好，一旦出现猛增或猛减，时时都是考验，上门美甲、洗车、洗衣等，都面临这个陷阱。

在BAT巨头烧钱抢占市场后，平台的竞争基本上告一段落，新玩家机会很小。外卖是个不赚钱的活，有了流量后，也都在往综合生活服务转。而像大师之味这种高端品牌外卖，竞争更加不平等，因为利润空间本身就很小，加之原材料成本高，还要拼质量，拼价格，拼包装。与品牌连锁店的外卖不同，没有堂食可以提供服务体验，所有与用户的直接互动都掌握在包装、味道、温度和配送上，这让体验变得不可控。同样39元的价格，可选择的太多，用户的忠诚度是极大的考验，烧的钱很多就是一次性的流量。

最后，配送是外卖的硬伤，至今也没有更好的解决办法。没有能力建立自己配送体系的也多和大师之味一样采用众包配送。但是，这种配送方式很难规范，经常出现不接单或是配送时间不能保证的情况。即使是采用前一天订餐的大师之味，在大众点评的网站上也有许多用户吐槽不能按时配送，这是对用户体验的伤害。

但在初期，这可能也是没有办法的事情。但算算账可以发现，一个配送人员在北京的平均工资要5000元，每个配送站3个人，大师之味现在北京建立了24个配送站，这一个月的工资就是12万。未来范新红预计要建"30个、50个、100个配送站"，交付不再是瓶颈，但这100个配送站，300员工的工资一个月就要50万，这得送多少盒饭？这100个配送站到时还够吗？这就像滚雪球……

成本、规模、增速和品质一样，考验着范新红，而他的眼里只有品质。所以，问题好像是突然之间降临，霉运接踵而至，"动不动停水，动不动停电，到后来连房子都要卖了……"

老前辈的启发

老前辈丽华快餐和日本最大的餐饮品牌玉子屋，都是国内最大的专做外卖的餐饮品牌，一个做了23年，一个51年，做的都是经济型外卖，在配送上下足了功夫，力求达到规模效应。

在还是寻呼机、大哥大的年代，丽华快餐就配备了8000元一套的寻呼系统，导致经常和警察串台……承诺"一份起送，半小时送达"，在一定半径内设立站点提供快餐，采用"一点对多点"的形式，减少送餐员的折返距离。同时，27年间丽华快餐一直在收集用户数据，根据用户习惯和数据统计，每个送餐员的餐盒里都装着比订单数多的快餐，有特殊需求的再进行补送。

玉子屋采用分组送货的配送方法。如负责离工厂较远区域的送货车装上比预估订单略多的便当先发车，在完成配送后和后发组取得联系，再对便当不足的区域进行补足，凭借现场送货员的优秀合作，将废弃率控制在最低限度。

同时，在产品的制作上都尽可能标准化生产，节省时间和成本，玉子屋直接每天只提供一种套餐。数据化、标准化、系统性是他们的共性。

但随着用户对于外卖需求频次的增加，从偶尔一次的外卖，变成了几乎每天的需求，品质的需求就上来了。丽华快餐也在积极转型推出了"圆盒系列"，和以往的长方形盒子、偏传统的包装设计不同，这个系列采用黑色包装，视觉上更加高端、简洁。菜品也从原来的"两荤两素"变成了一款主菜搭配小菜，三款新产品分别是香焖鸡米饭、红烧狮子头和川香牛肉饭。

所谓分久必合，合久必分。

从传统一家家店铺，到大众点评、团购手段上的改进，再到平台整合，百度外卖、饿了么和新美大形成，按照历史的规律进程，下一步一定还是要细分的。

至于怎么细分，现在的花样已经不少，有按人群分的，比如"搭膳"主要针对男性消费群体，帮直男癌搞约会、求婚、纪念日等场景化服务，"饭健"专门给健身房做健身餐；有从 2C 转向 2B 的，"易淘食"强调致力于帮餐饮企业做自己的平台，并自建物流体系，有一个著名的"200 条军规"，即 12 分制考核，配送人员具有"配送员 + 服务员"的双重身份，"饭健"也主要针对 B 端，为健身房合作供餐；也有换打法吸引眼球的，比如"叫个鸭子"，"叫个鸡"等等。

毫无疑问，走品质外卖也一定是一个趋势，但如何解决品质和成本的平衡，在各个环节的一点点优化可能都是最终破解难题的钥匙。

灰姑娘和公主的距离不是一双水晶鞋，而是 12 点的钟声，大师之味稍晚了一点。

文 / 何丰

药给力停服：模式过简的医药 O2O，钱不是最后一根稻草

药给力的风光或许只能留在昨天。

作为送药 O2O 中第一个拿到融资的企业，2016 年 5 月 18 日，药给力主打的"1 小时送药上门"服务暂停。

尽管其团队宣称，停摆是因内部矛盾致 B 轮融资失败，但寻找中国创客认为，在医药这条长跑赛道上，只做最后一公里的商业模式太过简单，这才注定了药给力的命运危机。

切口太小的创业模式，小心供血不足。

关键词：商业模式简单

2016 年 5 月 19 日凌晨，医药 O2O 平台"药给力"市场总监连佳星在个人微信公众号发文称，药给力"1 小时送药上门"业务已于 2016 年 5 月 18 日 14 时停止运营。

药给力 2015 年 1 月上线，是送药 O2O 中第一个拿到融资的企业。经过近一年半的发展，跻身第一集团的药给力，却意外迎来了暂停运营的风波。

从按摩、美业到私厨、洗车等，从去年下半年开始，多数借势而起的概念 O2O 企业都陷入了进退两难的境地。

药给力的风波，是缘于 O2O 创业倒闭潮的余波，还是医药行业的残酷

生态?

我们认为,在医药行业的长链条中,送药只是末端很小的一环。仅仅做一个打通最后一公里的送药O2O,商业模式过于简单成为药给力倒下的主要原因。

烧钱只能一时占有市场,相比背靠大树的同类型企业,"草根"出身的药给力既无精耕细作,又无法沉淀用户,企业面对资金短缺,毫无造血能力。

在失去了仅有的一根稻草后,轰然倒塌便在一夕之间。

过轻的模式难以撼动重的市场

19日,药给力创始人兼CEO任斌在微信朋友圈转发连佳星的长文时澄清:药给力并非完全暂停,而是缩小区域,调整为内涵式发展!

佟靖在公司微信群中称:

"经过昨天一夜的思考权衡,我决心使用现有十分有限的资金,恢复重振药给力一小时送药业务,并深度提升药学服务的附加价值!"佟靖还称,由于团队长期不团结不和谐导致出现严重分歧,决定留下的团队以2—6个月的时间为限,合伙人及中高层管理人员暂停发工资。

28日,截止发稿前,寻找中国创客记者在药给力平台尝试下单,app可正常运营,但所有药品均显示已售完,一小时送药业务仍未恢复。

药给力CEO佟靖

24小时内,上演临时换帅,反转的剧情能让药给力得救吗?如果可以,那么之前的2—6个月在干嘛?

其实,药给力从一开始就不被外界看好。

2015年1月药给力上线,消费者通过"药给力"可以享受三大福利:第一,价格是实体药店的 8—9 折;第二支持药店医保;第三,配送费全免。前两大福利和当时的阿里健康几乎雷同,因此,创新性和对用户的吸引力不够是被质疑的第一点。

再看,"配送费全免"倒是最实在的福利。但一家只做导流的送药平台,贴着药店贴补、配送费用以及人员工资,还要不断烧流量,占市场,试问一下,这种投入大于产出的事,药店能坚持多久,钱烧得起么?这是第二点质疑。

第三点质疑源于药给力的运营模式。医药其实是一条比较长的产业链,药给力的业务既包括了"一小时送药上门"的送药环节,当时已有"药急送""阿里健康";有涉及线上的问诊,类似"春雨医生"。这些行业"前辈"尚且没有成功的样板,"脚踩两只船"的药给力该如何兼顾?

在一个长赛道中,药给力的模式太轻太简单,其所搭建的只是一个售药平台,销售药品来自合作连锁药店。

之前的质疑在今天得到了一定程度的印证。虽然药给力背后是一个豪华的跨界团队,成员来自搜狗、百度、华为、苏宁易购等一线企业,覆盖互联网、医药、快递等三大核心领域。市场也给与了认可和机会,去年 6 月,药给力获得了由同渡创投领投,平安创投、策源创投跟投的数千万人民币的 A 轮融资。

但一年半后的今天,再回首,一个长长的赛道中只做最后一公里的简单模式,并不足以长久支撑下去。

造血能力差,药给力不堪一击

内部不和、资金链断裂是药给力团队给出的失败原因,但运营模式过于简单显然才是决定这些裂痕的原因。

踩在医药市场 3000 亿的风口上,没吃到蛋糕却吃了一嘴泥。因为投资人临时撤资,我们看到的是一个已经身处在第一集团,声称用户数已超 100

万的药给力，竟如此不堪一击，毫无造血能力。

并不是药给力不想造血，而是造血确实困难重重。

在外，有政策的影响，处方药尚未放开，医药O2O可涉足的品类很少。多数平台处在打擦边球的状态违规销售处方药，此前就有北京商报爆出药给力等多家平台偷卖处方药。

O2O电商的低价优势在医药行业很难实现。上游企业对药价有牢牢的掌控权。为了维持自身的利益，药企及各大经销商并不会因为采购量大就能获得更低的药价。

阿里健康被迫忍痛向国家食品药品监督管理局移交国家药品电子监管系统，证明即使政府部门也无法抗衡整个药品零售行业的压力。外围的条件使得模式简单、以硬碰硬的药给力死死撞在了政策的石头上。

即使外部条件相对公平，药给力本身的模式也没有真正的造血能力。

药给力最初打响品牌，靠的就是快，"一小时送药上门"。但"快"本身并不能解决用户的痛点，将其作为药给力主要产品出售，盲目争抢是"一小时"还是"28分钟"，很难抓住低频消费的用户。无论药店，还是零售药品服务，痛点都不在快捷和速度，而在安全有效，了解症状，用药提示远比送药重要得多。

其次，药给力配送主要依靠药店的工作人员，药品的特殊性使其在配送、服务过程中有极高的要求，用户体验差，使得烧钱得来的流量根本沉淀不下来。

最后，单薄的盈利模式。现在一般连锁药店的毛利率就只有25%—30%，传统的药店分成和药企广告已经难以支撑如今的物流、配送、人力、仓储等各种成本。向药店收取配送费只是饮鸩止渴，习惯了免费的用户则可能直接"用脚投票"。

任斌此前接受采访时说，以后靠配送费和诊疗付费作为盈利，一个只是打通了社区药店和家门的药给力，这两个盈利点都太虚无缥缈。

目前，移动医疗的市场空间很大，但药给力没有找到适合自己的运作模式和盈利模式，用一个过于单薄的模式来撬一个过重的市场，这种压力，极有可能导致内部矛盾的出现。一年半的时间里，药给力的公司运营和人员沟通都出现了无法调和的矛盾，最终导致了资金链断裂，公司面临死亡。

这样一家看不到未来，"内忧外患"的公司怎么能让投资人乖乖交钱，投资人临时反悔，不是"耍流氓"，是玩不起。

药给力倒下了，烧钱还在继续

烧钱抢占市场份额，已经成为互联网企业不得已的打法，谁都不愿意在一开始就被落下。

即使是走轻模式的药给力，从 2014 年 11 月开始，从数百万元的天使到去年六月数千万的 A 轮，一年多花在配送、补贴、流量上的钱已经入不敷出。

采用重模式的快方送药 15 年获得 JJ 比赛 5000 万人民币 A 轮，紧接着，斥资数千万元收购 17 家单体药店，自建仓储药店并完成天图资本 2 亿人民币的 B 轮融资。坐拥雄厚资本的叮当快药也接连收购几十家门店。

送药 O2O 的门槛较低，一年来涌入这一市场的企业近百家，却至今没有企业能够盈利。快方送药 CEO 熊华林看来，自建仓储也不容易，高昂的并购资本挡住了诸多企业入局。熊华林透露，即使是位置差的门店，收购价格约 100 万元，覆盖全北京至少需要十几家。

领跑企业的高标准也死死压住了行业利润。背靠仁和的叮当快药资本雄厚，主打 28 分钟配送，不收取配送费，为行业树立了一道硬指标。聂方宁坦言，目前药去哪为白天工作的配送人员提供的月薪在 4500—4800 元之间，夜班的配送人员基本工资均在 6000 元以上，这是一笔不菲的开销。但行业普遍不收取配送费，为了不掉队，只能咬紧牙关跟着跑。对于多数小企业来说，这是一场耗不起的比赛。

对于排名在第一集团的送药O2O来说，市场份额仍是重中之重。在业内人士看来，虽然目前行业格局初现，但决战仍要等处方药放开，这也是部分企业抢占市场的原因。

处方药解禁或许是送药O2O企业翘首以盼的风口。数据显示，中国处方药市场份额为8000亿元，处方药毛利高、市场份额大，一旦网售政策解禁，市场前景可观。

但究竟何时放开，仍是未知数，药给力停摆，但烧钱还在继续……

文 / 何丰

神奇百货的风波,真的只是王凯歆一个人的错吗?

标签化,不只是媒体人的爱好,也包括投资人、创业者还有人群中的大多数。

昨天,"柏拉图APP"的微信公众号被封号。只要输入姓名和生日,就能生成你的性格标签,此招一出,迅速从一线城市辐射至三四线城市,无论精英人群还是七大姑八大姨,通通拿下。

12个小时,涨粉上百万,竟是上周搞出大动作的新世相的十几倍。"标签"的圈粉能力比情怀好像更加强大。

"98年出生""17岁退学创业""二次元电商"……这些一个个吸睛的标签主动或被动地贴在神奇百货CEO王凯歆身上,迅速获得资本市场的关注,半年的时间里顺利获得了创新谷数百万元的天使以及2000万元的A轮融资。

都说"人怕出名猪怕壮",今年5月,《GQ中国》对王凯歆与神奇百货的一则重磅负面报道成为导火索之后,王凯歆与离职员工的大战就不断上演,王凯歆在公司管理、虚报数据、税务上的一系列问题,都被匿名的"前员工"一一晒出。一连串的突发事件,让这位过早成名的创业明星,不得不陷入了舆论的风暴眼。

从"神奇少女""霸道女总裁""商业天才"到"任性妄为""言而无信""挥霍无度",仅仅不到一年的时间。面对舆论、质疑,她的表现的确还是个"孩子",但当所有的矛头都指向这位不满18岁的少女时,忍不住疑问,神奇百货遭遇的种种窘境难道只是这个孩子的过错吗?也许除了投资人的"揠苗助长"外，神奇百货本身的商业逻辑就早早注定了今天的结局。

以年龄划分的电商是个伪命题？

神奇百货是一家专注95后青少年群体的泛二次元电商平台，主打学生群体，商品包括零食、美妆、服装、百货等的全品类，同时设置"神奇日报"板块，增加社交属性，为用户推荐适合的商品。

麻雀虽小五脏俱全，打开APP，乍一看，神奇百货虽然没有什么亮点但也无功无过，仔细一瞧，却存在诸多问题。

首先，以年龄划分的定位是个伪命题？"我要替你们挣够95后、00后的钱"曾是王凯歆在BTV一档创业栏目中向投资人放出的豪言，也是她最引以为傲的优势。但《GQ中国》此前的报道中，王凯歆曾自己承认，"之前我们说自己是95后电商，但是没有任何电商是以人群把它做大的，一家电商以'95后''二次元'这样的标签来划分消费人群是个伪命题，公司正在谋求战略调整"。

的确，以人群划分的方式有太多模糊的界限，在校学生除了消费能力有限外，喜好与成年用户并无太大差异，如果可以买迪奥唇膏，还会有人选择买美宝莲吗？审美并不以年龄划分，日韩风、欧美风、复古风……本质上都是时代的产物，青少年的选择是对成年人的模仿与学习，而不是另辟蹊径、完全不同。

其次，平台定位的局限？二次元电商作为电商平台的一种类型，从内部来说，它会面临商品品类不够丰富，商品迭代率低，用户更忠于品牌等问题。从外部来说，大电商平台的入驻也会挤压二次元电商的生存空间。作为电商平台，市面上主流的日漫IP授权并不好拿。除了繁琐的授权手续与高昂的授权金这样的问题外，即使拿到，也存在商品品牌价值与知名度远高于平台的局面，导致二次元电商在品牌号召力、议价能力、运营实力、物流、客服等存在劣势。

王凯歆也承认，神奇百货在和传统供货商的谈判上，缺乏议价能力。在

A 轮融资后，神奇百货的工作重点就放在了寻找供货商上面，他们希望和淘宝店家合作，让对方给出更低的出货价，并且不再通过淘宝这样的第三方平台交易，但几乎没有店家愿意压低货价在一个远小于阿里的销货渠道上。

两三个月下来，进展缓慢，被爆大量商品因为没有得到上游店家的授权，频繁收到投诉。而泛二次元的定位，虽然扩大了商品的范围，但百货、日常服饰、美妆等根本不是目标人群选择平台的主要原因。

供应链能力的薄弱，让神奇百货逐渐失去掌控能力，过程举步维艰。如果按照神奇百货现有的模式来看，就算越做越大，最终也难逃死局。

神奇百货要做导购平台？

在 6 月 25 号的搬迁事件中，媒体报道了王凯歆大幅度裁员，员工人数从 80 人直接裁减到十几人，公司的供应链部门全部裁撤。

一个电商平台没有了供应链？那还怎么玩？

神奇百货方面针对此次裁员，给出的说法是战略转型。仔细一想，这难道是要做导购平台的节奏？要彻底光明正大的做一名淘宝客啦？

事实上，导购平台相较于流量为主导的电商平台，确实模式和难度都要轻得多，是一个变现相对容易和快捷的商业模式，蘑菇街和美丽说的合并，就是最典型的代表，可行性也一定程度上得到了验证，在资金和运营的双重压力下，神奇百货想要如此转型逻辑上也十分合理。

但天上不会掉馅饼，导购虽然对供应链的要求大大降低，但需要的是一套更加完整的针对消费者消费心理模型和需求特性挖掘的系统，必须精确到消费者的切实心理需求，并将这种心理需求转化为商品和购物入口，从而形成真正的从导到购的进步。看似都是电商，但这种跨界，一点也不简单。

目前，做导购类的电商还没有非常出色和成熟的商业模式出现，成绩平平。一方面说明潜力巨大、有待挖掘，另一方面也意味着这个领域并没有看起里那么好做，原因是，消费者的购买行为是固定的，但是选择却是随机的，这种不确定性，对商业来说是个难以逾越的鸿沟。

如果神奇百货换汤不换药，仍是边边角角的挖掘，一条路走不通，抱着逃避的想法，企图"抄近道"的话，那么运营数字依旧不会好看，经过这番折腾，想再重振旗鼓就没那么容易了，B轮融资更是奢望。

即使极力的想要抛开创始人的是非去看商业模式，可现实终究是绕不过的。在连续受到外界对其挥金无度、数据造假、管理任性等指责后，王凯歆写了一篇颇有"罪己诏"味道的对外回应——《神奇百货成立的一年里，我几乎经历了创业所有该遇到的坑》，陈辞恳切，分析清楚透彻。王凯歆的天使投资人、创新谷创始人朱波也在舆论的压力下做出了回应。

相信王凯歆一定是有过人之处的，但欲戴皇冠，必承其重，喧嚣过后，最终还是要回归商业的本质，真刀真枪地较量。

文／何丰

附录

附1 这一年,我们这样寻找中国创客

2016年,机会与威胁共生。发轫于2015年的资本寒冬依然余波未消,一份报告显示,2016年上半年,多家主流基金的投资案例都呈腰斩态势。

寒冬孕育着希望,"寻找中国创客"第二季,正开启于这样的时代里。2016年,我们寻访中国最优秀的创业者,记录他们的创业故事,也服务于有价值的创新。

我们发现,这一年的寒冬,可能正是中国创业回归创新本义的转折点。越来越多的创业者开始显现出技术创新的优势,在直播、大数据、云计算甚至是人工智能等领域,中国创新开始追上乃至领跑全球。

资本寒冬是创新能力不足,无法建立壁垒的创业者的寒冬,资本已经更加理性,优秀而专业的创业者更容易获得社会支持。

因此,第二季"寻找中国创客"的主题,从寻找成功,变成了寻找影响未来的伟大公司。从成功到伟大,需要情怀、眼界和专业水准,在未来愈来愈冷静的市场环境中,这才是创业的制胜之道。

"寻找中国创客"第二季启动7个月,共收到各类公司报名超3000家,其中不乏一些尚未获投但质量很高的项目。

评委会从中挑选出200家进入路演评选,最终选出年度40强和"2016

年度中国创客"。与此同时，我们还关注了一批新锐投资机构。

从寻找成功到寻找伟大

2016年，在李克强总理所做的《政府工作报告》中，"创新"一词被提及59次，创新被置于经济结构调整和保增长的高度，成为中国经济的新引擎。

2016年，是中国"十三五"计划的开局之年，也是中国经济转型的关键一年。过去三十多年依赖政策红利和人口红利崛起的实体产业遭遇瓶颈，存量改革举步维艰，中国经济需要新的推动力。

创新被视为中国经济未来发展的核心推动力。但什么是创新？今天的创新与昨天的有何不同？事实上，随着时代变化，中国企业创新的含义也在不断发生变化。

20世纪80年代，管理体制的创新，让联想、海尔等公司突破桎梏。90年代至今，互联网技术兴起后带来的商业模式创新，催生了BAT和一系列互联网新兴公司的崛起。

人类如今正处在两次技术革命的过渡期。在接受采访时，寻找中国创客导师李开复表示，国内的创业环境今年已经到了一个技术创新的风口。

人工智能、大数据、无人驾驶、云计算等等，大家都在等待下一个改变世界的技术出现。

在这样的前夜里，单纯地寻找个人层面的成功，已经难以再言创新。未来的创业创新，将是专业人才的核心技术创新。

比如，入围2016年度创客的第四范式创始人戴文渊，曾是百度最年轻的高级科学家，"凤巢"系统的实际负责人。专注于视觉人工智能的公司云天励飞，创始人是两位"千人计划"国家特聘专家。2015年度创客获得者，地平线机器人技术创始人余凯，此前曾是百度深度学习研究院的副院长、人工智能领域专家。

新的历史机会正在展现。"寻找中国创客"第二季要做的,也正是要找到、推动这批能影响未来的伟大创客:寻找影响未来的伟大公司。

创立创投基金,搭建创投服务全生态

相比第一季,寻找中国创客不只是在理念和标准上进行了升级。在寻找中国创客的第二季,我们搭建了开放的生态体系,为创客提供战略、资金、渠道等全方位的支持。

首先,中国创客导师从十位增加到了十五位。他们是著名企业家柳传志、王健林、马云、俞敏洪、张近东、雷军、郭为、周鸿祎,著名投资人李开复、沈南鹏、徐小平、熊晓鸽、阎焱、汪潮涌、毛大庆。

创客导师李开复曾说,"寻找中国创客"的导师团队,是中国最闪耀的一批指导者,希望《新京报》和其他平台一起努力,帮每个创客找到量身定做的好导师。

而为了能帮助创客找到资金支持,也为了能让更多一流的机构一起发现优质的创业项目,我们的合作投资机构从去年的12家增至120多家,包括创新工场、真格基金、红杉资本、IDG资本等。这些投资机构在数据库、项目源、投资上与"寻找中国创客"开放共享。在活动中表现突出的公司,将有机会被推荐获得这些机构的投资。

此外,《新京报》也成立了创投基金,为优秀创客提供资金支持。

为加强创业者之间的交流联系,今年开始,我们成立了相应的创投俱乐部,去年获奖的12位年度创客、12位新锐投资机构创始人,成为寻找中国创客的首席创业官和首席投资官,也成了俱乐部的首批成员。

以深度报道为入口，打造创投全媒体

在内容上，寻找中国创客第二季有了较大突破。在《新京报》、《新京报》网、"寻找中国创客"微信公众号的基础上，搭建了创投垂直网站"www.xjbmaker.com"，集项目报道、深度报道、特稿、创投资讯为一体，为创业者和投资人提供优秀资讯。

寻找中国创客的报道更加专业。原创报道团队以行业深度报道为特色内容，辅以特稿、人物专访和创业项目报道，时刻关注行业热点，致力于发现和解答行业的真问题。

VR风口之时，寻找中国创客发表文章《除了情色，VR内容创业还有什么出路？》和《VR线下体验店的江湖》等报道，探讨了VR火热背后的行业话题。

在投资人关注移动出海话题时，寻找中国创客接连发表了《电商出海生死劫：如何逃过惨死命运》《移动出海与输出文明：中国创业者出海报告》《内容创业者出海：背着侵权的原罪枷锁前行》等深度报道，为移动出海的热潮提供了不一样的观点和思考。

截至11月，寻找中国创客报道团队以"每日一篇深度报道，重新定义中国创客"为特色，发表了10万多字的行业纵深报道，覆盖领域包括VR、内容创业、直播、教育、医疗、出海、互联网安全、农村创业等。

"寻找中国创客"第二季共计投入了超过130个报纸版面，累计对187个优秀的创业项目、32位优秀投资人进行了专题报道。此外，寻找中国创客官方微信保持了无间断更新，光粉丝数增长至近30万。

《新京报》旗下的30多个媒体矩阵以及一系列签约合作的媒体平台，也将多渠道、多平台地把"中国创客"的活动声音传播出去。

此外，寻找中国创客打造了全新的创投数据库，全面收纳初创公司数据信息。创业者可以利用竞品分析，发现竞争对手，投资人可以使用行业热度分析，了解最新的行业趋势。

创客论坛走向全国，热议时代风口

除了内容上的创新，"寻找中国创客"第二季在活动上也有所突破，落地论坛从北京走向全国。截至目前，第二季创客一共举办了 6 场千人论坛，2 场百人沙龙，10 场集中路演，创客论坛俨然已经成为创投圈的品牌活动。

4 月 15 日，寻找中国创客第二季启动仪式暨网红经济论坛在北京举行。李开复、徐小平、汪潮涌、毛大庆等四位导师参与。徐小平在论坛上的语录"每个创业者都应成为网红"成为今年创投圈的热门话题。

在论坛前不久，被称为"2016 年第一网红"以原创短视频风靡网络的 Papi 酱获得真格基金的投资。网红经济成为了 2016 年的创投风口，而寻找中国创客系列论坛，把握住了创业的时代脉搏。

在 8 月，直播的风口正盛，寻找中国创客再次聚焦"直播的机会与陷阱"，创客导师、奇虎 360 董事长周鸿祎、凯鹏华盈中国基金主管合伙人周炜等人出席并发言。

论坛上，嘉宾们提出直播的优势在于互动，并提出了直播行业自律的反思。不久，关于直播行业的监管和相关政策规定相继出台。

除了关注风口之外，我们还结合媒体使命和社会责任，对一些关系到公共利益的话题展开了讨论。

在百度推广和医疗搜索深陷丑闻之后，寻找中国创客 5 月论坛聚焦大健康。中国创客导师、IDG 资本创始合伙人熊晓鸽与洪泰基金创始人盛希泰、蓝驰创投合伙人陈维广等人，共话"健康创业的为与不为"。

9 月 7 日，创客论坛关注"寒流下的在线教育"，中国创客导师、新东方创始人俞敏洪、牛班创始人胡彦斌等，针对在线教育的现状展开讨论。俞敏洪和胡彦斌的对话产生了很多经典语录，引发广泛传播。

为了在全国范围内推广创新的时代价值，寻找中国创客还首次走出北京，走进金融之都的上海、硬件之都的深圳。

在上海，中国创客导师、赛富亚洲投资基金创始管理合伙人阎焱、光速中国合伙人宓群、红杉资本董事总经理王恺与饿了么创始人张旭豪、量化派创始人周灏、买单侠创始人胡丹等人，一起探讨了上海的大公司。而在深圳，中国创客导师李开复、毛大庆、松禾资本创始合伙人厉伟、云启资本合伙人黄榆镔则与十几位创业者，围绕人工智能的机遇与挑战与十几位创业者，围绕人工智能的机遇与挑战展开势烈讨论。此外，"寻找中国创客"第二季还举办了两场百人沙龙，关注"移动出海"和"创业公司如何做PR"，邀请三行资本，梅花天使创投、英诺天使等机构参与计论。

创客评选，年度中国创客乌镇颁奖

经过报名、初选，第二季"寻找中国创客"在9月下旬进入第二阶段的选拔——路演评选。在报名的3000个项目中，经过评委会初步筛选，200个项目获得路演资格。

200个创业项目，有已经获得数轮融资的优秀公司，也有创意十足的早期项目。在创新和改变未来的主题之下，他们被分为十个主题，分组进行路演。每场路演由5-6位评委出席。评委均为一线投资机构的合伙人，包括创新工场、真格基金、信中利资本、顺为资本、贝塔斯曼、IDG、云启资本等。

最终，经过专业评委打分，40家项目入围中国创客年度40强。他们之中，有专注进行技术创业的人工智能项目，也有在商业模式上创新的项目，也有移动出海的优质项目。更值得注意的是，40强项目中还有中科院著名专家亲自研发的科技创业项目。

之后，评委会把入围项目的资料提供给"寻找中国创客"的15位导师，由他们进行投票。最终产生"2016年度中国创客"。

同时，根据近一年内的投资表现，寻找中国创客结合投中信息数据，以2015-2016年投资案例数量及金额、退出案例数量及金额、业绩表现作为定量评判指标进行打分，根据专家团队打分、支持率调研、网络评选等形式进行定性评判；最后综合定量及定性评判的得分情况，对得出最佳新锐投资机构榜单。评选出30家"2016年新锐投资机构"。

11月16日晚，《新京报》将携手中国创客导师、数十位国内知名企业家、国内外投资界领袖，在乌镇世界互联网大会期间共同揭晓2016年度中国创客。

不遗余力支持创新，寻找并支持以创新改善人类生存的创业者，《新京报》以这样的方式，致敬2016，致敬那些影响未来的伟大力量。

附2 乌镇之夜：致敬2016，致敬改变未来的伟大力量

2016年11月16日晚，由《新京报》社主办的"寻找中国创客"第二季于世界互联网大会期间在乌镇收官，"寻找中国创客"导师和一批著名企业家投资人出席，并共同揭晓了2016年度中国创客和年度新锐投资机构。此次颁奖典礼由乌镇国际旅游区建设管理委员会联合主办。

这是"寻找中国创客"第二次在乌镇举办创投盛典。今年世界互联网大会新增"乌镇咖荟"环节，《新京报》寻找中国创客年度颁奖活动正式纳入"乌镇咖荟"议程。

乌镇创客之夜，浙江省桐乡市委副书记、市长盛勇军、桐乡市委常委、乌镇管委会主任陶咏椿、寻找中国创客导师沈南鹏、徐小平、周鸿祎、郭为、汪潮涌、毛大庆、著名企业家和投资人孙丕恕、张朝阳、张亚勤、古

永锵、莫天全、宋安澜、沈博阳等人出席并为年度中国创客和新锐投资机构颁奖。

盛勇军表示，乌镇随着互联网与时俱进，现在已经成为连接中国与世界的桥梁，欢迎各位创客共同来见证。

"寻找中国创客"导师马云通过视频致辞祝贺获奖创客，他表示，未来三十年将是创业者最好的机会，希望创业者充分运用好技术与数据，创造对社会有价值的产品，胸怀伟大的理想，而不是为了融资而创业。

自2016年4月启动以来，"寻找中国创客"第二季共收到2000多个项目报名，经过前期海选和集中路演，按照打分高低选出了40强，再交由著名企业家柳传志、王健林、马云、俞敏洪、张近东、雷军、郭为、周鸿祎，著名投资人李开复、沈南鹏、徐小平、熊晓鸽、阎焱、汪潮涌、毛大庆等15名"寻找中国创客"导师进行投票，产生"年度中国创客"。

同时，"寻找中国创客"还关注了2016年新晋崛起的投资机构，他们手握雄厚资本和创业者一样勤奋进取，以资本的逻辑，助长着中国最具活力的新经济增量。

根据他们的投资表现，寻找中国创客评选出新锐投资机构30强和"2016年度新锐投资机构"。

最终产生的"2016年度中国创客"分别是：量化派周灏、牛电科技李彦、Blued耿乐、美味不用等谢新法、名医主刀苏舒、燃石医学汉雨生、触宝科技王佳梁、衣二三刘梦媛、悦跑圈梁峰、作业帮侯建彬、第四范式戴文渊、赤子城刘春河、云天励飞陈宁、冰鉴科技顾凌云。

最终获奖的机构分别是：光速中国、云启资本、峰瑞资本、元璟资本、紫辉创投、火山石资本、明势资本、极客帮创投、弘晖资本、紫牛基金、启赋资本和梅花天使创投。

中国创客导师、阿里巴巴董事局主席马云

"寻找中国创客"导师马云通过视频致辞祝贺获奖创客,他表示,未来三十年将是创业者最好的机会,希望创业者充分运用好技术与数据,创造对社会有价值的产品,胸怀伟大的理想,而不是为了融资而创业。

中国创客导师、真格基金创始人徐小平

这是我第二次来乌镇,有一种宾至如归的感觉。主要是整个屋子里站满了最具正能量的一群人,各位创业大咖,正在路上创业的人,还有这么多创投机构的朋友们,所以来到这里我感到中国的创投事业真是充满了希望。

本来我想说未来30年是中国创业最好的时代,没想到被马云说了。刚才社长讲话,我有很强烈的感觉,中国正在发生巨变。下午我说,来到乌镇想到四个字,锦绣中华,但是看到盛市长以及他的讲话,我真感觉到中国发生了巨变。

两年前老戴(戴自更)找我说要做创客活动时候,我觉得这跟报纸有什么关系呢?但《新京报》做成了。社会主义核心价值观里有"富强"两个字,创业者们应该想一想未来30年中国的富强,这将在我们手上实现。《新京报》作为我最最崇敬、热爱的报纸,一直是作为推动社会进步的平台,现在能够报道创业者,能够报道这些投资人、创业家、企业家,《新京报》跟我们一样,也成为了这个时代的创业者。

中国创客导师、360公司董事长兼CEO周鸿祎

徐小平是我非常尊敬的,我原来参加很多脱口秀节目,徐老师的睿智、反应之快、口才之好,人间罕见。在我们一起做了《合伙中国人》的时候发

现，他也会把创业者教育得一愣一愣的，但教育成果又非常好。

中国创客导师、信中利资本创始人汪潮涌

17年以前，1999年，我们刚创业的时候，那时候朝阳等等都是刚刚创业，都像在座今天得奖的这些创客们一样，充满着理想、充满着梦想，身边没有掌声、没有鲜花，没有资本的帮助，只有孤独感和挫折感。

在这种情况下，他们一路推动了中国互联网的经济、产业的发展、价值的提升、影响力的提升。以至于我们今天有机会能够站在乌镇，向世界来宣誓我们的互联网主权，这是他们的功劳，也是投资人的荣幸和机遇，更是我们中国几亿互联网用户的福分。

因为没有他们，我们今天的生活将不堪设想。就像我的一个朋友说，没有微信，生不如死。让自己的老婆不上淘宝，那肯定会被老婆骂死。还有咱们的优酷让我们亿万的观众在线看着我们的美好的视频内容乐死。所以互联网真的是让我们的生活充满着惊奇、充满着变化。

中国创客导师、优客工场创始人、董事长毛大庆

去年情人节的晚上，在徐小平的家中和李开复一起相聚后，我毅然决然地投入了创客的海洋。今天看到领奖人都很激动，我也为《新京报》感到高兴。希望寻找中国创客的品牌能成为中国创客的最高荣誉，能真正寻找到中国创客的精神。

作为第一季大赛的获奖者，我希望把祝福带给今年的获奖者。也希望我们第二次的获奖者们，能把中国创客的精神再传递到第三次、第四次的创业中。

搜狐董事局主席兼 CEO 张朝阳

不在江湖好几年了，我应该是中国最早的创客。我刚刚看到的几个获奖者，确实能看到我当年的影子，无论中国在过去一百年中怎么风云变幻，中国人就是勤奋，勤奋是我们最大的优点。如今后生可畏，对成功的渴望，追求实现人生价值的精神都在一代代传承。祝一代又一代的创业者们成功，我们国家未来也大有希望，日后中国经济超越美国，成为世界上最大的经济体是指日可待的。

中国创客导师、神州数码控股有限公司董事局主席郭为

所有的创客其实都有新城市人的特征。我自己从事的是智慧城市，智慧城市其实就是未来的城市。未来的城市很重要的一点就是要变成一个有创造力的城市，通过创造力使我们的生活更加美好。所以我觉得能够被《新京报》选为创客导师，我觉得自己挺光荣、挺荣誉。所以借此机会感谢《新京报》让我有机会来发这个奖，实际上跟创客来比，我是来学习的，利用这个机会来向大家致敬来学习。

浪潮集团董事长兼 CEO 孙丕恕

浪潮已经有 71 年的历史了，我也是创客，虽然不是像大家一样的创客，也在创业。我们给大家提供数据，同时也从创客里面吸收数据，所以我们大家一起努力，我也在创业，你们也在创业，希望浪潮能成为公司 + 创客的平台。

中国创客导师、红杉资本全球执行合伙人沈南鹏

这个行当一直特别充满激情，周围的创业者都是老朋友。光速在中国做得非常成功，投资机构之间有竞争，但更多的是合作。和云启资本的老朋友曾经在一个咖啡馆里度过了很多个无眠之夜。这可能是我们大家都应该努力做下去的原因，因为有一帮好哥们儿在陪伴着彼此。

优酷创始人、阿里大文娱战略和投资委员会主席古永锵

我从硅谷搬到国内22年来，确实是一直在文化娱乐行业做创客，从创投进入到创业又回到创投，这22年，都是与投资有关，参与了传统媒体到视频等等，都是围绕娱乐。我们围绕文化娱乐可以看到一个崭新的机会，我们看到很多很棒的年轻人。前几天还在深圳、上海看到很多好的创业者，85后、90后、95后，看到我们中国的未来，文化娱乐以及所有的互联网行业从业者，未来十几、二十年会涌现很多的创客。

搜房控股董事长莫天全

十六七年前我们创业时，内心理想、纯洁，只觉得这个行业有机会，需要填补。

如今我对中国互联网对中国经济发展的推动很有信心，因为我们有这么一批优秀的创业者和投资人，他们是一帮干将。

软银中国资本主管合伙人宋安澜

创业的温度很高，创业的成功率很低，有人说是5%，有人说是8%。对

于风投来讲，成功率是 20%。

我想说的两个字是"坚持"。前几天我去纳斯达克敲钟，激动了十秒钟，而这个公司，我坚持了 14 年。只要坚持下去，成功就在眼前。

领英全球副总裁兼中国区总裁沈博阳：创业成功是小概率事件

每一位获奖创业者，昨天做得好不意味着今天做得好，但又不意味着明天做得好。创业很悬，成功永远是小概率事件。今天是创业者庆祝的盛宴，但从今天起还是要回到公司，踏踏实实给自己更多的压力、焦点，让公司再能涨十倍、百倍。

附3 年度中国创客获奖名单

量化派	牛电科技
Blued	美味不用等
名医主刀	燃石医学
触宝科技	衣二三
悦跑圈	作业帮
第四范式	赤子城
云天励飞	冰鉴科技

附4 年度新锐投资机构名单

光速中国	云启资本
峰瑞资本	元璟资本
紫辉创投	火山石资本

明势资本　　　　　极客帮创投
弘晖资本　　　　　紫牛基金
启赋资本　　　　　梅花天使创投

后记

2016年4月,由《新京报》主办的"寻找中国创客"第二季启幕。邀请了著名企业家柳传志、王健林、马云、俞敏洪、张近东、雷军、郭为、周鸿祎,著名投资人李开复、沈南鹏、徐小平、熊晓鸽、阎焱、汪潮涌、毛大庆担任创客导师,为创客把脉。经过为期7个月的组织评选,"寻找中国创客"从3000家报名项目中,经过初选、路演评选、导师投票等环节的重重选拔,优中选优,推选出年度中国创客40强,并从中产生了"2016年度中国创客"。本季"寻找中国创客"同时还关注了一批生猛崛起的投资机构,他们手握雄厚资本,和创业者一样勤奋进取,以资本的逻辑,助长着中国最具活力的新经济增量。根据他们的投资表现,评选出新锐投资机构30强和"2016年度新锐投资机构"。11月16日《新京报》隆重发布《2016中国创客白皮书》。《白皮书》由"寻找中国创客"、投中信息联合制作,借助寻找中国创客的评选数据和媒体报道,通过与投中研究院合作的大数据分析,从创业环境、投融资状况、地域创业差异、未来创投新趋势等多个方面,对2016年度中国互联网创业形势进行了深度解剖。

《新京报》举办"寻找中国创客"活动,首先是服务于国家"双创"战略,助力新经济,拥抱第四次科技革命。众所周知,我们国家经过30多年的改革开放,综合国力、经济总量已经跃居到世界前列,要想保持可持续的发展,原有的生产模式、传统的经济状态已经不能适应了,需要新经济尤其是创新型经济的助力。随着科技的发展,第四次科技革命已经来临,大家预测以信息技术、生物工程、航空航天技术、新能源、新材料等为代表的新的科技革命，将逐渐到来，并且将改变人们的生产、生活方式。作为媒体我们要呼唤这个时代的到来，同时也要拥抱这个时代的到来。

同时"寻找中国创客"树立了标杆意义，营造全社会创业的氛围。中国是一个计划经济占很长时间的国家，我们的思维方式可能还远远不能适应现代科技跟现代社会发展的趋势。作为媒体，我们要勇于构建创新、创造、创业的价值观，利用自由、自主的思维方式来推动社会的进步和经济的发展，我想只有自由的创造、自主的创业，才能把我们的人类解放出来，获得终极的、我们要追寻的理想的目标，这也是我们《新京报》致力的价值观。

另外举办"寻找中国创客"活动还为创业者提供了舆论、资讯、平台方面的服务。利用《新京报》现有的公信力和信息资源的整合能力，为创新创业提供了更多的舆论支持。第一是报道上的；第二是咨询方面的，我们把创业方面的信息收集起来，通过一个平台提供给大家，也正在致力于这么做。把创业机构、创投机构，还有"寻找中国创客"的导师、政府资源、金融资源整合在一起，更好地为创业者和创业企业服务。

举办"寻找中国创客"也是在实现媒体自身转型，开掘媒体在内容建设、平台建设、服务社会方面的价值。比如报道领域的拓展，信息平台的建设，以及新闻向多种服务的转型，从资讯一直到创业、信息、资料，包括投资等等方面的服务。

本书集纳的文章，集萃了"寻找中国创客"第二季中《新京报》的精品报道。从宏观到行业，从整体到局部，展示了2016年中国创业领域的风貌。正如《新京报》社长戴自更在第二季乌镇颁奖盛典上所说："希望'寻找中国创客'能够成为我们（创业者、投资人、媒体）这次出发的一个加油站。"本书的出版也希望能成为关注中国创投领域者的一个精神加油站。

创客报道部主编　林其玲